KB034716

레전드 태국어 필수단어

랭귀지북스

NEW **레전드**

태국어 필수단어

개정2판 1쇄 **발행** 2023년 9월 20일
개정2판 1쇄 **인쇄** 2023년 9월 10일

저자 천나래
감수 มินตรา อินทรารัตน์(Mintra Intrarat)
기획 김은경
편집 이지영 · Margarine
디자인 IndigoBlue
삽화 서정임
성우 ลัดดาวัลย์ สัตตธรรมกุล(Laddawan Sattathamkul) · 오은수
녹음 참미디어

발행인 조경아
총괄 강신갑
발행처 랭귀지북스
등록번호 101-90-85278 **등록일자** 2008년 7월 10일
주소 서울시 마포구 포은로2나길 31 벨라비스타 208호
전화 02.406.0047 **팩스** 02.406.0042
이메일 languagebooks@hanmail.net
MP3 다운로드 blog.naver.com/languagebook

ISBN 979-11-5635-206-8 (13730)
값 18,000원

Preface 머리말

쉽고 재미있게 만나는 **태국어** 필수 **단어**

สวัสดีค่ะ 싸왓디– 카!

태국어 공부를 시작하는 여러분 반갑습니다.

태국은 화려하지만 조용한, 양면성이 있는 매력적인 나라입니다. 수도 방콕에서 신나게 밤새워 놀거나, 남부 조용한 해변에서 휴양을 하거나, 북부 산악지대에서 래프팅과 트레킹을 즐길 수도 있습니다. 태국의 이런 다양한 얼굴은 매년 전 세계 수많은 여행객들을 매료시켜, 유명 관광지에서는 다양한 국적의 사람들과 마주치게 됩니다. 관광대국답게 영어로 의사소통도 원활한 편이지만 태국을 제대로 느끼기 위해서는 태국어 공부가 필수입니다.

라오스, 캄보디아와 같은 인접국가들에서는 비교적 문화산업이 발달한 태국의 드라마나 영화를 보며 자연스럽게 태국어를 익히다 보니, 동남아시아 곳곳에서 태국어로 의사소통이 가능합니다. 또한, 태국은 관광산업뿐 아니라 의료, 디자인 등 다양한 분야에서 주목을 받고 있어 태국어의 활용도는 상당히 높습니다.

태국어는 형태가 생소한 고유문자라 처음에는 어렵고 까다롭게 느껴집니다. 하지만 동사변형이 없고 문장구조나 문법이 단순한 편이니 자신감을 갖고 시작하세요. 원어민 표준발음으로 녹음한 이 책의 MP3를 계속 들으며 따라 하다 보면, 어느새 실력이 쑥쑥 올라있을 것입니다.

늘 격려를 아끼지 않았던 가족과 김명준 선생님, 민트라 씨에게 진심으로 감사의 말을 전합니다. 마지막으로 태국어를 시작하는 독자분들을 응원하며, 이 책을 통해 아름다운 태국어의 매력에 빠져보시길 바랍니다.

โชคดี 촉– 디–

저자 **천나래**

태국 현지에서 가장 많이 쓰는 필수 어휘를 엄선해 모았습니다. 일상생활에 꼭 필요한 어휘 학습을 통해 다양한 회화 구사를 위한 기본 바탕을 다져 보세요.

1. 태국어 필수 어휘 약 2,600개!

왕초보부터 초·중급 수준의 태국어 학습자를 위한 필수 어휘집으로, 일상생활에서 꼭 필요한 대표 주제 24개를 선정하였고, 추가 주제 10개를 포함하여 2,600여 개의 어휘를 담았습니다.

24개 주제별 어휘 학습 후 '꼭 써먹는 실전 회화'에서는 짤막한 상황별 대화를 통해 실전 회화에서 어떻게 응용되는지 확인해 보세요. 6개 챕터의 마지막 부분에는 간단한 '연습 문제'가 있어 스스로 실력을 확인해 볼 수 있어요.

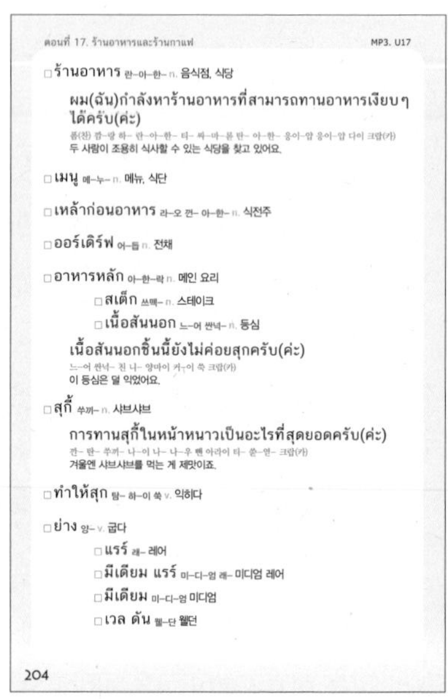
ตอนที่ 17. ร้านอาหารและร้านกาแฟ MP3. U17

□ร้านอาหาร 란-아-한- n. 음식점, 식당

ผม(ฉัน)กำลังหาร้านอาหารที่สามารถทานอาหารเงียบๆได้ครับ(ค่ะ)
폼(찬) 깜-랑 하- 란-아-한- 티- 싸-마-롣 탄- 아-한- 응이-얍 응이-얍 다이 크랍(카)
두 사람이 조용히 식사할 수 있는 식당을 찾고 있어요.

□เมนู 메-누- n. 메뉴, 식단

□เหล้าก่อนอาหาร 라-오 껀- 아-한- n. 식전주

□ออร์เดิร์ฟ 어-듭 n. 전채

□อาหารหลัก 아-한-락 n. 메인 요리

□สเต็ก 쓰떽- n. 스테이크

□เนื้อสันนอก 느-어 싼넉- n. 등심

เนื้อสันนอกชิ้นนี้ยังไม่ค่อยสุกครับ(ค่ะ)
느-어 싼넉- 친 니- 양마이 커-이 쑥 크랍(카)
이 등심은 덜 익었어요.

□สุกี้ 쑤끼- n. 샤브샤브

การทานสุกี้ในหน้าหนาวเป็นอะไรที่สุดยอดครับ(ค่ะ)
깐- 탄- 쑤끼- 나-이 나- 나-우 뻰 아라이 티- 쑫-엳- 크랍(카)
겨울엔 샤브샤브를 먹는 게 제맛이죠.

□ทำให้สุก 탐- 하-이 쑥 v. 익히다

□ย่าง 양- v. 굽다

□แรร์ 래- 레어

□มีเดียม แรร์ 미-디-엄 래- 미디엄 레어

□มีเดียม 미-디-엄 미디엄

□เวล ดัน 웰-단 웰던

204

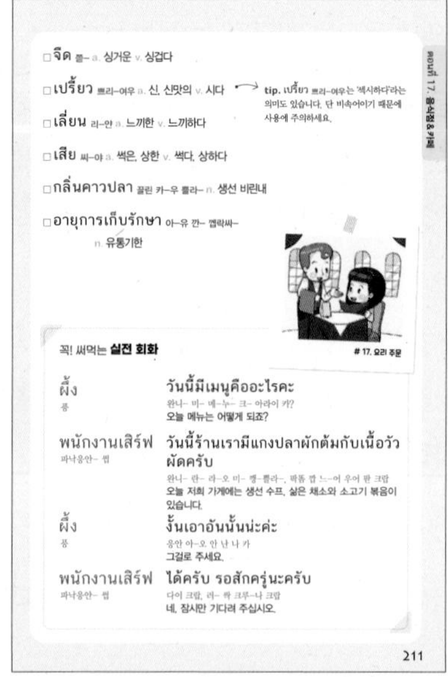
□จืด �- a. 싱거운 v. 싱겁다

□เปรี้ยว 쁘리-여우 a. 신, 신맛의 v. 시다 → tip. เปรี้ยว 쁘리-여우는 '섹시하다'라는 의미도 있습니다. 단 비속어이기 때문에 사용에 주의하세요.

□เลี่ยน 리-안 a. 느끼한 v. 느끼하다

□เสีย 씨-야 a. 썩은, 상한 v. 썩다, 상하다

□กลิ่นคาวปลา 끌린 카-우 쁠라- n. 생선 비린내

□อายุการเก็บรักษา 아-유 깐- 껩락싸- n. 유통기한

ตอนที่ 17. 음식점&카페

꼭! 써먹는 **실전 회화** # 17. 요리 주문

ผึ้ง 픙 — วันนี้มีเมนูคืออะไรคะ
완니- 미- 메-누- 크- 아라이 카?
오늘 메뉴는 어떻게 되죠?

พนักงานเสิร์ฟ 파낙응안- 썹 — วันนี้ร้านเรามีแกงปลาผักต้มกับเนื้อวัวผัดครับ
완니- 란- 라-오 미- 깽-쁠라-, 팍똠 깝 느-어 우어 팓 크랍
오늘 저희 가게에는 생선 수프, 삶은 채소와 소고기 볶음이 있습니다.

ผึ้ง 픙 — งั้นเอาอันนั้นน่ะค่ะ
응안 아-오 안 난 나 카
그걸로 주세요.

พนักงานเสิร์ฟ 파낙응안- 썹 — ได้ครับ รอสักครู่นะครับ
다이 크랍, 러- 싹 크루-나 크랍
네, 잠시만 기다려 주십시오.

211

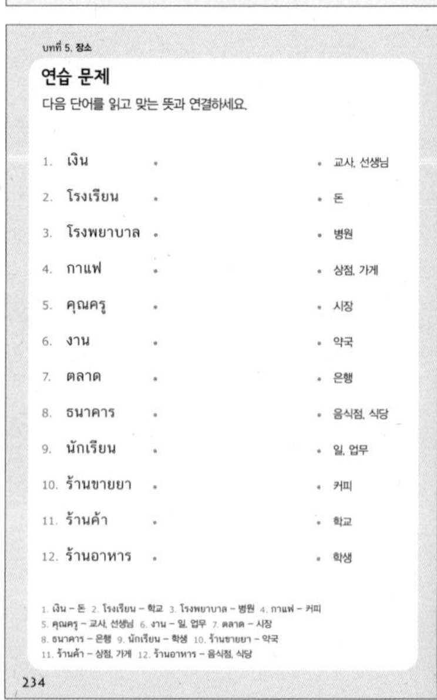
บทที่ 5. 장소

연습 문제

다음 단어를 읽고 맞는 뜻과 연결하세요.

1. เงิน	•	• 교사, 선생님
2. โรงเรียน	•	• 돈
3. โรงพยาบาล	•	• 병원
4. กาแฟ	•	• 상점, 가게
5. คุณครู	•	• 시장
6. งาน	•	• 약국
7. ตลาด	•	• 은행
8. ธนาคาร	•	• 음식점, 식당
9. นักเรียน	•	• 일, 업무
10. ร้านขายยา	•	• 커피
11. ร้านค้า	•	• 학교
12. ร้านอาหาร	•	• 학생

1. เงิน – 돈 2. โรงเรียน – 학교 3. โรงพยาบาล – 병원 4. กาแฟ – 커피
5. คุณครู – 교사, 선생님 6. งาน – 일, 업무 7. ตลาด – 시장
8. ธนาคาร – 은행 9. นักเรียน – 학생 10. ร้านขายยา – 약국
11. ร้านค้า – 상점, 가게 12. ร้านอาหาร – 음식점, 식당

234

2. 눈에 쏙 들어오는 그림으로 기본 어휘 다지기!

1,000여 컷 이상의 일러스트와 함께 기본 어휘를 쉽게 익힐 수 있습니다. 기본 어휘를 재미있고 생생한 그림과 함께 담아 기억이 오래갑니다.

ตอนที่ 17.
음식점 & 카페 ร้านอาหารและร้านกาแฟ 란- 아-한- 래 란-까-패-

□ ร้านอาหาร 란-아-한-
n. 음식점, 식당

□ เมนู 메-누-
n. 메뉴, 식단

□ ทิป 팁
n. 팁

□ อาหารหลัก 아-한-락
n. 메인 요리

□ ของหวาน 컹-완-
n. 디저트, 후식

□ ออร์เดิร์ฟ 어-듭
n. 전채

□ จอง 쩡-
v. 예약하다

□ สั่งอาหาร 쌍- 아-한-
v. 주문하다

□ แนะนำ 내남-
v. 추천하다; 소개하다

□ เลือก 르-억
v. 선택하다

□ เอาไป 아-오빠이
v. 가져가다

□ ส่วนผสม 쑤-언파쏨
n. 재료

200

3. 바로 찾아 바로 말할 수 있는 한글 발음 표기!

기초가 부족한 초보 학습자가 태국어를 읽을 수 있는 가장 쉬운 방법은 바로 한글 발음 표기입니다. 태국어 발음이 우리말과 일대일로 대응하진 않지만, 여러분의 학습에 편의를 드리고자 태국에서 사용하는 표준 발음과 최대한 가깝게 한글로 표기하였습니다. 초보자도 자신감을 갖고 말할 수 있어요.

4. 말하기 집중 훈련 MP3!

이 책에는 태국어 문자부터 기본 단어, 기타 추가 단어까지 태국 원어민의 정확한 발음으로 녹음한 파일이 들어 있습니다.

태국어만으로 구성된 **'태국어' T버전**과 태국어와 한국어를 이어서 들을 수 있는 **'태국어+한국어' K버전**, 두 가지 버전의 파일을 제공합니다.
학습자 수준에 따라 원하는 구성의 파일을 선택하여, 자주 듣고 큰 소리로 따라 말하며 학습 효과를 높여 보세요.

Contents 차례

1. 태국어 문자
2. 성조
3. 숫자
4. 문장 만들기

태국에 관하여

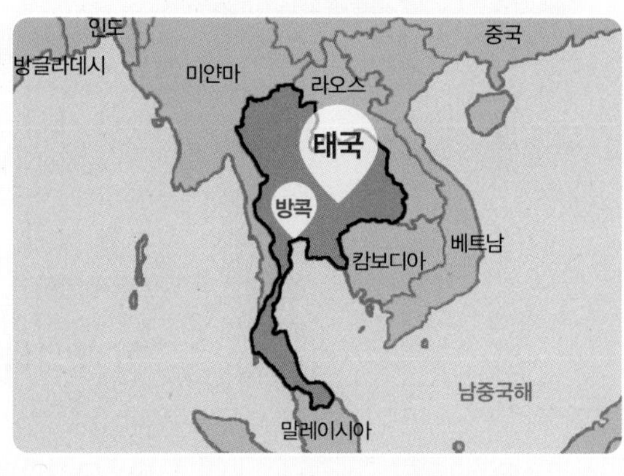

- ✔ **국명** 타이왕국 (The Kingdom of Thailand, ประเทศไทย 쁘라텟–타이)
- ✔ **위치** 동남아시아의 중앙
- ✔ **수도** 방콕 (Bangkok, กรุงเทพฯ 끄룽텝–)
- ✔ **언어** 태국어 (ภาษาไทย 파–싸–타이)
- ✔ **면적** 약 513,115㎢ (한반도의 약 2.3배) [1]
- ✔ **인구** 약 7,018만 명 (2023년 기준) [2]
- ✔ **국내총생산 1인당 GDP** $7,650 (2022년 기준) [3]
- ✔ **화폐** 바트 (Baht, THB 타이바트)
- ✔ **지리적 특징** 인도차이나와 미얀마, 중국 남부 지역을 잇는 관문 역할, 북서쪽으로 미얀마, 북동쪽으로 라오스, 동쪽으로 캄보디아, 남쪽으로 말레이시아와 국경을 접함.

*출처: [1] 태국 관광청 http://www.tourismthailand.org/
[2], [3] 국제통화기금 (Internatioanl Monetary Fund) http://www.imf.org/

태국어 문자 ตัวอักษรภาษาไทย 뚜어 악썬– 파–싸–타이

태국어의 기본 문자는 74개이며, 자음 42개와 모음 32개로 구성됩니다.
자음은 총 44자였으나 두 글자가 없어져 현재 총 42자입니다. 고자음 10자, 중자음 9자, 저자음 23자 총 42자이며 고·중·저자음은 성조를 계산할 때 사용됩니다.
모음은 단모음과 장모음으로 나뉘는데, 자음을 중심으로 좌·우·상·하에 각각 위치하며, 좌·우와 상 위치에 동시에 오는 모음도 있습니다. 현재 사용하지 않는 모음이 3개 있습니다.

1. 자음 42개

자음	음가	발음	명칭	뜻	고·중·저
ก 꺼	ㄲ	[k/k]	ก ไก่ 꺼 까이	닭	중자음
ข 커	ㅋ	[kʰ/k]	ข ไข่ 커 카이	달걀	고자음
*ฃ 커	ㅋ	[kʰ/k]	ฃ ขวด 커 쿠–얻	병	고자음
ค 커	ㅋ	[kʰ/k]	ค ควาย 커 콰–이	물소	저자음
*ฅ 커	ㅋ	[kʰ/k]	ฅ คน 커 콘	콘 (태국 전통 머리 장식)	저자음
ฆ 커	ㅋ	[kʰ/k]	ฆ ระฆัง 커 라캉	종	저자음
ง 응어	응어	[ŋ/ŋ]	ง งู 응어 응우–	뱀	저자음
จ 쩌	ㅉ	[tᶜ/t]	จ จาน 쩌 짠–	접시	중자음

* 현재는 ฃ 커, ฅ 커를 사용하지 않습니다. (예전에는 쓰였으나 현재는 형식상 남아 있습니다

자음	음가	발음	명칭	뜻	고·중·저
ฉ 처	ㅊ	[t^{c}/–]	ฉ ฉิ่ง 처 칭	징	고자음
ช 처	ㅊ	[t^{c}/t]	ช ช้าง 처 창–	코끼리	저자음
ซ 써	ㅆ	[s/t]	ซ โซ่ 써 쏘	쇠사슬	저자음
ฌ 처	ㅊ	[t^{ch}/–]	ฌ เฌอ 처 츠–어	나무	저자음
ญ 여	ㅇ	[j/n]	ญ หญิง 여 잉	여자	저자음
ฎ 더	ㄷ	[d/t]	ฎ ชฎา 더 차다–	무관	중자음
ฏ 떠	ㄸ	[t/t]	ฏ ปฏัก 떠 빠딱	창, 장대	중자음
ฐ 터	ㅌ	[t^{h}/t]	ฐ ฐาน 터 탄–	받침대	고자음
ฑ 터	ㅌ	[t^{h}/t]	ฑ มณโฑ 터 몬토–	몬토 (여자 이름)	저자음
ฒ 터	ㅌ	[t^{h}/t]	ฒ ผู้เฒ่า 터 푸타–오	노인	저자음
ณ 너	ㄴ	[n/n]	ณ เณร 너 넨–	수련승	저자음
ด 더	ㄷ	[d/t]	ด เด็ก 더 덱	어린이	중자음

자음	음가	발음	명칭	뜻	고·중·저
ต 떠	ㄸ	[t/t]	ต เต่า 떠 따–오	거북	중자음
ถ 터	ㅌ	[tʰ/t]	ถ ถุง 터 퉁	봉지	고자음
ท 터	ㅌ	[tʰ/t]	ท ทหาร 터 타한–	군인	저자음
ธ 터	ㅌ	[tʰ/t]	ธ ธง 터 통	기(깃발)	저자음
น 너	ㄴ	[n/n]	น หนู 너 누–	쥐	저자음
บ 버	ㅂ	[b/p]	บ ใบไม้ 버 바–이 마이	나뭇잎	중자음
ป 뻐	ㅃ	[p/p]	ป ปลา 뻐 쁠라–	물고기	중자음
ผ 퍼	ㅍ	[pʰ/–]	ผ ผึ้ง 퍼 픙	벌	고자음
ฝ 풔	ㅍ	[f/–]	ฝ ฝา 풔 퐈–	뚜껑	고자음
พ 퍼	ㅍ	[pʰ/p]	พ พาน 퍼 판–	쟁반	저자음
ฟ 퍼	ㅍ	[f/p]	ฟ ฟัน 퍼 판	치아(이)	저자음
ภ 퍼	ㅍ	[pʰ/p]	ภ สำเภา 퍼 쌈–파–오	돛단배	저자음

자음	음가	발음	명칭	뜻	고·중·저
ม 머	ㅁ	[m/m]	ม ม้า 머 마–	말	저자음
ย 여	ㅇ	[y/y]	ย ยักษ์ 여 약	도깨비	저자음
ร 러	ㄹ	[r/n]	ร เรือ 러 르–어	배	저자음
ล 러	ㄹ	[l/n]	ล ลิง 러 링	원숭이	저자음
ว 워	ㅇ	[w/w]	ว แหวน 워 웬–	반지	저자음
ศ 써	ㅆ	[s/t]	ศ ศาลา 써 싸–라–	정자	고자음
ษ 써	ㅆ	[s/t]	ษ ฤาษี 써 르–씨–	도사	고자음
ส 써	ㅆ	[s/t]	ส เสือ 써 쓰–어	호랑이	고자음
ห 허	ㅎ	[h/–]	ห หีบ 허 힙–	상자	고자음
ฬ 러	ㄹ	[l/n]	ฬ จุฬา 러 쭐라–	연이름	저자음
อ 어	ㅇ	[–/–]	อ อ่าง 어 앙–	대야	중자음
ฮ 허	ㅎ	[h/–]	ฮ นกฮูก 허 녹훅–	부엉이	저자음

2. 모음 32개 (현재 사용하지 않는 모음 3개 포함, 묵음 1개 제외)

모음	음가	예시	뜻
อะ	아	ระฆัง 라캉	종
อา	아–	อากาศ 아–깟–	날씨
อิ	이	หิว 히우	배고프다
อี	이–	ปี 삐–	년도
อึ	으	คึก 큭	격렬한
อื	으–	ดื่ม 듬–	마시다
อุ	우	คุย 쿠이	대화하다
อู	우–	ดู 두–	보다
เอะ	에	เละเทะ 레테	정돈이 안된, 무질서한
เอ	에–	เกเร 께–레–	제멋대로인, 다루기 힘든
แอะ	애	และ 래	그리고
แอ	애–	แม่ 매–	엄마

tip. 장모음은 한글발음 표기시 '–'를 붙여 단모음과 구분하였습니다.

모음	음가	예시	뜻
โอะ	오	โต๊ะ 또	탁자
โอ	오–	โกหก 꼬–혹	거짓말
เอาะ	어	เกาะ 꺼	섬
*ออ	어–	พอ 퍼–	충분한
อัวะ	우어	ยัวะ 이우어	성난
อัว	우–어	วัว 우–어	소
เอียะ	이야	เปี๊ยะ 삐야	스프링롤
เอีย	이–야	เสีย 씨–야	고장나다, 상하다
เอือะ	으어	เอือะ 으어	비위가 상했을 때 감탄사
เอือ	으–어	เสื้อ 쓰–어	옷
เออะ	으ㅓ	เลอะเทอะ 르ㅓ트ㅓ	더러운, 질퍽한
เออ	으ㅓ–	เจอ 쩌–	만나다

* อ 어는 자음·모음 둘 다 되며, 자음일 때는 'ㅇ', 모음일 때는 '어–' 발음입니다.

모음	음가	예시	뜻
อำ	암–	ช้ำ 참–	멍
ใอ	아–이	ใจ 짜–이	마음
ไอ	아이	ไข่ 카이	달걀
เอา	아–오	เรา 라–오	우리
อ็	* 묵음		
ฤ	르, 리, 러	ฤดู 르두–	계절
*ฤๅ	르–(r)		
*"ฦ"	르(l)		
*ฦๅ	르–(l)		

* 현재는 ฤๅ, "ฦ", ฦๅ를 사용하지 않습니다. (예전에는 쓰였으나 현재는 형식상 남아있습니다.)

Plus. 단모음 발음

① 모음 없이 자음 2개가 연속되는 경우, 자음과 자음 사이에 단모음 'ㅗ'를 넣어 발음합니다.

- กบ 꼽 개구리

② 자음 위에 '็'는 단모음 'ㅓ' 발음입니다. 거의 사용하지 않습니다.

- ก็ 꺼 ~도, ~면

2

MP3. U00-2

성조 เสียงวรรณยุกต์ 씨-양 완-나육

태국어에는 평성, 1성, 2성, 3성, 4성 총 다섯개의 성조가 있습니다. 부호가 붙어 있는 유형성조와 부호가 없는 무형성조가 있습니다.

1. 성조 알아보기

성조	발음	발음 방법	예시	뜻
평성	아 —	보통 음인 평성으로 발음한다.	มา 마-	오다
1성	아 ╲	평성에서 음을 내리면서 발음한다.	ไข่ 카이	달걀
2성	아 ⌒	평성보다 높은 중간음에서 약간 올렸다가 내리면서 발음한다.	กุ้ง 꿍	새우
3성	아 ╱	평성보다 높은 중간음에서 좀더 높이면서 발음한다.	เท้า 타-오	발
4성	아 ◡	평성에서 음을 낮게 내렸다가 평성까지 높이면서 발음한다.	เขา 카-오	그 (남자)

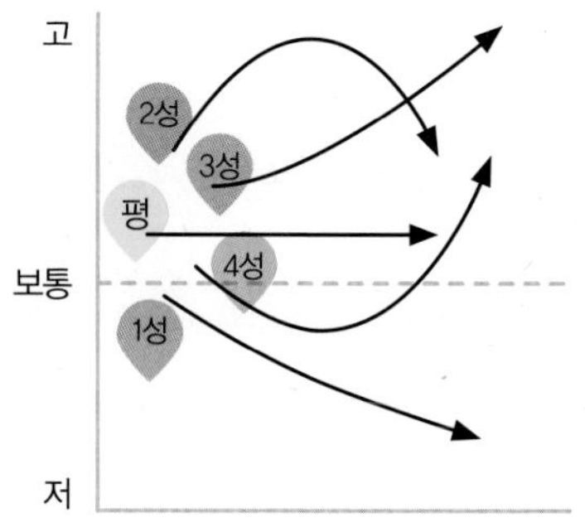

! 원어민의 정확한 발음으로 녹음한 MP3 파일을 듣고 큰 소리로 따라해 내 것으로 만드세요.

2. 성조 계산

① 유형성조법

총 4개의 성조 부호가 있으며, 각각 '่ 마이엑, ้ 마이토, ๊ 마이뜨리, ๋ 마이짠따와' 라고 읽습니다. 성조 부호는 초자음의 오른쪽에 위치하고 초자음 위에 모음이 있으면 그 모음의 오른쪽에 붙입니다. 성조 부호에 따라 아래 표와 같이 발음하며, 고자음과 저자음 위에는 성조부호 ๊ 마이뜨리, ๋ 마이짠따와가 붙지 않습니다.

성조 부호	고자음	중자음	저자음	예시	뜻
่ 마이엑	1성	1성	2성	แว่นตา 웬-따-	안경
้ 마이토	2성	2성	3성	จระเข้ 쩌라케-	악어
๊ 마이뜨리	–	3성	–	โต๊ะ 또	탁자
๋ 마이짠따와	–	4성	–	ลูกเต๋า 룩-따-오	주사위

② 무형성조법

무형성조법에는 생(生)음과 사(死)음이 있는데 장모음을 생음, 단모음을 사음으로 분류합니다. 또한 종성(받침음)이 한국어 자음의 울림소리에 해당하는 ㄴ, ㄹ, ㅁ, ㅇ의 열린 소리면 생음이고, 이외의 모든 음은 닫힌소리인 사음으로 분류합니다.

구분	고자음	중자음	저자음	
생(生)음	4성		평성	
사(死)음	1성		단모음	2성
			장모음	3성

3 MP3. U00-3

숫자 ตัวเลข 뚜어렉-

태국은 숫자를 표기하는 고유의 문자가 있습니다. 현재는 거의 대부분 아라비아 숫자를 쓰지만 혼용되는 곳도 있습니다.

태국 숫자	아라비아 숫자	태국 숫자	아라비아 숫자
๐ 쑨-	0	๑๑ 씹 엣	11
๑ 능	1	๒๐ 이 씹	20
๒ 썽-	2	๓๐ 쌈- 씹	30
๓ 쌈-	3	๔๐ 씨- 씹	40
๔ 씨-	4	๕๐ 하- 씹	50
๕ 하-	5	๖๐ 혹 씹	60
๖ 혹	6	๗๐ 쩻 씹	70
๗ 쩻	7	๘๐ 뺃- 씹	80
๘ 뺃-	8	๙๐ 까-오 씹	90
๙ 까-오	9	๑๐๐ (능)러이	100
๑๐ 씹	10	๑๐๑ (능)러이엣	101

4

문장 만들기

태국어의 문장은 '주어+술어'가 기본 구성이며, 특유의 형용사, 부사 구조를 가지고 있습니다. 원칙적으로 띄어쓰기가 없습니다. 그러나 편의상 문장이 종결되고 다른 문장 혹은 다른 문단을 시작할 때 띄어쓰기를 하기도 합니다. 마침표, 물음표 등 문장부호도 없습니다.

1. 주어

명사, 대명사 등을 사용할 수 있습니다.

① 인칭대명사

ผม 폼 나	ฉัน 찬 나	เรา 라-오 우리
(남자)	(남녀 공용, 주로 여자)	(단·복수로 사용)
คุณ 쿤 당신, 너	เขา 카-오 그, 그녀	เธอ 터 그녀
(남녀 공용)	(남녀 공용, 주로 남자)	

tip. ดิฉัน 디찬은 여자가 자기 자신을 칭할 때 쓰며 청자가 손아랫사람일 때만 사용합니다.

tip. 단수나 명사 앞에 พวก 푸-억(~들)을 붙이면 복수형이 됩니다.

- พวกเรา 푸-억 라-오 우리들
- พวกเขา 푸-억 카-오 그들

② 지시대명사

นี้ 니- 이, 이것	นั้น 난 그, 그것	โน้น 논- 저, 저것

2. 술어

태국어 술어의 특징은 시제의 변형이 없을 뿐 아니라, 인칭, 단·복수 구분도 없습니다. 술어는 3인칭 단수, 명사의 남·여성 구분, 시제, 단·복수를 구분하지 않기 때문에 하나의 술어로 모든 문장을 만들고 조동사나 부사를 추가하여 의미를 전달합니다.

tip. 태국어의 형용사는 술어로도 쓰여, 문장 속 쓰임에 따라 마치 동사처럼 해석되기도 합니다. 이 책에서는 혼동을 방지하기 위해 각 단어의 해석은 고유의 품사를 따르되, 예문의 해석은 문장 속 쓰임새를 고려하여 제시했습니다.

3. 문장 만들기

① 평서문

ผม ไป โรงเรียน 폼 / 빠이 / 롱-리-얀
주어 술어 보어
나 / 가다 / 학교
➡ 나는 학교에 간다.

ฉัน กิน อาหารเช้า 찬 / 낀 / 아-한 차-오
주어 술어 목적어
나 / 먹다 / 아침밥
➡ 나는 아침밥을 먹는다.

② 의문문

태국어의 의문문은 '평서문+의문 조사'로 구성됩니다. 의문문 역시 시제나 인칭, 단·복수 구분이 없습니다. 의문 조사에는 **หรือ** 르-(~입니까?), **หรือยัง** 르-양(~합니까 안합니까?) 등이 있습니다.

เขา เป็น หมอ หรือ 카-우 / 뻰 / 머- / 르-
주어 술어 보어 의문 조사
그 / ~이다 / 의사 + **หรือ** 르- (의문 조사)
➡ 그는 의사입니까?

คุณ กิน อาหารเช้า หรือยัง 쿤 / 낀 / 아-한 차-오 / 르-양
주어 술어 목적어 의문 조사
당신 / 먹다 / 아침밥 + **หรือยัง** 르-양 (의문 조사)
➡ 당신은 아침밥을 먹었습니까?

표기법

본 책에서 사용된 품사 표기법을 참고하세요. a. = adjective

n.	명사	a.	형용사	v.	동사	ad.	부사	prep.	전치사

บทที่ 1

ตอนที่ 01 소개
ตอนที่ 02 감사&사과

ตอนที่ 01.

소개 การแนะนำ 깐– 내남–

□ **ชื่อเต็ม** 츠–뗌
n. (성을 포함한) 이름, 성함

□ **ชื่อ** 츠–
n. (성을 제외한) 이름

□ **นามสกุล** 남–싸꾼
n. 성

□ **ชื่อเล่น** 츠–렌
n. 별명

□ **แนะนำ** 내남–
v. 소개하다; 추천하다

□ **การแนะนำ** 깐– 내남–
n. 소개

□ **นามบัตร** 남–밧
n. 명함

□ **เพศ** 펫–
n. 성별

□ **ผู้ชาย** 푸–차–이
n. 남자

□ **ผู้หญิง** 푸–잉
n. 여자

□ **เด็กผู้ชาย** 덱 푸–차–이
n. 소년

□ **เด็กหญิง** 덱 잉
n. 소녀

□ **พี่ชาย** 피–차–이
n. 형, 오빠

□ **พี่สาว** 피–싸–우
n. 누나, 언니

□ อายุ 아-유
n. 나이

□ วันเกิด 완 껃-
n. 생일

□ สัญชาติ 싼 찯-
n. 국적

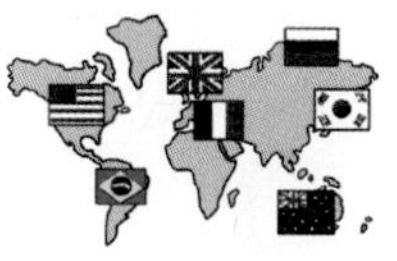

□ ประเทศ 쁘라텟-
n. 나라, 국가

□ ภาษา 파-싸-
n. 언어

□ ศาสนา 싸-싸나-
n. 종교

□ เบอร์โทรศัพท์ 버- 토-라쌉
n. 전화번호

□ อาชีพ 아-칩
n. 직업

□ ที่อยู่ 티 유-
n. 주소

□ ที่พัก 티 팍
사는 곳

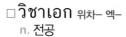

□ วิชาเอก 위차- 엑-
n. 전공

□ **การทักทาย** 깐– 탁타–이
n. 인사

□ **ทักทาย** 탁타–이
v. 인사하다

□ **สวัสดี** 싸왓디–
안녕.

□ **สวัสดีครับ(ค่ะ)** 싸왓디– 크랍(카)
안녕하세요. (만날 때, 헤어질 때)

□ **ขอให้เป็นวันที่ดี**
커– 하–이 뺀 완 티 디–
좋은 하루 되세요.

□ **ราตรีสวัสดิ์** 랏–뜨리– 싸왓
좋은 저녁 되세요.

□ **ฝันดี** 퐌 디–
잘 자요.

□ **คนรู้จัก** 콘 루–짝
아는 사람

□ **ยินดีที่ได้พบ** 인디– 티 다이 폽
만나서 반갑습니다.

□ **ยินดีที่ได้รู้จัก** 인디– 티 다이 루–
알게 되어 기쁩니다.

□ **เป็นไงบ้าง** 뺀 양라이 방–?
어떻게 지내세요?

□ **พบกันใหม่คราวหน้านะคะ**
폽 깐 마–이 크라–우 난– 나 카
다음에 또 만나요.

□ **ยินดี** 인디–
a. 기쁜, 반가운

□ **ต้อนรับ** 떤–랍
v. 환영하다

□ **เพื่อน** 프–언
n. 친구

□ **เพื่อนๆ** 프–언 프–언
친구들

□ **มิตรภาพ** 미뜨라팝–
n. 우정

□ **คุ้นเคย** 쿤커–이
a. 익숙한

□ **แปลกหน้า** 쁠랙나–
a. 낯선

□ **เชิญ** 천–
v. 초대하다

□ **แขก** 캑–
n. 손님

□ **ชื่อเต็ม** 츠–뗌 n. (성을 포함한) 이름, 성함

　□ **ชื่อ** 츠– n. (성을 제외한) 이름

　□ **นามสกุล** 남–싸꾼 n. 성

ชื่ออะไรครับ(คะ)
츠– 아라이 크랍(카)?
이름이 어떻게 되세요?

> **tip.** 듣는 사람이 손윗 남자일 경우 **ครับ** 크랍, 손윗 여자일 경우 **ค่ะ** 카를 문장 끝에 덧붙여 예의를 표합니다. 태국인들은 **ครับ** 크랍을 '캅'에 가깝게 들릴 정도로 빠르게 발음합니다.

ฉันชื่อเกดครับ(ค่ะ)
찬 츠– 껟– 크랍(카)
제 이름은 껟이라고 해요.

□ **ชื่อเล่น** 츠–렌 n. 별명

> **tip.** 태국인들은 이름이 매우 길어서, 대부분의 일상생활에서는 본명보다 별명(**ชื่อเล่น** 츠–렌)을 더 많이 사용합니다.

□ **นามบัตร** 남–밧 n. 명함

□ **เพศ** 펫– n. 성별

□ **ผู้ชาย** 푸–차–이 n. 남자

　□ **เด็กผู้ชาย** 덱 푸–차–이 n. 소년

　□ **กระเทย** 끄라터–이 n. 여장 남자

เขาดูเหมือนจะเป็นผู้ชายที่ดีครับ(ค่ะ)
카–우 두– 므–언 짜 뻰 푸–차–이 티 디 크랍(카)
그는 좋은 남자 같아요.

□ **ผู้หญิง** 푸–잉 n. 여자

　□ **เด็กหญิง** 덱 잉 n. 소녀

　□ **ทอม** 텀– n. 남장 여자

□ **พี่ชาย** 피–차–이 n. 형, 오빠

> **tip.** **พี่** 피–는 손윗사람으로, 남자를 나타내는 **ชาย** 차–이, 여자를 나타내는 **สาว** 싸–우와 결합하여 형(오빠), 누나(언니)가 되었습니다.

□ **พี่สาว** 피–싸–우 n. 누나, 언니

□ **ปู่** 뿌– n. 할아버지

□ ย่า 야– n. 할머니

□ อายุ 아–유 n. 나이

ย่าของฉันอายุ70ปีครับ(ค่ะ)
야– 컹– 찬 아–유 쨋씹– 삐 크랍(카)
우리 할머니는 연세가 70이십니다.

□ วันเกิด 완 껃– n. 생일

□ วันเดือนปีเกิด 완 드–언 삐– 껃– n. 생년월일

□ สัญชาติ 싼 찯– n. 국적

□ สองสัญชาติ 썽– 싼 찯– 복수 국적

□ การได้รับสัญชาติ 깐– 다이랍 싼 찯– 국적 취득

□ การเสียสัญชาติ 깐– 씨–야 싼 찯– 국적 상실

□ คนที่อาศัยอยู่ที่ต่างประเทศ
콘 티 아–싸이유– 티 땅–쁘라텟– n. 교포

เขาสัญชาติไทยครับ(ค่ะ)
카–우 싼 찯– 타이 크랍(카)
그의 국적은 태국입니다.

□ ประเทศ 쁘라텟– n. 나라, 국가

คุณเป็นคนประเทศอะไรครับ(คะ)
쿤 뻰 콘 쁘라텟– 아라이 크랍(카)?
당신은 어느 나라 사람인가요?

□ ภาษา 파–싸– n. 언어

□ ภาษาต่างประเทศ 파–싸– 땅–쁘라텟– n. 외국어

□ ภาษาไทย 파–싸– 타이 n. 태국어

□ ภาษาเกาหลี 파–싸– 까올–리 n. 한국어

□ ภาษาอังกฤษ 파–싸– 앙끄릿 n. 영어

□ วิชาเอก 위차– 엑– n. 전공

คุณเรียนวิชาเอกอะไรครับ(คะ)
쿤 리–얀 위차– 엑– 아라이 크랍(카)?
전공이 뭐예요?

□ ด้านที่เชี่ยวชาญ 단–티 치–여우 찬– n. 전문

□ ศาสนา 싸–싸나– n. 종교

□ ศาสนาพุทธ 싸–싸나– 붇 n. 불교

□ ศาสนาคริสต์ 싸–싸나– 크릿 n. 기독교

□ โปรเตสแตนท์ 쁘로떼스 땐– n. 개신교

□ คาทอลิก 카–터–릭 n. 천주교

□ ศาสนาอิสลาม 싸– 싸나 이–쓰람– n. 이슬람교

□ วัด 왓 n. 사원, 절 v. 측정하다

□ โบสถ์ 봇– n. 교회, 성당

□ เบอร์โทรศัพท์ 버– 토–라쌉 n. 전화번호

□ อาชีพ 아–칩 n. 직업

□ ที่อยู่ 티 유– n. 주소

□ อยู่ 유– v. 살다, 거주하다

= อาศัย 아–싸이

□ ที่พัก 티 팍 사는 곳

ฉันอาศัยอยู่คนเดียวครับ(ค่ะ)
찬 아–싸이 유– 콘 디–여우 크랍(카)
저는 혼자 살아요.

tip. อยู่ 유는 '있다'의 의미로도 쓰이며 '살다'는 주로 구어체에서 사용됩니다. '~에 살다, 거주하다'의 어감은 อาศัย 아–싸이가 더 강합니다.

□ แนะนำ 내남– v. 소개하다; 추천하다

□ การแนะนำ 깐– 내남– n. 소개

tip. 태국어는 동사 앞에 การ 깐–을 붙여 명사형을 만드는 경우가 많습니다.

□ รู้ 루– v. 알다

□ คนรู้จัก 콘 루–짝 아는 사람

รู้จักคุณโรอันมั้ยครับ(คะ)
루–짝 로안 마이 크랍(카)?
로안 씨를 아시나요?

□ คุ้นเคยกัน 쿤 커–이 깐 v. 친분이 있다

□ ตั้งแต่เมื่อก่อน 땅때– 므–어 껀– prep. 오래전부터

□ การฝากความคิดถึง 깐– 팍– 쾀–킷틍 n. 안부

ฝากความคิดถึงไปให้คนที่บ้านด้วยนะครับ(นะคะ)
팍– 쾀–킷틍 빠이 하–이 콘 티 반– 두어–이 나 크랍(나 카)
가족에게 안부를 전해 주세요.

□ การทักทาย 깐– 탁타–이 n. 인사

□ ทักทาย 탁타–이 v. 인사하다

สวัสดี
싸왓디–
안녕.

สวัสดีครับ(ค่ะ)
싸왓디– 크랍(카)
안녕하세요.

tip. 태국에서는 만남과 헤어짐의 인사가 같습니다. 그래서 태국인들과 헤어지는 인사를 할 때, 곧 다시 만날 것 같은 기분이 듭니다.

ยินดีที่ได้พบ
인디– 티 다이 폽
만나서 반갑습니다.

ยินดีที่ได้รู้จัก
인디– 티 다이 루–짝
알게 되어 기쁩니다.

ขอให้เป็นวันที่ดี
커– 하–이 뺀 완 티 디–
좋은 하루 되세요.

ราตรีสวัสดิ์
랏–뜨리– 싸왓
좋은 저녁 되세요.

ฝันดี
퐌 디–
잘 자요.

tip. ฝัน 퐌(꿈)과 ดี 디–(좋다)가 합쳐져 '좋은 꿈'이 됩니다. '좋은 꿈 꿔요, 잘 자요'라는 인사로 많이 쓰인답니다.

เป็นอย่างไรบ้างครับ(คะ)
뺀 양라이 방–크랍(카)?
어떻게 지내세요?

พบกันใหม่คราวหน้านะคะ
폽 깐 마–이 크라–우 난– 나 카
다음에 또 만나요.

- □ **ยินดี** 인디– a. 기쁜, 반가운

tip. 태국어의 형용사는 문장 속 쓰임에 따라 술어로도 씁니다. 이 책에서는 혼동을 방지하기 위해 각 단어의 해석은 고유의 품사로 표시하고, 예문의 해석은 쓰임에 따라 했습니다.

- □ **ต้อนรับ** 떤–랍 v. 환영하다
- □ **เชิญ** 천– v. 초대하다
- □ **แขก** 캑– n. 손님
- □ **ความประทับใจแรก** 쾀–쁘라탑 짜이 랙 n. 첫인상
- □ **เพื่อน** 프–언 n. 친구
    - □ **เพื่อนๆ** 프–언 프–언 친구들

tip. ~ๆ 마이야목은 명사 뒤에서 앞의 단어를 반복한다는 의미로, 해당 단어의 복수형을 만듭니다. 예를 들어 '친구'라는 뜻의 เพื่อน 프–언 뒤에 ๆ이 쓰이면 เพื่อนๆ 프–언 프–언이라 읽으며 여러 명의 '친구들'이 됩니다.

□ มิตรภาพ 미뜨라팝– n. 우정

□ สนิทสนม 싸닏싸놈 a. 친밀한

□ ใกล้ชิด 끌라–이칟 a. 친근한

□ คุ้นเคย 쿤커–이 a. 익숙한

□ แปลกหน้า 쁠랙나– a. 낯선

01. 안부 인사

꼭! 써먹는 **실전 회화**

แบ 배–
สวัสดีผึ้ง สบายดีไหม
싸왓디– 픙, 싸바–이 디– 마–이?
안녕 픙, 잘 지냈니?

ผึ้ง 픙
อืมสบายดี ช่วงวันเสาร์เธอทำอะไรบ้าง
음, 싸바–이 디–. 추–엉 완 싸–우 터– 탐– 아라이 방–?
응, 잘 지냈어. 넌 주말 어떻게 보냈니?

แบ 배–
ฉันไปบ้านเกดกับเพื่อนๆ
찬 빠이 반– 깯– 깝 프–언 프–언
친구들과 깯 집에 갔었어.

ผึ้ง 픙
เกดสบายดีไหม
깯– 싸바–이 디– 마–이?
깯은 어떻게 지내?

แบ 배–
เขาสบายดี
카–우 싸바–이 디–
걘 잘 지내.

ตอนที่ 02.

감사&사과 การขอบคุณและขอโทษ 깐- 컵-쿤 래 커-톳-

□ การขอบคุณ 깐- 컵-쿤
n. 감사

□ ขอบคุณ 컵-쿤
v. 감사하다

□ ชีวิต 치-윗
n. 신세

□ ชีวิตตกต่ำ 치-윗 똑땀-
v. 신세를 지다

□ บุญคุณ 분쿤
= พระคุณ 프라쿤
n. 은혜

□ ความมีน้ำใจ 쾀- 미- 남-짜-이
n. 친절

□ ใจดี 짜-이디-
a. 친절한

□ ความช่วยเหลือ 쾀- 추어-이 르-어
n. 도움

□ ช่วยเหลือ 추어-이 르-어
v. 돕다, 지원하다; 구조하다

□ ด้วยความเป็นมิตร
두어-이 쾀- 뺀 밋
a. 호의적인 (어떤 행위)

□ เอาใจใส่ 아-오 짜-이 싸-이
= สนใจ 쏜짜-이
v. 배려하다, 관심을 가지다

□ โอกาส 오깟–
n. 기회

□ การให้กำลังใจ 깐–하–이 깜–랑짜–이
n. 격려

□ ให้กำลังใจ 하–이 깜–랑짜–이
v. 격려하다

□ การชื่นชม 깐–츤–촘
n. 칭찬

□ ชื่นชม 츤–촘
v. 칭찬하다

□ เข้าใจ 카–오짜–이
v. 이해하다

□ รอ 러–
v. 기다리다

□ คำแนะนำ 캄–내남–
= คำตักเตือน 캄–딱뜨–언
n. 충고

□ ให้คำแนะนำ 하–이 캄–내남–
= ตักเตือน 딱뜨–언
v. 충고하다

□ ทำให้อารมณ์ดี
탐– 하–이 아–롬디–
기분 좋게 하다

□ แจ้ง 쨍
v. 안내하다

□ การให้อภัย 깐– 하–이 아파이
n. 용서

□ ให้อภัย 하–이 아파이
v. 용서하다

□ การขอโทษ 깐– 커–톳
n. 사과

□ ขอโทษ 커–톳
v. 사과하다

□ ความผิดพลาด 쾀–핃플랃–
n. 잘못, 실수

□ ทำผิด 탐–핃 v. 실수하다

□ ล้มเหลว 롬레우 v. 실패하다

□ ทำพัง 탐–팡 v. 망치다, 고장 내다

□ ประสบความสำเร็จ
쁘라쏩 쾀– 쌈–렛
v. 성공하다

□ ด้วยความช่วยเหลือจาก
두어–이 쾀–추어–이 르–어 짝
prep. ~의 덕분에

□ การวิจารณ์ 깐– 위짠–
= คำวิจารณ์ 캄– 위짠–
n. 비난

□ วิจารณ์ 위짠–
v. 비난하다, 비판하다

□ เจตนา 쩨따–나–
n. 의도

□ ตั้งใจ 땅짜–이
ad. 고의로, 일부러

□ **ดีกว่า** 디-끄와-
a. 더 좋은

□ **โชคร้าย** 촉라-이
a. 불행한

□ **รบกวน** 롭꾸-언
v. 방해하다

□ **มาสาย** 마-싸-이
v. 지각하다

□ **คิด** 킫
v. 생각하다

□ **ความคิด** 쾀- 킫
n. 생각

□ **ความคิดเห็น** 쾀- 킫헨-
n. 의견, 견해

□ **ไอเดีย** 아이디-야

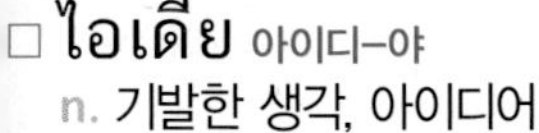

n. 기발한 생각, 아이디어

□ **ยาก** 약-
a. 어려운

□ **กังวล** 깡 온
= **กลุ้มใจ** 끄룸짜-이
v. 고민하다, 숙고하다

□ การขอบคุณ 깐– 컵–쿤 n. 감사

□ ขอบคุณ 컵–쿤 v. 감사하다

ขอบคุณมากๆครับ(ค่ะ)
컵–쿤 막–막– 크랍(카)
정말 감사합니다.

□ มาก 막– ad. 많이, 매우

□ จริงๆ 찡찡 ad. 정말로

□ ชีวิต 치–윗 n. 신세

□ ชีวิตตกต่ำ 치–윗 똑땀– v. 신세를 지다

ฉันจะไม่ลืมว่าชีวิตต้องตกต่ำก็เพราะคุณครับ(ค่ะ)
찬 짜 마이 름– 와– 치–윗 떵– 똑땀– 꺼 프러 쿤 크랍(카)
당신께 신세 진 것을 평생 잊지 않겠습니다.

□ เอาใจใส่ 아–오 짜–이 싸–이 v. 배려하다, 관심을 가지다, 관심을 기울이다

= สนใจ 쏜짜–이

tip. เอา 아–오는 '가지고 오다', ใจ 짜–이는 '마음', ใส่ 싸–이는 '쏟다'라는 뜻으로 세 단어를 합하여 '마음을 가져와 쏟다', 즉 '배려하다, 관심을 가지다'가 되었습니다.

ขอบคุณที่เอาใจใส่ครับ(ค่ะ)
컵–쿤 티 아–오 짜–이 싸–이 크랍(카)
신경 써 주셔서 감사합니다.

□ แกล้งทำเป็นไม่รู้ 끌랭–탐–뻰 마이 루– v. 눈감아 주다, 모른 체하다(돕기 위해)

= เพื่อช่วยเหลือ 프–어 추어–이 르어–

□ ใจกว้าง 짜–이 끄–왕 a. 너그러운, 마음이 넓은

tip. ใจ 짜이는 '마음', กว้าง 끄왕은 '넓다'로, 두 단어를 합하여 '마음이 넓은', 즉 '관대한'이 되었습니다.

□ กว้างขวาง 끄–왕 크–왕 a. 호방한

□ ความใจกว้าง 캄– 짜–이 끄–왕 n. 관대함, 너그러움

= ความเอื้อเฟื้อ 캄– 으–어 프–어

□ ความมีน้ำใจ 캄– 미– 남–짜–이 n. 친절

ขอบคุณในความมีน้ำใจและความเอื้อเฟื้อของคุณครับ(ค่ะ)
컵–쿤 나–이 캄– 미– 남–짜–이 래 캄– 으–어 프–어 컹– 쿤 크랍(카)
당신의 친절과 너그러움에 감사드립니다.

□ ใจดี 짜–이디– a. 친절한

□ บุญคุณ 분쿤 n. 은혜

= พระคุณ 프라쿤

□ ด้วยความช่วยเหลือจาก 두어–이 캄–추어–이 르–어 짝 prep. ~의 덕분에

□ มีเมตตา 미–멧따– a. 자비로운

□ ด้วยความเป็นมิตร 두어–이 캄– 뻰 밋 a. 호의적인 (어떤 행위)

ขอบคุณสำหรับคำตอบอย่างเป็นมิตรของคุณครับ(ค่ะ)
컵–쿤 쌈–랍 캄–떱– 양– 뻰 밋 컹– 쿤 크랍(카)
당신의 호의적인 답변에 감사드립니다.

tip. มิตร 밋 자체에 '호의적'이라는 의미가 있습니다.

□ ความเข้าอกเข้าใจ 캄– 카–오옥 카–오짜–이 n. 이해심

□ ความช่วยเหลือ 캄– 추어–이 르–어 n. 도움

□ ช่วยเหลือ 추어–이 르–어 v. 돕다, 지원하다; 구조하다

□ ให้ความร่วมมือ 하–이 캄– 루–엄므– v. 협조하다

□ รอ 러– v. 기다리다

□ วิงวอน 윙우–언 v. 간청하다

□ สำคัญ 쌈–칸 a. 중요한, 중대한

□ ร้ายแรง 라–이 랭 a. 심각한

□ ขอร้อง 커–렁– a. 간절한 v. 요청하다

□ เรียกร้อง 리–약 렁– v. 요구하다

□ การให้กำลังใจ 깐–하–이 깜–랑짜–이 n. 격려

□ ให้กำลังใจ 하–이 깜–랑짜–이 v. 격려하다

ขอบคุณทุก ๆท่านที่ส่งข้อความให้กำลังใจมาครับ(ค่ะ)
컵–쿤 툭툭 탄– 티 쏭 커– 쾀– 하–이 깜–랑 짜–이 마– 크랍(카)
격려의 메시지를 보내주신 모든 분들께 감사드립니다.

□ คำแนะนำ 캄–내남– n. 충고

= คำตักเตือน 캄–딱뜨–언

□ ให้คำแนะนำ 하–이 캄–내남– v. 충고하다

= ตักเตือน 딱뜨–언

□ การชื่นชม 깐–츤–촘 n. 칭찬

□ ชื่นชม 츤–촘 v. 칭찬하다

□ ทำให้อารมณ์ดี 탐– 하–이 아–롬디– 기분 좋게 하다

□ เข้าใจ 카–오짜–이 v. 이해하다

□ แจ้ง 쨍 v. 안내하다

□ โชคชะตา 촉차따– n. 운명

□ โอกาส 오깟– n. 기회

กรุณาให้โอกาสเขาอีกครั้งนะครับ(ค่ะ)
까루나– 하–이 오깟– 카–우 익– 크랑 나 크랍(카)
그에게 다시 한 번 기회를 주세요.

□ การให้อภัย 깐– 하–이 아파이 n. 용서

□ ให้อภัย 하–이 아파이 v. 용서하다

□ การขอโทษ 깐– 커–톳 n. 사과

□ ขอโทษ 커–톳 v. 사과하다

ผม(ฉัน)ต่างหากที่ควรจะขอโทษครับ(ค่ะ)
폼(찬) 땅– 학– 티 쿠–언 짜 커–톳 크랍(카)
저야말로 사과드려요.

tip. 태국어에서 말하는 사람 자신을 가리킬 때, 남자는 **ผม** 폼, 여자는 **ฉัน** 찬입니다.

□ ความผิดพลาด 콤–핃플랃– n. 잘못, 실수

เป็นความผิดของฉันเองครับ(ค่ะ)
뻰 콤–핀 컹– 찬 앵–크랍(카)
제 실수입니다.

tip. 실제 회화에서는 **พลาด** 플랃– 없이 **ความผิด** 콤–핃을 더 많이 사용합니다.

□ ทำผิด 탐–핃 v. 실수하다

□ ทำพัง 탐–팡 v. 망치다, 고장 내다

ขอโทษครับ(ค่ะ) ผม(ฉัน)ทำมันพังหมดเลย
커–톳 크랍(카). 폼(찬) 탐–팡 못 러–이
죄송해요. 제가 전부 망치고 말았네요.

□ ล้มเหลว 롬레우 v. 실패하다

□ ประสบความสำเร็จ 쁘라솝 콤– 쌈–렛 v. 성공하다

□ ยอมรับ 염–랍 v. 받아들이다

□ เสียใจ 씨–아짜–이 a. 미안한

□ วิจารณ์ 위짠– v. 비난하다, 비판하다

□ การวิจารณ์ 깐– 위짠– n. 비난

= คำวิจารณ์ 캄– 위짠–

□ เจตนา 쩨따–나– n. 의도

□ ตั้งใจ 땅짜–이 ad. 고의로, 일부러

ผม(ฉัน)ไม่ได้ตั้งใจครับ(ค่ะ)
폼(찬) 마이 다이 땅짜–이 크랍(카)
고의는 아니었어요.

□ รบกวน 롭꾸–언 v. 방해하다

□ มาสาย 마–싸–이 v. 지각하다

□ ความเสียหาย 쾀– 씨–야 하–이 n. 손해

□ โชคร้าย 촉라–이 a. 불행한

□ ดีกว่า 디–끄와– a. 더 좋은

□ ยาก 약– a. 어려운

□ คิด 킫 v. 생각하다

□ ความคิด 쾀– 킫 n. 생각

□ ความคิดเห็น 쾀– 킫헨– n. 의견, 견해

ผม(ฉัน)มีความคิดเห็นที่ต่างออกไปครับ(ค่ะ)
폼(찬) 미– 쾀– 킫헨– 티 땅– 억– 빠이 크랍(카)
저는 의견이 좀 다릅니다.

□ ไอเดีย 아이디–야 n. 기발한 생각, 아이디어

□ กังวล 깡 온 v. 고민하다, 숙고하다

= กลุ้มใจ 끄룸짜–이

□ ทำซ้ำๆ 탐– 쌈–쌈– v. 반복하다

□ กลับมา 끌랍마– v. 돌아오다

ขอตัวสักครู่นะครับ(นะคะ) เดี๋ยวจะรีบกลับมาครับ(ค่ะ)
커–뚜어 싹크루– 나 크랍(나 카). 디여–우 립 끌랍 마– 크랍(카)
잠시 실례하겠습니다. 곧 돌아올게요.

꼭! 써먹는 **실전 회화**

02. 감사 인사

กล้าหาญ 끌라–한–
ขอบคุณมากที่วันนี้สละเวลาให้ครับ
컵–쿤 막– 티 완니– 싸라 웰라– 하–이 크랍
오늘 시간 내 주셔서 감사합니다.

วิระ 위라
ไม่เป็นไรค่ะ
마이 뺀 라이 카
천만에요.

กล้าหาญ 끌라–한–
ขอโทษจริงๆแต่ฉันมีนัดต้องขอตัวก่อนนะครับ
커–톳 찡찡 때– 찬 미 낫 떵– 커– 뚜어 껀– 나 크랍
실례지만 약속이 있어서 먼저 가 볼게요.

วิระ 위라
ไม่เป็นไรค่ะ ขอให้เป็นวันที่ดีนะคะ
마이 뺀 라이 카. 커– 하–이 뺀 완 티 디– 나 카
괜찮습니다. 좋은 하루 되세요.

연습 문제

다음 단어를 읽고 맞는 뜻과 연결하세요.

1. เพื่อน •		• 감사하다
2. แนะนำ •		• 나라, 국가
3. ให้อภัย •		• 나이
4. ขอโทษ •		• 사과하다
5. ขอบคุณ •		• 소개하다; 추천하다
6. ชื่นชม •		• 용서하다
7. ชื่อเต็ม •		• 이름
8. ทักทาย •		• 인사하다
9. ที่อยู่ •		• 주소
10. ประเทศ •		• 직업
11. อาชีพ •		• 친구
12. อายุ •		• 칭찬하다

1. เพื่อน – 친구 2. แนะนำ – 소개하다; 추천하다 3. ให้อภัย – 용서하다 4. ขอโทษ – 사과하다 5. ขอบคุณ – 감사하다 6. ชื่นชม – 칭찬하다 7. ชื่อเต็ม – 이름 8. ทักทาย – 인사하다 9. ที่อยู่ – 주소 10. ประเทศ – 나라, 국가 11. อาชีพ – 직업 12. อายุ – 나이

บทที่ 2

신체 ร่างกาย 랑-까-이

□ ร่างกาย 랑-까-이
n. 신체, 몸

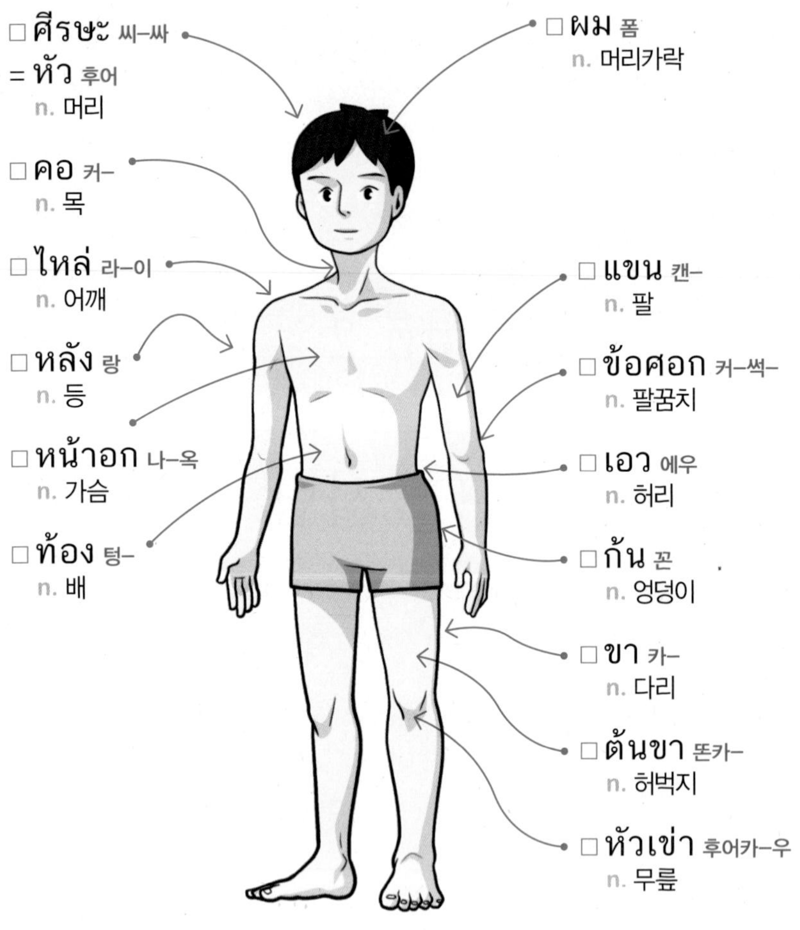

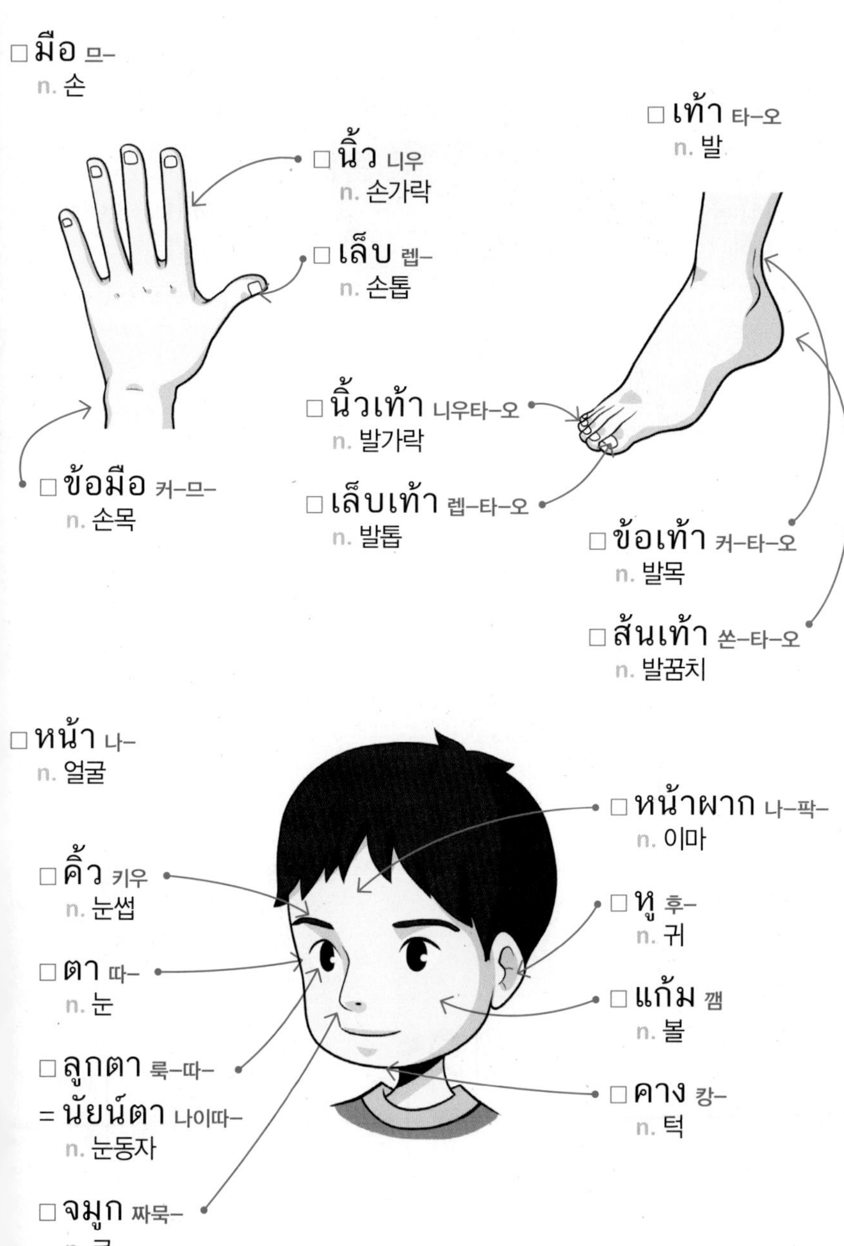
□ มือ 므–
n. 손
□ นิ้ว 니우
n. 손가락
□ เล็บ 렙–
n. 손톱
□ ข้อมือ 커–므–
n. 손목
□ เท้า 타–오
n. 발
□ นิ้วเท้า 니우타–오
n. 발가락
□ เล็บเท้า 렙–타–오
n. 발톱
□ ข้อเท้า 커–타–오
n. 발목
□ ส้นเท้า 쏜–타–오
n. 발꿈치
□ หน้า 나–
n. 얼굴
□ คิ้ว 키우
n. 눈썹
□ ตา 따–
n. 눈
□ ลูกตา 룩–따–
= นัยน์ตา 나이따–
n. 눈동자
□ จมูก 짜묵–
n. 코
□ หน้าผาก 나–팍–
n. 이마
□ หู 후–
n. 귀
□ แก้ม 깸
n. 볼
□ คาง 캉–
n. 턱

□ ปาก 빡–
n. 입

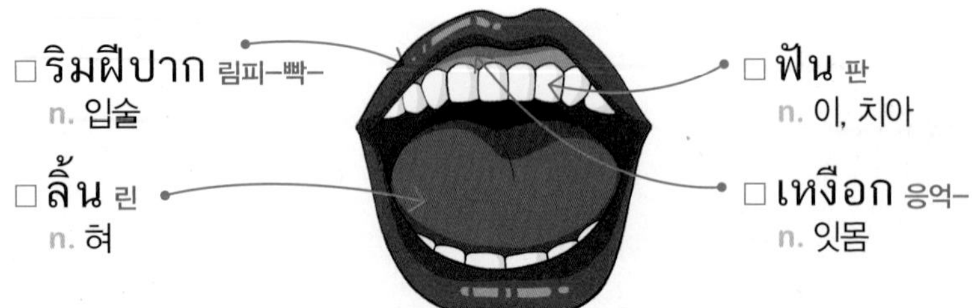

□ ริมฝีปาก 림피–빡–
n. 입술

□ ลิ้น 린
n. 혀

□ ฟัน 판
n. 이, 치아

□ เหงือก 응억–
n. 잇몸

□ น้ำหนัก 남–낙
n. 무게, 체중

□ อ้วน 우–언
a. 뚱뚱한

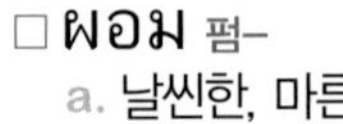

□ ผอม 펌–
a. 날씬한, 마른

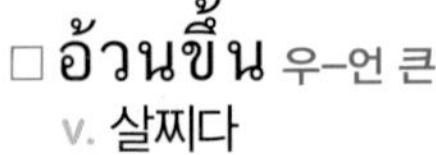

□ อ้วนขึ้น 우–언 큰
v. 살찌다

□ ผอมลง 펌– 롱
v. 살이 빠지다

□ ส่วนสูง 쑤–언쑹–
n. 키

□ ตัวสูง 뚜어쑹–
a. (키가) 큰

□ ตัวเตี้ย 뚜어띠–야
a. (키가) 작은

□ ผิว 피우
n. 피부

□ ริ้วรอย 리우러-이
n. 주름

□ ลักยิ้ม 락임
n. 보조개

□ สิว 씨우
n. 여드름

□ กระ 끄라
n. 주근깨

□ เครา 크라-우
n. 수염, 턱수염

□ หนวด 누-업
n. 콧수염

□ โกนหนวด 꼰누-업
v. 면도하다

□ รูปร่างหน้าตา
룹랑- 나-따-
n. 외모

□ หล่อ 러-
a. (남자에게)
잘생긴, 멋진

□ ขี้เหร่ 키-레-
a. 못생긴

□ สวย 쑤워-이
a. (여자에게) 예쁜, 아름다운;
(어린아이에게) 잘생긴

□ น่ารัก 나-락
a. (여자에게)
귀여운, 사랑스러운;

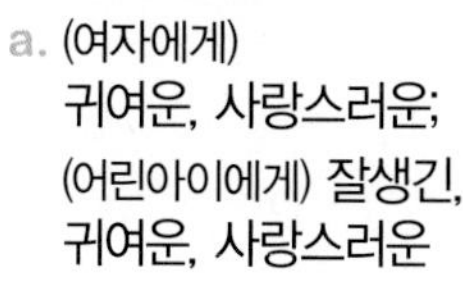

(어린아이에게) 잘생긴,
귀여운, 사랑스러운

□ งดงาม 옫응-암
a. 우아한

□ร่างกาย 랑-까-이 n. 신체, 몸

□ศีรษะ 씨-싸 n. 머리

= หัว 후어

tip. 태국에서 아이들의 머리를 쓰다듬는 행위는 아이의 영혼을 빼앗아 간다고 여겨지기 때문에 절대 삼가야 합니다.

□ผม 폼 n. 머리카락

□ผมหยักโศก 폼 약 쏙 곱슬머리

□ผมหยิก 폼 익 웨이브 머리

□ผมตรง 폼 뜨롱 생머리

□ผมสั้น 폼 싼 짧은 머리, 단발

= ผมบ๊อบ 폼 법-

□ผมยาว 폼 야-우 긴 머리

โรอันมีผมหยักโศกครับ(ค่ะ)

로안 미- 폼 약 쏙 크랍(카)

로안은 곱슬머리예요.

□คอ 커- n. 목

□ไหล่ 라-이 n. 어깨

□หลัง 랑 n. 등

□หน้าอก 나-옥 n. 가슴

□ท้อง 텅- n. 배

ผม(ฉัน)มีไขมันเยอะที่หน้าท้องครับ(ค่ะ)

폼(찬) 미- 카이만 여 티 나- 텅- 크랍(카)

배에 살이 붙었어요.

□เอว 에우 n. 허리

□สะโพก 싸폭- n. 골반

□ ก้น 꼰 n. 엉덩이

□ แขน 캔– n. 팔

□ ข้อศอก 커–썩– n. 팔꿈치

□ มือ 므– n. 손

□ ถนัดขวา 타낟크와– n. 오른손잡이

□ ถนัดซ้าย 타낟싸–이 n. 왼손잡이

□ ข้อมือ 커–므– n. 손목

□ นิ้ว 니우 n. 손가락

□ เล็บ 렙– n. 손톱

ล้างมือก่อนกินข้าวด้วย
랑– 므– 껀– 낀 카–우 두워–이
밥 먹기 전에 손을 씻으렴.

□ ขา 카– n. 다리

□ ต้นขา 똔카– n. 허벅지

□ หัวเข่า 후어카–우 n. 무릎

□ เท้า 타–오 n. 발

□ ข้อเท้า 커–타–오 n. 발목

□ นิ้วเท้า 니우타–오 n. 발가락

□ เล็บเท้า 렙–타–오 n. 발톱

□ ส้นเท้า 쏜–타–오 n. 발꿈치

□ หน้า 나– n. 얼굴; 앞

tip. 현대 태국의 미인상은 피부가 희고 눈이 큰 서구적 얼굴입니다.

ตอนที่ตื่นนอนหน้าจะบวมครับ(ค่ะ)
떤– 티 뜬–넌– 나– 짜 부–엄 크랍(카)
자고 일어나면 얼굴이 부어 있어요.

□ใบหน้ารูปไข่ 바-이나-룹-카이 계란형 얼굴

□ใบหน้ากลม 바-이나-끄롬 동그란 얼굴

□ใบหน้ารูปสี่เหลี่ยม 바-이나-룹-씨-리-염 사각턱 얼굴

□รูปหน้ายาว 룹-나-야-우 긴 얼굴

□รูปหน้าสามเหลี่ยม 룹-나-쌈-리-염 역삼각형 얼굴

น้องสาวของผม(ฉัน)มีใบหน้ารูปไข่ครับ(ค่ะ)
넝-싸-우 컹- 폼(찬) 미 바-이나-룹-카이 크랍(카)
제 여동생은 계란형 얼굴이에요.

□หน้าผาก 나-팍- n. 이마

□หู 후- n. 귀

□แก้ม 깸 n. 볼

□คาง 캉- n. 턱

□ตา 따- n. 눈; 외할아버지

□ตาสองชั้น 따-썽-찬 쌍꺼풀 있는 눈

□ลูกตา 룩-따- n. 눈동자

= นัยน์ตา 나이따-

□คิ้ว 키우 n. 눈썹

□ขนตา 콘따- n. 속눈썹

□จมูก 짜묵- n. 코

□จมูกโด่ง 짜묵-동 오똑한 코

□ปาก 빡- n. 입

□ริมฝีปาก 림피-빡- n. 입술

□ ลิ้น 린 n. 혀

□ ฟัน 판 n. 이, 치아

□ เหงือก 응억– n. 잇몸

□ น้ำหนัก 남–낙 n. 무게, 체중

ผม(ฉัน)เริ่มวิ่งเพื่อจะลดน้ำหนักครับ(ค่ะ)
폼(찬) 름 윙 프–어 짜 롯 남–낙 크랍(카)
저는 체중을 줄이기 위해 달리기를 시작했어요.

□ ไขมัน 카이만 n. 비만

□ อ้วน 우–언 a. 뚱뚱한

□ อ้วนขึ้น 우–언 큰 v. 살찌다

ผม(ฉัน)แค่กินน้ำก็อ้วนขึ้นแล้วครับ(ค่ะ)
폼(찬) 캐 낀 남– 꺼 우–언 큰 래–우 크랍(카)
저는 물만 마셔도 살이 쪄요.

□ ผอม 펌– a. 날씬한, 마른

□ ผอมลง 펌– 롱 v. 살이 빠지다

พอเทียบกับส่วนสูงแล้ว เขาจัดว่าผอมครับ(ค่ะ)
퍼– 티–얍 깝 쑤–언쑹– 래–우 카–우 짠 와– 펌– 크랍(카)
그는 자기 키에 비해 말랐어요.

□ หุ่นดี 훈디– a. 가는, 날카로운

□ ผิว 피우 n. 피부

□ ผิวมัน 피우만 지성 피부

□ ผิวแห้ง 피우행 건성 피부

□ ผิวแพ้ง่าย 피우팽응아–이 민감성 피부

ผิวผม(ฉัน)แพ้ง่ายครับ(ค่ะ)
피우 폼(찬) 팽응아–이 크랍(카)
제 피부는 민감해요.

□ สีหน้า 씨-나- n. 얼굴빛, 안색

□ ริ้วรอย 리우러-이 n. 주름

□ ลักยิ้ม 락임 n. 보조개

□ สิว 씨우 n. 여드름

□ กระ 끄라 n. 주근깨

□ หนังศีรษะ 낭씨-싸 n. 두피

□ รังแค 랑캐- n. 비듬

□ เครา 크라-우 n. 수염, 턱수염

□ หนวด 누-얻 n. 콧수염

□ โกนหนวด 꼰누-얻 v. 면도하다

วันนี้ไม่โกนหนวดก่อนไปทำงานเหรอครับ(คะ)
완니- 마이-꼰누-얻 껀- 빠이 탐-응-안 르- 크랍(카)?
오늘 출근하기 전에 면도하지 않았어요?

□ รูปร่างหน้าตา 룹랑- 나-따- n. 외모

□ หล่อ 러- a. (남자에게) 잘생긴, 멋진

tip. 일반적으로 남자에게 '잘생겼다'는 หล่อ 러, 여자에게 '아름답다, 예쁘다'는 สวย 쑤워-이 혹은 '귀엽다, 사랑스럽다'는 น่ารัก 나-락을 사용합니다.

□ สวย 쑤워-이 a. (여자에게) 예쁜, 아름다운; (어린아이에게) 잘생긴

□ น่ารัก 나-락 a. (여자에게) 귀여운, 사랑스러운;
(어린아이에게) 잘생긴, 귀여운, 사랑스러운

tip. '~처럼 보이다'라는 น่า 나-와 '사랑'을 뜻하는 รัก 락이 합쳐져 น่ารัก 나-락 '사랑스럽게 보이다' 즉 '귀엽다'가 되었습니다.

ลูกของพี่ชายน่ารักมากครับ(ค่ะ)
룩- 컹- 피- 차-이 나-락 막- 크랍(카)
형의 아기가 너무 귀여워요.

□ งดงาม 옫응-암 a. 우아한

□ ขี้เหร่ 키-레- a. 못생긴

□ ส่วนสูง 쑤-언쑹- n. 키

□ ตัวสูง 뚜어쑹- a. (키가) 큰

□ ตัวเตี้ย 뚜어띠-야 a. (키가) 작은

□ วัด 왇 v. 측정하다 n. 사원, 절

□ สุขภาพดี 쑤카팝- 디- a. 건강한, 건장한

□ แข็งแรง 캥랭- a. 건강한, 튼튼한

□ อ่อนแอ 언-애- a. 허약한

□ เหมือน 므-언 a. 닮은, 비슷한 v. 닮았다

prep. ~처럼, ~같은

03. 외모

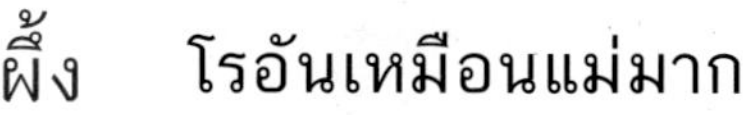

꼭! 써먹는 **실전 회화**

ผึ้ง โรอันเหมือนแม่มาก
풍 로안 므-언 매- 막-
로안은 어머니를 많이 닮았어.

ต้อ ใช่ เธอผิวขาวและมีผมสีดำเหมือนแม่
떠- 차이, 터- 피우 카-우 래 미- 폼 씨-담- 므-언 매
그래, 그 앤 자기 어머니처럼 피부가 희고 검은 머리잖아.

ผึ้ง แต่สองสามวันก่อนเธอไปย้อมผมเป็นสีทองมา
풍 때 썽- 쌈- 완- 껀- 빠이 염- 폼 뻰- 씨- 텅- 마-
하지만 며칠 전에 머리를 금발로 염색했더라고.

ต้อ จริงเหรอ
หลังจากเดือนที่แล้วฉันก็ไม่ได้เจอเธออีกเลย
떠- 찡끄르-? 랑짝-드-언 티 래-우 찬 꺼 마이다이 쩌- 터- 익- 러-이
정말? 난 그 애를 지난달 이후로 보지 못했어.

감정&성격 อารมณ์และนิสัย 아-롬 래 니싸이

□ อารมณ์ 아-롬
n. 감정, 기분

□ อารมณ์ดี 아-롬디-
a. 기분 좋은

□ ยินดี 인디-
= ดีใจ 디-짜-이
a. 기쁜, 반가운

□ ความยินดี 쾀-인디-
n. 기쁨

□ มีความสุข 미- 쾀-쑥
a. 행복한

□ ความสุข 쾀-쑥
n. 행복

□ พอใจ 퍼-짜-이
v. 만족하다

□ เพียงพอ 피-양퍼-
a. 충분한

□ สนุก 싸눅
= น่าสนใจ 나-쏜짜-이
a. 재미있는

□ น่าสนุก 나-싸눅
a. 흥미로운

□ วางใจ 왕-짜-이
v. 안심하다

□ ยิ้ม 임 v. 미소 짓다

□ รอยยิ้ม 러-이 임
n. 미소

□ หัวเราะ 후어러 v. 웃다

□ เสียงหัวเราะ 씨앙-후어러
n. 웃음

□ เศร้า 싸–오
v. 슬프다

□ ความเสียใจ 쾀–씨–아짜–이
n. 슬픔

□ เป็นทุกข์ 뻰–툭
a. 고통스러운

□ รบกวนใจ 롭꾸–언짜–이
a. 괴로운

□ เจ็บที่หัวใจ 쩹–티후어짜–이
a. 가슴 아픈

□ ผิดหวัง 핃왕
a. 실망스러운

□ สิ้นหวัง 씬왕
a. 절망적인

□ โชคไม่ดี 촉마이디–
a. 불행한

□ น่าสลดใจ 나– 쌀롯 짜–이
= เสียใจ 씨–아 짜–이
a. 미안한

□ โกรธ 끄롣–
a. 화가 난

□ โมโห 모호
a. 신경질이 난

□ กระวนกระวาย 끄라온 끄라와–이
a. 불안한, 초조한

□ เกลียด 끄리-얃
a. 싫은, 미운

□ ไม่ชอบ 마이 첩-
a. 싫은

□ กลัว 끌루어
a. 두려운

□ นิสัย 니싸이
n. 성격

□ ที่อบอุ่น 티-옵운
a. 마음이 따뜻한, 착한

□ ที่ดี 티-디-
a. 좋은

□ ใจดี 짜-이 디-
a. 친절한

□ ซื่อสัตย์ 쓰-어 쌋
a. 정직한

□ มีชีวิตชีวา 미- 치-윋 치-와
a. 활발한

□ ในแง่ดี 나-이 웽디-
= กระตือรือร้น 끄라뜨-르-론
a. 긍정적인, 적극적인

□ สุขุม 쑤쿰
= หนักแน่น 낙낸
a. 신중한

□ เรียบร้อย 리-얍 러-이
a. 얌전한

□ ไม่ดี 마이 디–
= เลว 레–우
a. 못된

□ ขี้เกียจ 티– 키– 끼–얏
a. 게으른

□ ที่เกียจคร้าน 티– 끼–얏 크–란
a. 나태한

□ พูดน้อย 풋– 너–이
a. 말수가 적은, 내성적인

□ เงียบขรึม 이–얍크름
a. 과묵한

□ มองโลกในแง่ร้าย
멍–록 나–이 웽라–이
a. 비관적인

□ ในแง่ลบ 나–이 웽롭
a. 부정적인, 소극적인

□ หยิ่งยโส 잉 야 쏘–
a. 거만한

□ เขิน 큰
v. 수줍어하다

□ อาย 아–이
a. 부끄러운

□ โลภ 록
a. 탐욕스러운

□ หยาบกระด้าง 얍–끄라당–
a. 거친

□ ห้วนๆ 후–언 후–언
a. 무뚝뚝한

□ **อารมณ์** 아–롬 n. 감정, 기분

□ **ความรู้สึก** 쾀– 루–쓱 n. 감정, 느낌

□ **อารมณ์ดี** 아–롬디– a. 기분 좋은

□ **ยินดี** 인디– a. 기쁜, 반가운

= **ดีใจ** 디–짜–이

□ **ความยินดี** 쾀–인디– n. 기쁨

ยินดีที่สอบผ่านแล้ว
인디– 티 썹– 판– 래–우
네가 시험에 합격해서 기쁘다.

□ **หัวเราะ** 후어러 v. 웃다

□ **เสียงหัวเราะ** 씨앙–후어러 n. 웃음

□ **ยิ้ม** 임 v. 미소 짓다

□ **รอยยิ้ม** 러–이 임 n. 미소

□ **มีความสุข** 미– 쾀–쑥 a. 행복한

□ **ความสุข** 쾀–쑥 n. 행복

□ **พอใจ** 퍼–짜–이 v. 만족하다

ผม(ฉัน)พอใจในงานของตัวเองครับ(ค่ะ)
폼(찬) 퍼–짜–이 나–이 응–안 컹– 뚜어 엥– 크랍(카)
저는 제 일에 만족해요.

□ **เพียงพอ** 피–양퍼– a. 충분한

□ **สนุก** 싸눅 a. 재미있는

= **น่าสนใจ** 나–쏜짜–이

เป็นเรื่องที่น่าสนใจนะครับ(ค่ะ)
빤- 르-엉 티 나-쏜짜-이 나 크랍(카)
재미있는 이야기네요.

□ น่าสนุก 나-싸눅 a. 흥미로운

□ วางใจ 왕-짜-이 v. 안심하다

□ เศร้า 싸-오 v. 슬프다

ผม(ฉัน)เศร้าที่เพื่อนๆจากไปครับ(ค่ะ)
폼(찬) 싸-오 티 프-언 프-언 짝- 빠이 크랍(카)
친구들을 떠나는 게 슬펐어요.

□ ความเสียใจ 쾀-씨-아짜-이 n. 슬픔

□ ความโศกเศร้า 쾀-쏙싸-오 n. 비애

□ เป็นทุกข์ 뻰-툭 a. 고통스러운

ผม(ฉัน)เป็นทุกข์มากเพราะคนนั้นครับ(ค่ะ)
폼(찬) 뻰- 툭 막- 프러 콘 난 크랍(카)
그 사람 때문에 너무 고통스러워요.

□ ความทุกข์ 쾀-툭 n. 고통

□ รบกวนใจ 롭꾸-언짜-이 a. 괴로운

□ เจ็บที่หัวใจ 쩹-티후어짜-이 a. 가슴 아픈

□ ทำให้ใจเย็น 탐- 하-이 짜-이옌 v. 진정시키다

□ ผิดหวัง 핃왕 a. 실망스러운

□ สิ้นหวัง 씬왕 a. 절망적인

□ โชคไม่ดี 촉마이디- a. 불행한

□ น่าสลดใจ 나– 쌀롯 짜–이 a. 미안한

= เสียใจ 씨–아 짜–이

พอได้รับข่าวการเสียชีวิตของคุณมิ่งผม(ฉัน)ก็รู้สึกเสียใจมากครับ(ค่ะ)

퍼– 다이 롭카–우 깐–씨–야 치윗 컹– 쿤 밍 폼(찬) 꺼 루–쓱 씨–아 짜–이 막– 크랍(카)

밍 씨의 부고를 접하게 되어 유감입니다.

□ โกรธ 끄롣– a. 화가 난

เขาโกรธฉันอยู่ค่ะ

카–우 끄롣– 찬 유–카

그는 제게 화가 나 있어요.

□ โมโห 모호 a. 신경질이 난

□ กระวนกระวาย 끄라온 끄라와–이 a. 불안한, 초조한

□ ที่น่าเป็นห่วง 티 나–뺀 후엉 a. 걱정스러운

ผม(ฉัน)เป็นห่วงเธอ

폼(찬) 뺀 후엉 터–

난 네가 걱정스러워.

□ น่ากลัว 나–끌루어 a. 끔찍한

= อย่างทารุณ 양–타–룬

tip. น่ากลัว 나–끌루어는 일상생활에서 '무섭다'는 의미이고, อย่างทารุณ 양–타–룬은 잔인한 살인 사건이나 전쟁 등 보다 심한 무서움을 의미합니다.

□ ไม่สบาย 마이 싸바–이 a. 불편한

□ เกลียด 끄리–얃 a. 싫은, 미운

□ ไม่ชอบ 마이 첩– a. 싫은

□ เกลียดชัง 끄리–얃창 a. 증오하는

□ กลัว 끌루어 a. 두려운

□ ขลาดกลัว 크랃–끌루어 a. 낙담한

□ หดหู่ 홋후– a. 의기소침한

= ท้อใจ 터–짜–이

□ นิสัย 니싸이 n. 성격

□ ที่อบอุ่น 티–옵운 a. 마음이 따뜻한, 착한

□ ที่ดี 티–디– a. 좋은

□ ใจดี 짜–이 디– a. 친절한

พงษ์ใจดีมากครับ(ค่ะ)
퐁 짜–이 디– 막– 크랍(카)
퐁은 정말 친절해요.

tip. 태국을 흔히 '미소의 나라'라고 합니다. 방콕 국제공항에 도착하면 가장 먼저 반기는 간판이 'Land of Smile'이지요. 태국인들은 눈만 마주쳐도 잘 웃습니다. 태국에 가게 된다면, 태국인들의 미소에 무뚝뚝한 표정 대신 환한 미소로 같이 화답해 주면 어떨까요?

□ ซื่อสัตย์ 쓰–어 쌑 a. 정직한

□ ขยัน 카얀 a. 근면한

□ มีชีวิตชีวา 미– 치–윋 치–와 a. 활발한

□ เข้ากับคนง่าย 카–우 깝 콘–응아–이 a. 사교적인

□ อัธยาศัยดี 아타야–싸이디– a. 붙임성 있는

□ เปิดเผย 뻗퍼–이 a. 드러난, 외향적인

□ มีใจอาสา 미– 짜–이 아–싸– a. 자발적인

□ สุขุม 쑤쿰 a. 신중한

= หนักแน่น 낙낸

□ ฉลาด 찰랃– a. 현명한

□ เรียบร้อย 리–얍 러–이 a. 얌전한

□ ในแง่ดี 나–이 웽디– a. 긍정적인, 적극적인

= กระตือรือร้น 끄라뜨–르–론

การออกกำลังกายอย่างสม่ำเสมอจะส่งผลในแง่ดีให้กับสุขภาพของคุณ
깐–억– 깜–랑 까–이 양– 싸맘–싸므– 짜 쏭 폰 나–이 웽디– 하–이 깐 쑤카팝– 컹– 쿤
꾸준한 운동은 당신의 건강에 긍정적인 영향을 줄 거예요.

□ มองโลกในแง่ดี 멍–록 나–이 웽디– v. 낙천적이다

□ ไม่ดี 마이 디– a. 못된

= เลว 레–우

□ ที่เห็นแก่ตัว 티 헨– 깨 뚜어 a. 이기적인

□ หยิ่งยโส 잉 야 쏘– a. 거만한

□ ที่ขี้เกียจ 티– 키– 끼–얏 a. 게으른

□ ที่เกียจคร้าน 티– 끼–얏 크–란 a. 나태한

□ ขี้ขลาด 키– 클랏 a. 소심한, 마음 좁은

= ใจแคบ 짜–이 캡

□ เขิน 큰 v. 수줍어하다

□ อาย 아–이 a. 부끄러운

□ พูดน้อย 풋– 너–이 a. 말수가 적은, 내성적인

□ ไม่สะดุดตา 마이 싸 둗따– 눈에 띄지 않는

ผม(ฉัน)เป็นคนธรรมดา และไม่สะดุดตาครับ(ค่ะ)
폼(찬) 뻰– 콘 탐마다– 래 마이 싸 둗따– 크랍(카)
저는 평범해서 눈에 띄지 않아요.

□ เงียบขรึม 이-얍크름 a. 과묵한

□ มองโลกในแง่ร้าย 멍-록 나-이 웽라-이 a. 비관적인

ผม(ฉัน)ไม่อยากคุยกับคนที่มองโลกในแง่ร้ายในทุกๆ เรื่องครับ(ค่ะ)
폼(찬) 마이 약- 쿠이 깝 콘 티- 멍-록 나-이 웽라-이 나-이 툭툭 르-엉 크랍(카)
매사에 비관적인 사람과는 이야기하고 싶지 않아요.

□ ในแง่ลบ 나-이 웽롭 a. 부정적인, 소극적인

□ โลภ 록 a. 탐욕스러운

□ หยาบกระด้าง 얍-끄라당- a. 거친

□ ห้วนๆ 후-언 후-언 a. 무뚝뚝한

04. 교통체증

꼭! 써먹는 **실전 회화**

ผึ้ง 풍　ฉันเบื่อกรุงเทพ
찬 브-어 끄룽텝-
난 방콕이 지겨워.

ต้อ 떠-　ทำไมล่ะ เมื่อวานยังพูดอยู่เลยไม่ใช่เหรอว่ากรุงเทพเป็นเมืองที่สวยงาม
탐-마이라? 므-어완- 양 푿- 유-러-이 마이차-이 르- 와- 끄룽텝- 뻰- 므-엉 티- 쑤워-
뭐라고? 어제는 방콕이 멋진 도시라고 했잖아.

ผึ้ง 풍　ก็ใช่ แต่เมื่อเช้านี้ฉันไปทำงานสายเพราะรถติดมาก
꺼 차이, 때 므-어 차-우 니- 찬 빠이 탐-응-안 싸-이 프러 롣 띧 막-
그래, 하지만 오늘 아침 교통 체증 때문에 직장에 늦게 도착했거든.

ต้อ 떠-　ฉันเข้าใจนะ อย่าอารมณ์เสียเลย
찬 카-우짜-이 나. 야- 아-롬 씨-야 러-이
이해해. 짜증 내지 마.

ตอนที่ 05.

사랑 ความรัก 쾀-락

□ การพบกัน 깐- 폽깐
n. 만남

□ พบ 폽
= เจอ 쩌-
v. 만나다

□ เดท 덷-
n. 데이트

□ ไปเดท 빠이 덷-
v. 데이트하다

□ คบหา 콥하-
v. 교제하다, 사귀다

□ การแนะนำผ่านทางกลุ่มเพื่อน
깐- 내남- 판-탕-끄룸 프-언
소개팅

□ คนในสเปก 콘 나-이 싸뻭-
= คนในอุดมคติ 콘 나-이 우돔카따
n. 이상형

□ คนรัก 콘락
n. 애인, 연인

□ แฟน 팬-
n. (사귀는 사이의) 이성 친구,
남자 친구, 여자 친구

□ เพื่อนชาย 프-언-차-이
n. 남자 친구

□ เพื่อนหญิง 프-언-잉
n. 여자 친구

□ ถูกใจ 툭-짜-이
= ชอบ 첩-
v. 마음에 들다, 좋아하다

□ สนใจ 쏜짜-이
v. 관심 있다

□ มีใจ 미-짜-이
v. (사랑하는) 마음이 있다

□ จูบ 쭙-
= จุมพิต 쭘핃
n. 입맞춤, 키스 v. 키스하다

□ คิดถึง 킫틍
v. 그리워하다

□ ความรัก 쾀-락
n. 사랑

□ มีความรัก 미-쾀-락
v. 연애하다, 사랑하다

□ สารภาพ 싸-라팝-
v. 고백하다

□ กอด 껃-
v. 껴안다, 포옹하다

□ ด้วยกัน 두워-이 깐
prep. 함께

□ ความอิจฉา 쾀–잇차–
n. 질투

□ อิจฉา 잇차–
= หึง 흥
v. 질투하다

□ ความขัดแย้ง 쾀–캍얭–
n. 갈등

□ หักหลัง 학랑
v. 배신하다

□ จากไป 짝–빠이
v. 떠나다

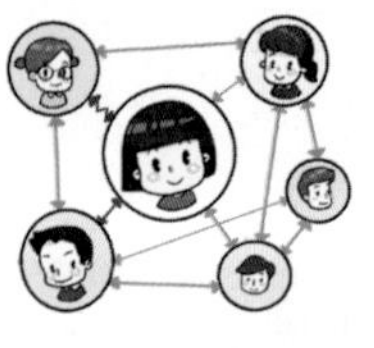

□ ความสัมพันธ์ 쾀–쌈판
n. 관계

□ โกหก 꼬–혹
v. 거짓말하다 n. 거짓말

□ หลอก 르–억
v. 속이다

□ เลิกคบ 륵콥
v. 이별하다, 결별하다, 헤어지다

□ ลืม 름–
v. 잊다

□ แต่งงาน 땡–응–안
v. 결혼하다

□ งานแต่งงาน 응–안 땡–응 안
n. 결혼식

□ แหวนแต่งงาน 왠–땡–응–안
n. 결혼반지

□ สามีภรรยา 싸–미–판–야– n. 부부

□ คู่สมรส 쿠–쏨롯 n. 배우자

□ พ่อสามี 퍼–싸–미– n. 시아버지

□ พ่อภรรยา 퍼–판–야– n. 장인
= พ่อตา 퍼–따–

□ ขอแต่งงาน 커–땡–응–안
v. 청혼하다

□ ชุดแต่งงาน 춧 땡–응–안
n. 웨딩드레스

□ การ์ดแต่งงาน 깓–땡–응–안
n. 청첩장

□ สามี 싸–미–
n. 남편

□ ภรรยา 판–야–
n. 아내

□ แม่สามี 매–싸–미– n. 시어머니

□ แม่ภรรยา 매–판–야– n. 장모
= แม่ยาย 매–야–이

□ การพบกัน 깐– 폽깐 n. 만남

□ การแนะนำผ่านทางกลุ่มเพื่อน 깐– 내남– 판–탕–끄룸 프–언 소개팅

□ การดูตัว 깐–두–뚜어 n. 맞선

□ การคบหากันอย่างจริงจัง 깐–콥 하–깐 양– 찡 짱 진지한 만남

□ การคบหากันแบบไม่จริงจัง 깐–콥 하–깐 뱁 마이 찡 짱 가벼운 만남

□ พบ 폽 v. 만나다

= เจอ 쩌–

ผมพบผู้หญิงที่ถูกใจแล้วครับ
폼 폽 푸–잉 티– 툭 짜–이 래–우 크랍
제 맘에 드는 여자애를 만났어요.

□ เดท 델– n. 데이트

□ ไปเดท 빠이 델– v. 데이트하다

□ ไปเที่ยว 빠이 티여–우 v. 놀러가다, 데이트하다

ฉันอยากไปเดทกับเขาค่ะ
찬 약– 빠이 델– 깝 카–우 카
그와 데이트하고 싶어요.

□ คบหา 콥하– v. 교제하다, 사귀다

□ คนในสเปก 콘 나–이 싸뻭– n. 이상형

= คนในอุดมคติ 콘 나–이 우돔카띠

เธอคือคนในสเปกของฉัน
터– 크– 콘 나–이 싸뻭– 컹– 찬
그녀는 내 이상형이야.

□ คนรัก 콘락 n. 애인, 연인

□ กิ๊ก 끽 n. 몰래 만나는 이성

tip. กิ๊ก 끽은 '작은, 귀여운'이라는 의미지만, 태국의 젊은이들 사이에서 '몰래 만나는 이성, 숨겨둔 애인'을 칭하기도 합니다.

□ แฟน 팬– n. (사귀는 사이의) 이성 친구, 남자 친구, 여자 친구

□ เพื่อนชาย 프–언–차–이 n. 남자 친구

□ เพื่อนหญิง 프–언–잉 n. 여자 친구

เพื่อนวัยเด็กได้กลายมาเป็นแฟนของฉันตอนนี้ค่ะ
프–언 와이 덱 다이 끌라–이 마– 뻰– 팬– 컹– 찬 떤–니– 카
어릴 적 친구가 지금은 제 남자 친구가 되었어요.

tip. 일반적인 의미의 '친구'는 เพื่อน 프–언, '사귀는 사이의 친구'는 แฟน 팬– 이라고 합니다.

□ สเน่ห์ 싸네– n. 매력

ผม(ฉัน)หลงในสเน่ห์ของเธอ
폼(찬) 롱 나–이 싸네– 컹– 터–
난 네 매력에 푹 빠졌어.

□ มีสเน่ห์ 미– 싸네– a. 매력적인, 매력 있는

□ ยั่วยวน 이여우 유–언 v. 유혹하다

□ ถูกใจ 툭–짜–이 v. 마음에 들다, 좋아하다

= ชอบ 첩–

□ ภาพลักษณ์ที่ดี 팝–락 티– 디– 좋은 인상

ฉันชอบภาพลักษณ์ที่ดีของเขาค่ะ
찬 첩– 팝–락 티– 디– 컹– 카–우 카
그의 좋은 인상이 마음에 들었어요.

□ ความรัก 쾀–락 n. 사랑

□ มีความรัก 미–쾀–락 v. 연애하다, 사랑하다

□ ความสนใจ 쾀–쏜짜–이 n. 관심

□ สนใจ 쏜짜–이 v. 관심 있다

□ มีใจ 미–짜–이 v. (사랑하는) 마음이 있다

□ สารภาพ 싸–라팝– v. 고백하다

□ รักกันมาก 락 깐 막– 열렬히 사랑하다

□ จูบ 쭙– n. 입맞춤, 키스 v. 키스하다

= จุมพิต 쭘핃

เขาจูบแก้มฉันค่ะ
카–우 쭙– 깸 찬 카
그가 제 뺨에 키스했어요.

□ กอด 껃– v. 껴안다, 포옹하다

□ ตกหลุมรัก 똑 룸 락 v. 사랑에 빠지다, 반하다

□ ตกหลุมรักตั้งแต่แรกพบ 똑 룸 락 땅때– 랙– 폽 첫눈에 반하다

ฉันตกหลุมรักเขาเข้าเสียแล้วค่ะ
찬 똑 룸 락 카–우 카–우 씨–야 래–우 카
난 그에게 사랑에 빠진 것 같아요.

□ รู้สึกได้ถึงความรัก 루–쓱 다이 틍 쾀–락 v. 애정을 느끼다

□ คิดถึง 킫틍 v. 그리워하다

□ ด้วยกัน 두워–이 깐 prep. 함께

□ อาศัยอยู่ด้วยกัน 아–싸이 유– 두워–이 깐 v. 함께 살다, 동거하다

□ อิจฉา 읻차– v. 질투하다

= หึง 흥

□ ความอิจฉา 쾀–읻차– n. 질투

= ความหึงหวง 쾀–흥후–엉

□ ความสัมพันธ์ 쾀–쌈판 n. 관계

□ การคบหาทางไกล 깐–콥 하– 탕– 끌라이 장거리 연애

□ ไม่เปลี่ยนแปลง 마이 쁠리–연 쁠랭– 변함 없는

□ ความขัดแย้ง 쾀–캇얭– n. 갈등

□ ห่างกัน 항–깐 v. 멀어지다

□ โกหก 꼬–혹 v. 거짓말하다 n. 거짓말

ไม่ต้องโกหก
마이 떵– 꼬–혹
거짓말하지 마세요.

□ หลอก 르–억 v. 속이다

□ หักหลัง 학랑 v. 배신하다

เขาหักหลังฉันครับ(ค่ะ)
카–우 학랑 찬 크랍(카)
그는 저를 배신했어요.

□ เลิกคบ 륵콥 v. 이별하다, 결별하다, 헤어지다

พวกเรารักกัน แต่ก็เลิกกันแล้วครับ(ค่ะ)
푸–억 라–오 락 깐 때– 꺼 륵–깐 래–우 크랍(카)
우리는 사랑했지만 헤어졌어요.

□ จากไป 짝–빠이 v. 떠나다

□ ลืม 름– v. 잊다

□ คนโสด 콘 쏟– n. 독신자

□ แต่งงาน 땡-응-안 v. 결혼하다

□ ขอแต่งงาน 커-땡-응-안 v. 청혼하다

□ แต่งงานผ่านแม่สื่อ 땡-응-안 판-매-쓰- 중매결혼하다

□ แต่งงานลวง 땡-응-안 루-엉 위장 결혼하다

□ แต่งงานกับคนต่างชาติ 땡-응-안 깐 콘 땅-찯 국제결혼하다

แต่งงานกับผม(ฉัน)ไหม
땡-응-안 깐 폼(찬)마이?
나와 결혼해 줄래?

□ งานแต่งงาน 응-안 땡-응 안 n. 결혼식

□ สินสอดทองหมั้น 씬 썯-텅 만 n. 지참금

tip. 태국에서는 결혼할 때 신랑이 지참금을 준비해 신부에게 전달하는 전통 풍습을 많이 따릅니다.

□ การประกาศเป็นสามีภรรยา 깐-쁘라깟- 뻰- 싸-미 판-야- n. 성혼 선언문

□ สามีภรรยา 싸-미-판-야- n. 부부

การอาศัยอยู่ร่วมกันแบบสามีภรรยาไม่ใช่เรื่องง่ายครับ(ค่ะ)
깐- 아싸이 유- 루-엄 깐 뱁- 싸-미-판-야- 마이-차-이 르-엉 응아-이 크랍(카)
부부로 산다는 것이 쉬운 것은 아니에요.

□ ชุดแต่งงาน 춛 땡-응-안 n. 웨딩드레스

□ การ์ดแต่งงาน 깓-땡-응-안 n. 청첩장

tip. การ์ด 깓-(카드)과 แต่งงาน 땡-응-안(결혼하다)이 결합해 การ์ดแต่งงาน 깓-땡-응-안(청첩장)이 되었습니다.

□ แหวนแต่งงาน 왠-땡-응-안 n. 결혼반지

□ คู่สมรส 쿠-쏨롯 n. 배우자

□ สามี 싸-미- n. 남편

□ ภรรยา 판-야- n. 아내

□ พ่อสามี 퍼-싸-미- n. 시아버지

□ พ่อภรรยา 퍼-판-야- n. 장인

= พ่อตา 퍼-따-

□ แม่สามี 매-싸-미- n. 시어머니

□ แม่ภรรยา 매-판-야- n. 장모

= แม่ยาย 매-야-이

꼭! 써먹는 **실전 회화**

05. 데이트

แบ 배-
เมื่อวาน ตอนเย็นฉันได้เจอผู้หญิงชื่อองุ่น
ฉันรู้สึกชอบเธอ แต่ไม่รู้ว่าจะต้องทำยังไงดี
므-어 완 뗀-옌 찬 다이 쩌- 푸-잉 츠- 앙운.
찬 루-쓱 첩- 터-, 때- 마이 루-와- 짜-떵- 탐
어제 저녁에 앙운이라는 여자애를 만났어.
난 그 애가 마음에 드는데, 난 그 애에게 뭘 해야 할지 모르겠어.

ต้อ 떠-
ได้นัดไปเดทกับเธอวันเสาร์อาทิตย์นี้หรือเปล่า
다이낟 빠이 덷- 깐 터- 완싸-우 아-틷니- 르-쁠라-우?
이번 주말에 데이트하자고 했어?

แบ 배-
ยังไม่ได้นัดเลย แต่อยากเจอเธออีก
양 마이 다이 낟 러-이. 때- 약- 쩌- 터- 익-
아니 아직. 하지만 그 애와 만나고 싶어.

ต้อ 떠-
ถ้าอย่างนั้นก็ลองพาเธอไปสถานที่ที่พิเศษๆ
แล้วสารภาพความรู้สึกของนายดูสิ
타-양-난 꺼 렁- 파- 터- 빠이 싸탄-티-피쎋-.
래-우 싸-라팝-콤-루-쓱 컹- 나-이 두- 씨
그러면 그녀를 특별한 장소에 데려가 봐. 그리고 네 감정을 고백해.

가족 ครอบครัว 크럽–크루어

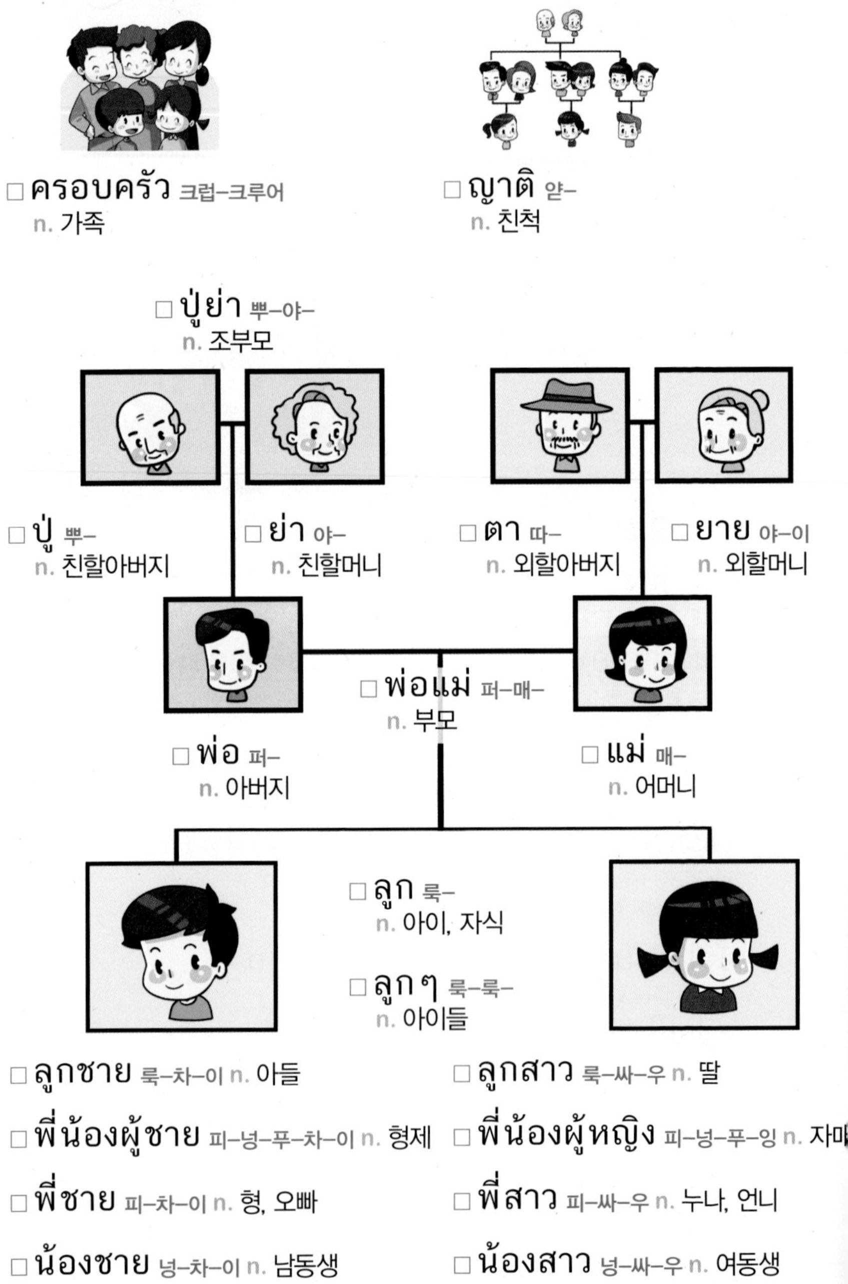

□ ครอบครัว 크럽–크루어
n. 가족

□ ญาติ 얏–
n. 친척

□ ปู่ย่า 뿌–야–
n. 조부모

□ ปู่ 뿌–
n. 친할아버지

□ ย่า 야–
n. 친할머니

□ ตา 따–
n. 외할아버지

□ ยาย 야–이
n. 외할머니

□ พ่อแม่ 퍼–매–
n. 부모

□ พ่อ 퍼–
n. 아버지

□ แม่ 매–
n. 어머니

□ ลูก 룩–
n. 아이, 자식

□ ลูกๆ 룩–룩–
n. 아이들

□ ลูกชาย 룩–차–이 n. 아들

□ ลูกสาว 룩–싸–우 n. 딸

□ พี่น้องผู้ชาย 피–넝–푸–차–이 n. 형제

□ พี่น้องผู้หญิง 피–넝–푸–잉 n. 자매

□ พี่ชาย 피–차–이 n. 형, 오빠

□ พี่สาว 피–싸–우 n. 누나, 언니

□ น้องชาย 넝–차–이 n. 남동생

□ น้องสาว 넝–싸–우 n. 여동생

□ สามี 싸-미-
n. 남편

□ ภรรยา 판-야-
n. 아내

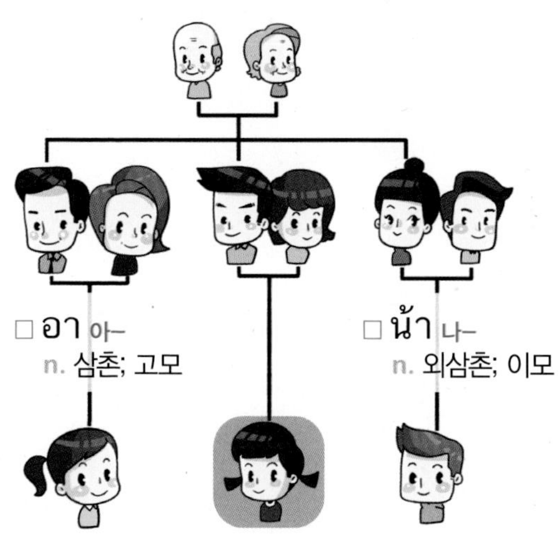

□ อา 아-
n. 삼촌; 고모

□ น้า 나-
n. 외삼촌; 이모

□ หลาน 란-
n. 손주; 조카

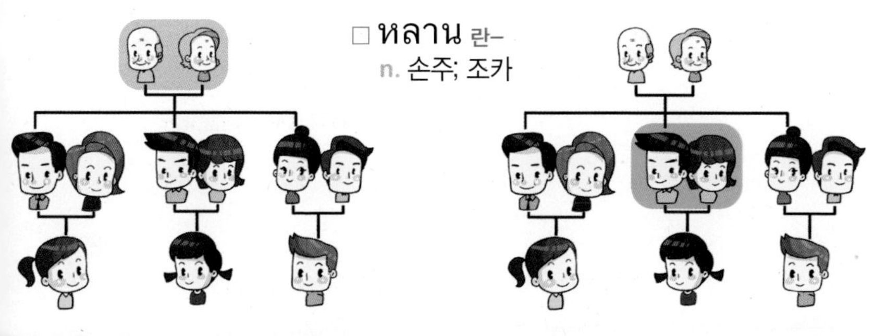

□ หลานสาว
란-싸-우
n. 손녀

□ หลานชาย
란-차-이
n. 손자

□ หลานสาว
란-싸-우
n. 여자 조카

□ หลานชาย
란-차-이
n. 남자 조카

□ อายุมาก 아-유 막-
a. 나이가 많은

□ ผู้ใหญ่ 푸-야-이
n. 어른, 성인

□ วัยรุ่น 와이룬
n. 청년, 젊은이

□ เด็ก 덱
n. 어린이

□ เด็กทารก 덱타-록
n. 아기

□ ตั้งครรภ์ 땅칸-
v. 임신하다

□ เกิด 껃-
v. 태어나다

□ ให้นม 하-이 놈
v. 수유하다

□ น้ำนมแม่ 남-놈 매-
n. 모유

□ นมผง 놈퐁
n. 분유

□ ผ้าอ้อม 파-엄-
n. 기저귀

□ เลี้ยงดู 리–양두–
v. 기르다, 양육하다

□ ดูแล 두–래–
v. 돌보다

□ พี่เลี้ยงเด็ก 피– 리–양 덱
n. 보모

□ เตียงเด็ก 띠–양 덱
n. 아기 침대

□ รถเข็นเด็ก 롯 켄 덱
n. 유모차

□ ปรองดองกัน 쁘렁–덩–깐
a. 화목한

□ ไม่สามัคคีกัน 마이 싸–막 키–깐
a. 불화하는

□ แยกกันอยู่ 액–깐 유–
v. 별거하다

□ หย่า 야–
v. 이혼하다

□ ครอบครัว 크럽–크루어 n. 가족

ครอบครัวของผม(ฉัน)อยู่ที่กรุงเทพฯครับ(ค่ะ)
크럽–크루어 컹– 폼(찬) 유– 티 끄룽텝– 크랍(카)
우리 가족은 방콕에 살아요.

□ ญาติ 얏– n. 친척

□ พ่อแม่ 퍼–매– n. 부모

□ พ่อ 퍼– n. 아버지

□ แม่ 매– n. 어머니

□ พี่น้องผู้ชาย 피–넝–푸–차–이 n. 형제

□ พี่ชาย 피–차–이 n. 형, 오빠

□ น้องชาย 넝–차–이 n. 남동생

□ พี่น้องผู้หญิง 피–넝–푸–잉 n. 자매

□ พี่สาว 피–싸–우 n. 누나, 언니

□ น้องสาว 넝–싸–우 n. 여동생

น้ำตาลเป็นน้องสาวของผม(ฉัน)ครับ(ค่ะ)
남딴– 뻰– 넝–싸–우 컹– 폼(찬) 크랍(카)
남딴은 내 여동생이에요.

□ ลูก 룩– n. 아이, 자식

□ ลูกๆ 룩–룩– 아이들

□ ลูกชาย 룩–차–이 n. 아들

□ ลูกสาว 룩–싸–우 n. 딸

□ ฝาแฝด 파–팯– n. 쌍둥이

□ แฝดสาม 팯–쌈– 세 쌍둥이

□ ภรรยา 판–야– n. 아내

นิ้ว มาเป็นภรรยาของผมได้ไหม
니우, 마– 뻰 판–야– 컹– 폼 다이 마이?
니우, 내 아내가 되어 주겠어요?

□ สามี 싸–미– n. 남편

□ ลูกสะใภ้ 룩–싸파–이 n. 며느리

□ ลูกเขย 룩–커–이 n. 사위

□ พี่ชายลูกพี่ลูกน้อง 피–차–이 룩–피–룩–넝– n. 사촌 형, 사촌 오빠

□ พี่สาวลูกพี่ลูกน้อง 피–싸–우 룩–피–룩–넝– n. 사촌 누나, 사촌 언니

□ น้องลูกพี่ลูกน้อง 넝–룩–피–룩–넝– n. 사촌 동생; 동생

= น้อง 넝–

tip. 일반적으로 사촌 간에는 '사촌'을 뜻하는 ลูกพี่ลูกน้อง 룩–피–룩–넝–을 생략하여 พี่ชาย 피–차–이, พี่สาว 피–싸–우라 하거나 손아래사람을 뜻하는 น้อง 넝–을 사용하기도 합니다.

□ หลาน 란– n. 손주; 조카

□ หลานชาย 란–차–이 n. 손자; 남자 조카

คุณย่ารักหลานๆมากที่สุดครับ(ค่ะ)
쿤야– 락 란– 막– 티 쑫 크랍(카)
할머니는 손자를 가장 사랑해요.

□ หลานสาว 란–싸–우 n. 손녀; 여자 조카

□ ปู่ย่า 뿌–야– n. 조부모

□ ปู่ 뿌– n. 친할아버지

□ ย่า 야– n. 친할머니

□ ตา 따– n. 외할아버지; 눈

□ ยาย 야–이 n. 외할머니

ลูกของเราจะไปอยู่บ้านคุณยายช่วงปิดเทอมหน้าร้อนครับ(ค่ะ)
룩– 컹– 라–오 짜 빠이 유– 반– 쿤야–이 추–엉 삡 텀–나–런– 크랍(카)
우리 아이들은 여름방학 동안 외할머니 댁에 머무를 거예요.

□ อา 아– n. 삼촌, 고모, 고모부, 이모부

□ น้า 나– n. 외삼촌, 이모

□ ลุง 룽 n. 큰삼촌, 큰아버지, 큰고모, 큰외삼촌, 큰이모

□ ป้า 빠– n. 큰어머니, 작은어머니, 외숙모

□ ครอบครัวฝ่ายพ่อ 크럽–크루어 파이– 퍼– n. 친가

□ ครอบครัวฝ่ายแม่ 크럽–크루어 파이– 매– n. 외가

□ ความรักจากแม่ 쾀–락 짝– 매– n. 모성애

□ ความรักจากพ่อ 쾀–락 짝– 퍼– n. 부성애

ความรักจากพ่อก็มีความสำคัญกับลูกไม่แพ้ความรักจากแม่เลยครับ(ค่ะ)
쾀–락 짝– 퍼– 꺼 미– 쾀–쌈–칸 깝 룩– 마이 패– 쾀–락 짝–매– 러–이 크랍(카)
부성애도 아이들에게 모성애만큼 중요해요.

□ ผู้ใหญ่ 푸–야–이 n. 어른, 성인

□ วัยรุ่น 와이룬 n. 청년, 젊은이

□ เด็ก 덱 n. 어린이

□ เด็กทารก 덱타–록 n. 아기

tip. 태국에는 ทำขวัญเดือน 탐–콴드–언이라는 풍습이 있습니다. 아기가 태어난 지 한 달이 지나면 아이의 부모는 친척들이나 지인을 불러 잔치를 엽니다. 그리고 이날 처음 아이의 배냇머리카락과 손톱, 발톱을 자릅니다. 출생 후 가장 위험한 시기를 잘 버텨 냈음을 공동체에 소개하는 의례입니다. 옛날에는 좋은 날을 잡고 승려를 모셔 불경을 외기도 했지만, 요즘은 가족들과 간단한 잔치를 열거나 생략하는 경우도 있습니다.

□ อายุมาก 아–유 막– a. 나이가 많은

□ เป็นผู้ใหญ่ 뻰 푸–야–이 a. (신체적, 정신적으로) 성숙한

□ ที่ยังไม่โต 티– 양 마이 또– a. 미성숙한

□ ผู้ที่ยังไม่บรรลุนิติภาวะ 푸–티–양 마이 반–루 니띠파–와 n. 미성년자

□ ตั้งครรภ์ 땅칸– v. 임신하다

tip. 태국에서는 임산부가 고추를 먹으면 안 된다, 낚시(살생)를 하면 안 된다, 거짓말을 하면 안 된다 등 여러 가지 금기 사항이 있습니다.

□ คลอด 클럳– v. 출산하다

= ให้กำเนิด 하–이 깜–넏–

วันที่จะคลอดคือวันไหนครับ(คะ)
완 티– 짜 클럳– 크– 완 나이 크랍(카)?
출산 예정일이 언제예요?

□ เกิด 껃– v. 태어나다

ลูกของฉันจะเกิดช่วงปลายปีค่ะ
룩– 컹– 찬 짜 껃– 추–엉 쁠라–이 삐– 카
제 아이는 연말에 태어날 예정이에요.

□ ให้นม 하–이 놈 v. 수유하다

□ น้ำนมแม่ 남–놈 매– n. 모유

□ นมผง 놈퐁 n. 분유

□ ผ้าอ้อม 파–엄– n. 기저귀

□ เลี้ยงดู 리–양두– v. 기르다, 양육하다

□ ดูแล 두–래– v. 돌보다

ใครเป็นคนดูแลลูก ๆครับ(คะ)
크라–이 뻰 콘 두–래– 룩–룩– 크랍(카)?
아이들은 누가 돌보나요?

□ พี่เลี้ยงเด็ก 피– 리–양 덱 n. 보모

□ เตียงเด็ก 띠–양 덱 n. 아기 침대

□ รถเข็นเด็ก 롯 켄 덱 n. 유모차

□ เหมือน 므–언 a. 닮은, 비슷한 v. 닮았다 prep. ~처럼, ~같은

□ คล้าย 클라–이 a. 닮은 v. 닮았다

□ รับเลี้ยงบุตรบุญธรรม 랍 리–양 붓 분탐– v. 입양하다

□ บุตรบุญธรรม 붓 분탐– n. 입양아
= เด็กที่ถูกรับเลี้ยง 덱 티– 툭–랍 리–양

□ อาศัยอยู่ด้วยกัน 아–싸이 유– 두워–이 깐 v. 함께 살다, 동거하다

□ แยกตัวออกมา 액–뚜어 억–마– v. 독립하다

□ ปรองดองกัน 쁠렁–덩–깐 a. 화목한

□ ไม่สามัคคีกัน 마이 싸–막 키–깐 a. 불화하는

□ มีปากเสียงกัน 미– 빡–씨–양 깐 v. 서로 싸우다

□ แยกกันอยู่ 액–깐 유– v. 별거하다

□ หย่า 야– v. 이혼하다

□ แต่งงานใหม่ 땡–응–안 마–이 v. 재혼하다

06. 가족 소개

꼭! 써먹는 **실전 회화**

ผึ้ง เธอมีพี่ชายหรือน้องชายมั้ย
풍 터– 미– 피–차–이 르– 넝–차–이 마이?
너는 형이나 동생이 있니?

แบ ฉันมีน้องชายหนึ่งคน เขาเด็กกว่าฉันแปดปี
배– 찬 미– 넝–차–이 능. 콘 카–우 덱 끄와– 찬 뺀 삐–
남동생이 하나 있어. 그 앤 나보다 여덟 살 어려.

ผึ้ง เธอกับน้องสนิทกันไหม
풍 터 –깐 넝– 싸닏 깐 마이?
넌 동생과 사이가 좋아?

แบ น้องฉันเป็นพวกขี้เล่นน่ะ
배– 넝– 찬 뻰 푸–억 키– 렌– 나
걘 좀 장난꾸러기야.

연습 문제

다음 단어를 읽고 맞는 뜻과 연결하세요.

1. หน้า	•	• 가족
2. สวย	•	• 감정
3. ยินดี	•	• 결혼하다
4. พ่อ	•	• 기쁜, 반가운
5. นิสัย	•	• 사랑
6. ที่ดี	•	• 성격
7. อารมณ์	•	• 슬프다
8. ความรัก	•	• 아버지
9. ครอบครัว	•	• 어머니
10. แม่	•	• 얼굴; 앞
11. แต่งงาน	•	• 예쁜, 아름다운
12. เศร้า	•	• 좋은

1. หน้า – 얼굴; 앞 2. สวย – 예쁜, 아름다운 3. ยินดี – 기쁜, 반가운 4. พ่อ – 아버지
5. นิสัย – 성격 6. ที่ดี – 좋은 7. อารมณ์ – 감정 8. ความรัก – 사랑
9. ครอบครัว – 가족 10. แม่ – 어머니 11. แต่งงาน – 결혼하다 12. เศร้า – 슬프다

บทที่ 3

ตอนที่ 07.

시간&날짜 เวลาและวัน 웰라– 래 완

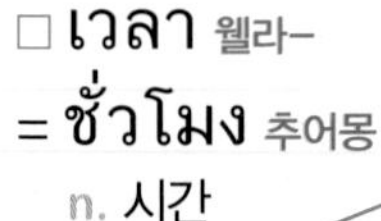

□ เวลา 웰라–
= ชั่วโมง 추어몽
n. 시간

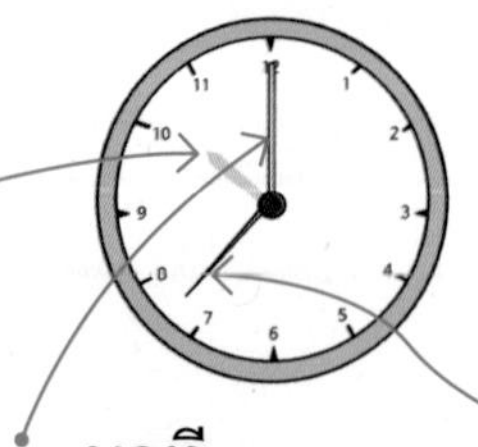

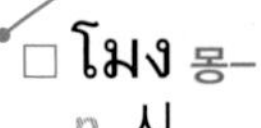

□ โมง 몽–
n. 시

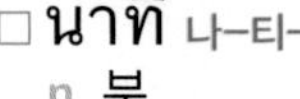

□ นาที 나–티–
n. 분

□ วินาที 위나–티–
n. 초

□ ครึ่ง 크릉
n. 반(半), ½, 30분

□ นาฬิกา 나–리까–
n. 시계

□ นาฬิกาข้อมือ
나–리까–커–므–
n. 손목시계

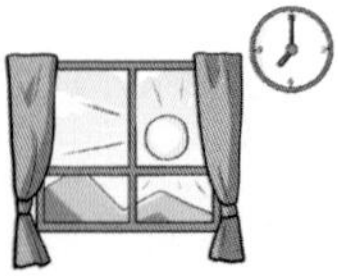

□ ตอนเช้า 떤–차–오
n. 아침

□ ตื่น 뜬–
v. 깨어나다, 일어나다

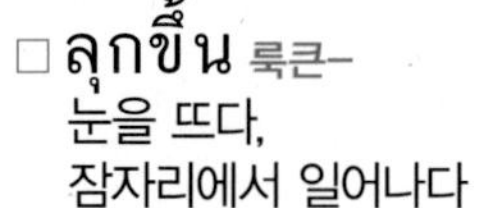

□ ลุกขึ้น 룩큰–
눈을 뜨다,
잠자리에서 일어나다

□ ตื่นนอน 뜬– 넌–
잠이 깨다

□ ตื่นจากการนอน
뜬– 짝– 깐– 넌–
(잠자리에서) 일어나다

□ อาหารเช้า
아–한– 차–오
n. 아침 식사

□ อาบน้ำ 압–남–
v. 샤워하다, 목욕하다

□ ล้างหน้าล้างตา
랑–나–랑–따–
v. 세수하다

□ สระผม 싸 폼
v. 머리를 감다

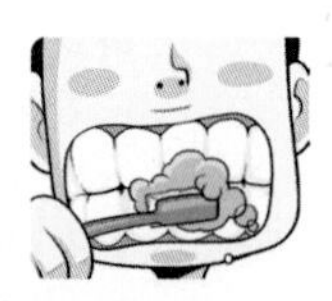

□ แปรงฟัน 쁘랭-판
v. 양치하다, 이를 닦다

□ กลางวัน 끌랑-완
n. 낮, 정오

□ ตอนเที่ยง 떤- 티-양
n. 점심

□ ตอนบ่าย 떤-바-이
n. 오후

□ อาหารกลางวัน
아-한- 끌랑-완
n. 점심 식사

□ นอนกลางวัน
넌-끌랑-완
낮잠 자다

□ ตอนเย็น 떤-옌
n. 저녁

□ อาหารเย็น 아-한-옌
n. 저녁 식사

□ กลางคืน 끌랑-큰-
n. 밤

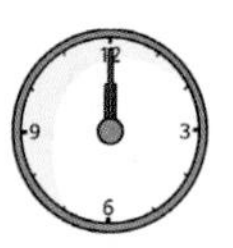

□ เที่ยงคืน 티-양 큰-
n. 자정

□ นอนหลับ 넌-랍
v. 자다

□ สัปหงก 쌉 빠 응옥
v. 졸다

□ ฝัน 판
n. 꿈 v. 꿈을 꾸다

□ อดนอน 옫넌-
= โต้รุ่ง 또-룽
v. 밤새다

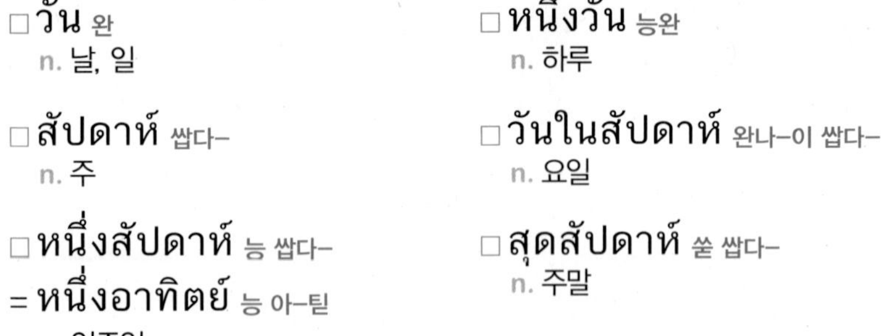

□ วัน 완
n. 날, 일

□ หนึ่งวัน 능완
n. 하루

□ สัปดาห์ 쌉다–
n. 주

□ วันในสัปดาห์ 완나–이 쌉다–
n. 요일

□ หนึ่งสัปดาห์ 능 쌉다–
= หนึ่งอาทิตย์ 능 아–팃
n. 일주일

□ สุดสัปดาห์ 쑫 쌉다–
n. 주말

□ วันอาทิตย์
완 아–팃
n. 일요일

□ วันจันทร์
완 짠
n. 월요일

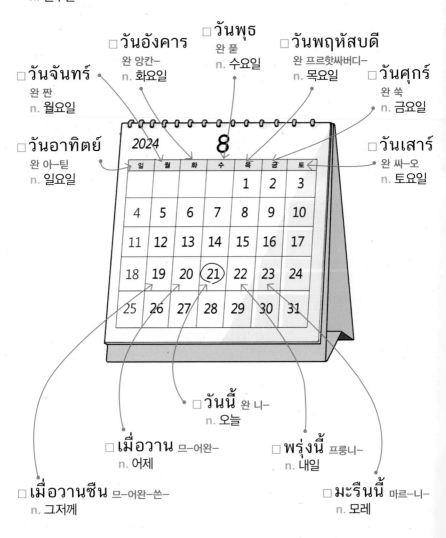

□ วันอังคาร
완 앙칸–
n. 화요일

□ วันพุธ
완 풑
n. 수요일

□ วันพฤหัสบดี
완 프르핫싸버디–
n. 목요일

□ วันศุกร์
완 쑥
n. 금요일

□ วันเสาร์
완 싸–오
n. 토요일

2024 8

일	월	화	수	목	금	토
				1	2	3
4	5	6	7	8	9	10
11	12	13	14	15	16	17
18	19	20	21	22	23	24
25	26	27	28	29	30	31

□ วันนี้ 완 니–
n. 오늘

□ เมื่อวาน 므–어완–
n. 어제

□ พรุ่งนี้ 프룽니–
n. 내일

□ เมื่อวานซืน 므–어완–쓴–
n. 그저께

□ มะรืนนี้ 마르–니–
n. 모레

□ เดือน 드-언 n. 달, 월(月)

□ มกราคม 마까라-콤 1월

□ กุมภาพันธ์ 꿈파-판 2월

□ มีนาคม 미-나-콤 3월

□ เมษายน 메-싸-욘 4월

□ พฤษภาคม 프르싸파-콤 5월

□ มิถุนายน 미투나-욘 6월

□ กรกฎาคม 까라까다-콤 7월

□ สิงหาคม 씽하-콤 8월

□ กันยายน 깐야-욘 9월

□ ตุลาคม 뚤라-콤 10월

□ พฤศจิกายน 프르싸찌까-욘 11월

□ ธันวาคม 탄와-콤 12월

□ ปี 삐- n. 해, 연(年)

□ ระยะเวลาหนึ่งปี 라야 웰라-능 삐- n. 연간, 1년 동안의

□ ปฏิทิน 빠티틴 n. 달력

□ ปฏิทินจันทรคติ 빠티틴 짠트랃띠 n. 음력

□ ปฏิทินสุริยคติ 빠티틴 쑤리얃카띠 n. 양력

□ ต้นปี 똔 삐- n. 연초

□ ปลายปี 쁠라-이 삐- n. 연말

□ วันที่ 완 티- n. 날짜

□ วันเกิด 완 껃- n. 생일

□ วันครบรอบ 완 크롭럽- n. 기념일

□ วันชาติ 완 찯- n. 국경일

□ เทศกาล 테-싸깐- n. 명절, 축제

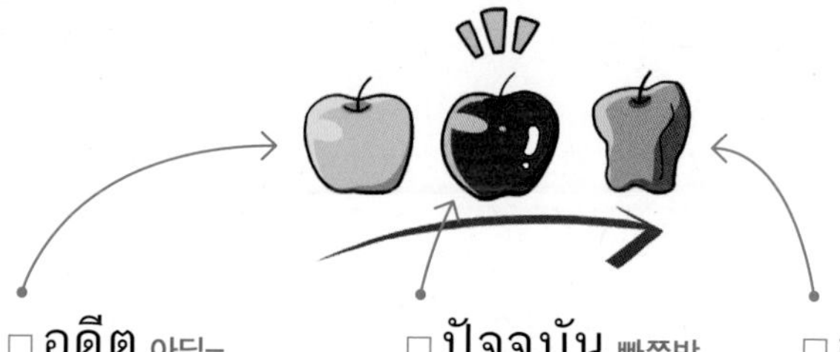

□ อดีต 아딛- n. 과거

□ ปัจจุบัน 빠쭈반 n. 현재

□ อนาคต 아나-콛 n. 미래

☐ เวลา 웰라– n. 시간

= ชั่วโมง 추어몽–

☐ โมง 몽– n. 시

ตอนนี้กี่โมงครับ(คะ)
떤–니– 끼– 몽– 크랍(카)?
지금 몇 시인가요?

☐ นาที 나–티– n. 분

☐ วินาที 위나–티– n. 초

☐ ครึ่ง 크릉 n. 반(半), ½, 30분

ผม(ฉัน)ไปทำงานตอน7โมงครึ่งครับ(ค่ะ)
폼(찬) 빠이 탐–응–안 떤– 쩻 몽– 크릉 크랍(카)
전 7시 반까지 출근해요.

☐ นาฬิกา 나–리까– n. 시계

☐ นาฬิกาข้อมือ 나–리까–커–므– n. 손목시계

☐ สาย 싸–이 a. 늦은 n. 노선

☐ เช้า 차–오 a. 이른

☐ เร็ว 레우 a. 빠른 v. 빠르다

☐ ตอนเช้า 떤–차–오 n. 아침

☐ ตื่น 뜬– v. 깨어나다, 일어나다

☐ ลุกขึ้น 룩큰– 눈을 뜨다, 잠자리에서 일어나다

☐ ตื่นนอน 뜬– 넌– 잠이 깨다

☐ ตื่นจากการนอน 뜬– 짝– 깐– 넌– (잠자리에서) 일어나다

□ ลุกจากเตียง 룩 짝– 띠–양 침대에서 나오다

□ ปลุก 쁘룩 v. 잠을 깨우다

□ อาบน้ำ 압–남– v. 샤워하다, 목욕하다

□ ล้างหน้าล้างตา 랑–나–랑–따– v. 세수하다

□ สระผม 싸 폼 v. 머리를 감다

สระผมทุกเช้าครับ(ค่ะ)
싸 폼 툭 찬–오 크랍(카)
매일 아침 머리를 감아요.

□ แปรงฟัน 쁘랭–판 v. 양치하다, 이를 닦다

□ อาหารเช้า 아–한– 차–오 n. 아침 식사

□ ทานอาหารเช้า 탄– 아–한– 차–오 아침 식사하다

□ กลางวัน 끌랑–완 n. 낮, 정오

□ ตอนเที่ยง 떤– 티–양 n. 점심

□ อาหารกลางวัน 아–한– 끌랑–완 n. 점심 식사

□ ทานอาหารกลางวัน 탄–아–한– 끌랑–완 점심 식사하다

□ ขนม 카놈 n. 후식

ทานอาหารกลางวันไปแล้วตอน11โมงครับ(ค่ะ)
탄– 아–한– 끌랑–완 빠이 래–우 떤– 씹–엣 몽 크랍(카)
11시에 점심을 먹었어요.

คนไทยมักจะทานขนมหลังทานอาหารกลางวันครับ(ค่ะ)
콘 타이 막 짜 탄– 카놈 랑 탄– 아–한– 끌랑–완 크랍(카)
태국 사람들은 보통 점심을 먹은 후에 후식을 먹어요.

□ ตอนบ่าย 떤–바–이 n. 오후

□ ตอนเย็น 떤-옌 n. 저녁

□ อาหารเย็น 아-한-옌 n. 저녁 식사

□ ทานอาหารเย็น 탄- 아-한-옌 저녁 식사하다

วันนี้กลับมาทานอาหารเย็นที่บ้านนะ
완 니- 끌랍마- 탄- 아-한-옌 티- 반- 나
오늘 집에 와서 저녁 식사하도록 해.

□ กลางคืน 끌랑-큰- n. 밤

□ เที่ยงคืน 티-양 큰- n. 자정

□ นอน 넌- v. 눕다

□ นอนหลับ 넌-랍 v. 자다

□ การนอนหลับ 깐-넌-랍 n. 잠

□ นอนตื่นสาย 넌-뜬-싸-이 늦잠 자다

□ นอนกลางวัน 넌-끌랑-완 낮잠 자다

□ สัปหงก 쌉 빠 응옥 v. 졸다

□ ฝัน 퐌 n. 꿈 v. 꿈을 꾸다

□ อดนอน 옫넌- v. 밤새다
= โต้รุ่ง 또-룽

□ วัน 완 n. 날, 일

□ หนึ่งวัน 능완 n. 하루

□ สัปดาห์ 쌉다- n. 주

□ วันในสัปดาห์ 완나-이 쌉다- n. 요일

□ หนึ่งสัปดาห์ 능 쌉다– n. 일주일

tip. 태국에서는 한 주의 시작을 월요일부터 셉니다.

= หนึ่งอาทิตย์ 능 아–틷

□ วันจันทร์ 완 짠 n. 월요일

□ วันอังคาร 완 앙칸– n. 화요일

□ วันพุธ 완 풋 n. 수요일

□ วันพฤหัสบดี 완 프르핫싸버디– n. 목요일

□ วันศุกร์ 완 쑥 n. 금요일

□ วันเสาร์ 완 싸–오 n. 토요일

□ วันอาทิตย์ 완 아–틷 n. 일요일

□ วันธรรมดา 완 탐마다– n. 평일

□ สุดสัปดาห์ 쑫 쌉다– n. 주말

□ เดือน 드–언 n. 달, 월(月)

□ ต้นเดือน 똔 드–언 n. 월초

□ ปลายเดือน 쁠라–이 드–언 n. 월말

□ อายุ 아–유 n. 나이

□ ปี 삐– n. 해, 연(年)

□ ระยะเวลาหนึ่งปี 라야 웰라–능 삐– n. 연간, 1년 동안의

□ ต้นปี 똔 삐– n. 연초

□ กลางปี 끌랑– 삐– n. 연중

□ ปลายปี 쁠라–이 삐– n. 연말

□ ปฏิทิน 빠티틴 n. 달력

□ ปฏิทินจันทรคติ 빠티틴 짠트랃띠 n. 음력

□ ปฏิทินสุริยคติ 빠티틴 쑤리얃카띠 n. 양력
= เกรกอเรียน 끄레-꺼-리-안
□ คริสต์ศักราช 크리싹까랃- n. 서기
= ค.ศ. 커-써-
□ พุทธศักราช 풋타싹까랃- n. 불기
= พ.ศ. 퍼-써-

tip. 태국에서는 일반적으로 약어인 ค.ศ. 커-써-와 พ.ศ. 퍼-써-를 사용합니다.

tip. 태국에서는 달력에 서기와 함께 불기를 표기합니다. 불기는 석가모니가 열반에 든 해(543년)를 기원년으로 삼습니다.

□ วันที่ 완 티- n. 날짜

□ เมื่อวานซืน 므-어완-쓴- n. 그저께

□ เมื่อวาน 므-어완- n. 어제

□ วันนี้ 완 니- n. 오늘

□ พรุ่งนี้ 프룽니- n. 내일

□ มะรืนนี้ 마르-니- n. 모레

□ วันเกิด 완 껃- n. 생일

□ วันครบรอบ 완 크롭럽- n. 기념일

□ วันหยุดราชการ 완 윧 라-차깐- n. 공휴일

□ วันชาติ 완 찯- n. 국경일

□ เทศกาล 테-싸깐- n. 명절, 축제
□ วันปีใหม่ 완 삐-마-이 n. 새해, 설날
□ วันสงกรานต์ 완 쏭끄란- n. 쏭끄란 (태국의 새해 첫날)
□ วันแรงงาน 완 랭응-안 n. 노동절
□ วันวิสาขบูชา 완 위싸칵부-차- n. 석가탄신일

tip. วันสงกรานต์ 완 쏭끄란-(쏭크란)은 불력의 정월 초하루인 4월 13일로, 새해 첫날인 만큼 축복을 기원하는 의미로 물을 뿌리거나 물고기를 방생하는 등의 풍습이 있습니다.

□ วันก่อตั้งประเทศ 완 꺼-띵 쁘라-텟 n. 건국 기념일

□ ลอยกระทง 러-이끄라통 n. 러이끄라통 (태국의 추석)

□ ศตวรรษ 싸따-왓 n. 세기(世紀), 100년

□ สมัย 싸마이 n. 시대

□ ระยะเวลา 라야 웰라- n. 기간

□ ช่วงเวลา 추-엉 웰라- n. 시기

□ อดีต 아딛- n. 과거

□ ปัจจุบัน 빠쭈반 n. 현재

□ อนาคต 아나-콛 n. 미래

□ ช่วงนี้ 추-엉 니- ad. 요즘, 최근

□ ก่อน 껀- prep. (시간) 전에

tip. ลอยกระทง 러-이끄라통 (러이끄라통)은 วันสงกรานต์ 완 쏭끄란-(쏭크란)과 더불어 태국에서 가장 큰 명절입니다. 바나나 잎으로 작은 연꽃 모양의 배(กระทง 끄라통)를 만들어 초와 향, 꽃 등을 싣고 강이나 호수에 띄우면서 불운과 재난을 막고 행운을 기원합니다.

07. 추석

꼭! 써먹는 **실전 회화**

ต้อ 떠-
ช่วงวันลอยกระทงเธอจะทำอะไร
추-엉완 러-이끄라통 터- 짜 탐- 아라이?
넌 러이끄라통 기간에 뭐 하니?

ผึ้ง 픙
ฉันจะไปเที่ยวที่เชียงใหม่กับพ่อแม่ เธอล่ะ
찬 짜 빠이 치-앙마-이 깝 퍼-매-. 터- 라?
부모님과 같이 치앙마이에 놀러 갈 거야. 너는?

ต้อ 떠-
ฉันจะไปงานเลี้ยงวันลอยกระทงของคอนโด
찬 짜 빠이 응-안 리-양완 러-이끄라통 컹- 콘-도
난 우리 콘도에서 하는 추석 파티에 갈 거야.

ผึ้ง 픙
อ๋อ จริงเหรอ ฟังดูน่าสนุกนะ ขอให้สนุกละกัน
어어 찡르-? 팡 두-나- 싸눅나. 커- 하-이 싸눅 라 깐
오 그래? 재밌겠다. 잘 다녀와.

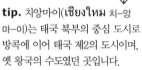

tip. 치앙마이(เชียงใหม่ 치-앙마-이)는 태국 북부의 중심 도시로 방콕에 이어 태국 제2의 도시이며, 옛 왕국의 수도였던 곳입니다.

ตอนที่ 08.

날씨 & 계절 อากาศและฤดูกาล 아-깟- 래 르두-깐-

□ สภาพอากาศ 싸팝-아-깟- n. 날씨, 기상

□ อากาศ 아-깟- n. 날씨; 공기

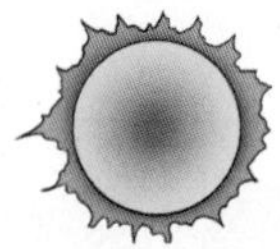

□ พระอาทิตย์ 프라 아-틷
= ดวงอาทิตย์ 두-엉 아-틷
n. 태양, 해

□ ร้อน 런-
a. 더운

□ ความร้อน 콤-런-
n. 더위, 열기

□ เมฆ 멕-
n. 구름

□ อุ่น 운
a. 따뜻한 v. 예열하다

□ อบอุ่น 옵운
a. (날씨가) 온화한

□ แห้ง 행-
a. 건조한

□ ความแห้งแล้ง 콤-행-랭-
n. 가뭄

□ มีเมฆมาก 미-멕-막-
a. 구름이 많이 낀, 흐린

□ ลม 롬
n. 바람

□ ฝน 폰
n. 비

□ ฝนตก 폰똑
v. 비가 오다

□ พายุไต้ฝุ่น 파-유따-이푼
n. 태풍

□ พายุฝน 파-유폰
n. 폭풍우

□ หนาว 나-우
a. 서늘한, 추운

□ เย็น 옌
a. 차가운

□ หมอก 먹-
n. 안개

□ น้ำท่วม 남-투-엄
n. 홍수

□ ฤดูฝน 르두-폰
n. 장마, 우기

□ ฟ้าร้อง 파-렁-
n. 천둥

□ สายฟ้า 싸-이파-
n. 번개

□ หิมะ 히마
n. 눈

□ หิมะตก 히마똑
v. 눈이 내리다

□ ฤดู 르두–
n. 계절

□ ฤดูใบไม้ผลิ 르두– 바–이 마–이 플리
n. 봄

□ อุ่นขึ้น 운큰
v. 따뜻해지다

□ ฤดูร้อน 르두–런–
n. 여름

□ อากาศร้อนและแดดแรง
아–깟–런–래 댈–랭–
덥고 햇빛이 쨍쨍한

□ ร้อนจนหายใจไม่ออก
런– 쫀 하–이 짜–이 마이억–
숨막히게 더운

□ ฝนไล่ช้าง 폰 라이 창–
n. 소나기

□ ร่ม 롬
n. 우산

□ เสื้อกันฝน 쓰–어 깐폰
n. 우비

□ ฤดูใบไม้ร่วง 르두– 바–이 마–이 루–엉
n. 가을

□ ฤดูหนาว 르두–나–우
n. 겨울

□ แข็ง 캥
v. 얼다

□ อุณหภูมิ 운나품–
n. 온도

□ พยากรณ์อากาศ 파야–깐 아–깟–
n. 일기예보

□ ใบไม้ร่วง 바–이 마–이 루–엉
n. 낙엽

□ หนาวขึ้น 나–우큰
v. 추워지다

□ น้ำแข็ง 남–캥
n. 얼음

□ ภูมิอากาศ 푸–미–아–깟–
n. 기후

□ ฤดูแล้ง 르두–랭–
n. 건기

□ ฤดูฝน 르두–폰
n. 우기

□ สภาพอากาศ 싸팝–아–깟– n. 날씨, 기상

□ อากาศ 아–깟– n. 날씨; 공기

วันนี้อากาศเป็นอย่างไรบ้างครับ(คะ)
완 니– 아–깟– 뻰 양–라이 방– 크랍(카)?
오늘 날씨 어때요?

□ ปลอดโปร่ง 쁠럳–쁘롱– a. 투명한; (공기가) 맑은

□ ใส 싸–이 a. 투명한; (날씨가, 물이) 맑은

ในฤดูใบไม้ร่วงท้องฟ้าจะอยู่สูงและสดใส
나–이 르두–바–이마–이 루–엉 텅– 파– 짜 유– 쑹– 래 쏟싸–이
가을에는 하늘이 높고 맑다.

□ อุ่น 운 a. 따뜻한 v. 예열하다

□ อบอุ่น 옵운 a. (날씨가) 온화한

□ ร้อน 런– a. 더운

อากาศร้อนจริงๆเลยนะครับ(ค่ะ)
아–깟– 런– 찡찡 러–이 나 크랍(카)
날씨가 정말 덥네요.

□ ความร้อน 쾀–런– n. 더위, 열기

□ หนาว 나–우 a. 서늘한, 추운

อากาศหนาวครับ(ค่ะ)
아–깟– 나–우 크랍(카)
날씨가 추워요.

□ เย็น 옌 a. 차가운

□ หนาวเย็น 나–우옌 a. 서늘한, 쌀쌀한

□ ความเย็น 쾀–옌 n. 냉기

□ พระอาทิตย์ 프라 아–팃 n. 태양, 해

= ดวงอาทิตย์ 두–엉 아–팃

□ ชั้นบรรยากาศ 찬반–야–깟– n. 대기

□ แห้ง 행– a. 건조한

□ ความแห้งแล้ง 쾀–행–랭– n. 가뭄

ปีนี้มีความแห้งแล้งรุนแรงครับ(ค่ะ)
삐– 니– 미– 쾀–행랭 룬랭 크랍(카)
올해는 가뭄이 심해요.

□ เมฆ 멕– n. 구름

□ มีเมฆมาก 미–멕–막– a. 구름이 많이 낀, 흐린

ท้องฟ้าสดใส ไม่มีเมฆเลยครับ(ค่ะ)
텅– 파– 쏟싸–이 마이 미–멕– 러–이 크랍(카)
하늘에 구름 한 점 없이 맑아요.

□ หมอก 먹– n. 안개

□ ฝน 폰 n. 비

□ ฝนตก 폰똑 v. 비가 오다

□ เม็ดฝน 멧–폰 n. 빗방울

□ ฝนไล่ช้าง 폰 라이 창– 소나기

□ ฝนตกปรอยๆ 폰똑 쁘러–이 쁘러–이 이슬비

□ ฝนตกอย่างไม่ตั้งเค้า 폰똑 양–마이 땅 카–오 여우비

□ ชื้น 츤– a. 눅눅한, 축축한

□ มีความชื้นสูง 미– 쾀–츤–쑹– a. 습도가 높은

□ น้ำท่วม 남-투-엄 n. 홍수

พอถึงช่วงนี้ของทุกปีมักจะมีน้ำท่วมครับ(ค่ะ)
퍼- 틍 추-엉 니- 컹- 툭삐- 막 짜 미- 남-투-엄 크랍(카)
매년 이맘때면 홍수가 나요.

□ ลม 롬 n. 바람

□ พายุไต้ฝุ่น 파-유따-이푼 n. 태풍

□ พายุฝน 파-유폰 n. 폭풍우

□ ฟ้าร้อง 파-렁- n. 천둥

□ สายฟ้า 싸-이파- n. 번개

□ หิมะ 히마 n. 눈

□ หิมะตก 히마똑 v. 눈이 내리다

ที่กรุงเทพฯหิมะไม่ตกครับ(ค่ะ)
티- 끄룽텝- 히마 마이 똑 크랍(카)
방콕에는 눈이 안 내려요.

□ ฤดู 르두- n. 계절

□ ฤดูใบไม้ผลิ 르두- 바-이 마-이 플리 n. 봄

□ อุ่นขึ้น 운큰 v. 따뜻해지다

□ ต้นกล้า 똔끌라- n. 새싹

□ แตกหน่อ 땍-너- v. 움트다

□ ฤดูร้อน 르두-런- n. 여름

□ อากาศร้อนและแดดแรง 아-깟-런-래 댇-랭- 덥고 햇빛이 쨍쨍한

□ ร้อนเหมือนไฟลุก 런– 므–언 파이룩 불에 타듯이 더운

□ ร้อนจนหายใจไม่ออก 런– 쫀 하–이 짜–이 마이억– 숨막히게 더운

อากาศร้อนจนหายใจไม่ออกเลยครับ(ค่ะ)
아–깟– 런– 쫀 하–이 짜–이 마이억– 러–이 크랍(카)
숨 막히는 더위예요.

□ โรคลมแดด 록–롬댇– n. 일사병

□ ร่ม 롬 n. 우산

เมื่อฝนตกคุณต้องใช้ร่ม
므–어 폰 똑 쿤 떵– 차–이 롬
비가 오면 우산을 꼭 써야 해.

□ เสื้อกันฝน 쓰–어 깐폰 n. 우비

□ ฤดูใบไม้ร่วง 르두– 바–이 마–이 루–엉 n. 가을

□ ใบไม้ร่วง 바–이 마–이 루–엉 n. 낙엽

□ เก็บเกี่ยว 껩– 끼여–우 v. 수확하다

ที่ประเทศไทยมีการเก็บเกี่ยวสามครั้งในหนึ่งปีค่ะ
티– 쁘라텟– 타이 미– 깐– 껩– 끼여–우 쌈– 크랑 나–이 능 삐– 카
태국에서는 1년에 3모작을 할 수 있어요.

tip. 태국은 아열대 기후로 1년에 3모작 농사를 지을 수 있습니다. 하지만 땅 기운을 보강하고 쌀 생산량을 조절하기 위해 2모작, 3모작을 하는 농가에는 높은 세금을 부과하고 1모작을 권장합니다.

□ เก็บเกี่ยวในฤดูใบไม้ร่วง 껩– 끼여–우 나–이 르두– 바–이 마–이 루–엉
추수하다

□ ฤดูหนาว 르두–나–우 n. 겨울

□ หนาวขึ้น 나–우큰 v. 추워지다

□ แข็ง 캥 v. 얼다

□ น้ำแข็ง 남-캥 n. 얼음

□ ภูมิอากาศ 푸-미-아-깟- n. 기후

□ ฤดูแล้ง 르두-랭- n. 건기

□ ฤดูฝน 르두-폰 n. 우기, 장마

ว่ากันว่าปีนี้ฤดูฝนจะเริ่มตั้งแต่เดือนมิถุนายนครับ(ค่ะ)
와- 깐와- 삐- 니- 르두-폰 짜 름 땅때- 드-언 미투나-욘 크랍(카)
올해는 6월부터 우기가 시작될 예정이에요.

tip. 태국의 건기는 11~2월, 우기는 7~9월입니다. 우기에는 하루에 한차례 정도 스콜성 소나기가 내립니다. 태국 여행 성수기는 야외활동을 하기 좋은 건기입니다.

□ อุณหภูมิ 운나품- n. 온도

□ ภูมิประเทศและภูมิอากาศ 푸-미-쁘라텟 래 푸-미-아-깟- 풍토

□ ลูกเห็บ 룩-헵 n. 우박

□ น้ำค้างแข็ง 남-캉-캥 n. 서리

□ พยากรณ์อากาศ 파야-깐 아-깟- n. 일기예보

พยากรณ์อากาศบอกว่าพรุ่งนี้จะมีพายุไต้ฝุ่นครับ(ค่ะ)
파야-깐 아-깟- 벅- 와- 프룽니- 짜 미- 파-유따-이푼 크랍(카)
일기예보에서 내일 태풍이 올 거래요.

□ คาดคะเน 캇-카네 v. 예상하다

□ การเปลี่ยนแปลงของภูมิอากาศ 깐-쁠리-얀 쁠랭- 컹- 푸-미 아-깟- 기후변화

การเปลี่ยนแปลงของภูมิอากาศทำให้โลกร้อนขึ้นเรื่อยๆ ครับ(ค่ะ)
깐- 쁠리-얀 쁠랭- 컹- 푸-미 아-깟- 탐-하-이 록-런-큰- 러-이 러-이 크랍(카)
기후변화 때문에 지구가 더워지고 있어요.

□ **อัลตราไวโอเลต** 안따라-와이올-렌- n. UV, 자외선

= **ยูวี** 유-위-

□ **เขตร้อน** 켇-런- n. 열대 지역

\# 08. 열대야

꼭! 써먹는 **실전 회화**

แบ **อากาศร้อนมากจนนอนไม่หลับทั้งคืนเลย**
배- 아-깟-런-막- 쫀 넌- 마이 랍 탕 큰- 러-이
더위 때문에 밤새 한숨도 못 잤어.

ต้อ **ฉันก็เหมือนกัน ร้อนจะตายอยู่แล้ว**
떠- 찬 꺼 므-언 깐. 런- 짜 따-이 유- 래-우
나도야. 더워 죽겠어.

แบ **ปีนี้จะหมดหน้าร้อนเมื่อไรกันนะ**
배- 삐- 니- 짜 못 나- 런- 므-어라이 깐 나?
올해 여름은 언제 끝날까?

ต้อ **ฉันก็สงสัยเหมือนกัน**
떠- 찬 꺼 쏭싸이 므-언 깐
나도 그게 궁금해.

동물&식물 สัตว์และพืช 쌋 래 프은

□ สัตว์ 쌋
n. 동물

□ สัตว์เลี้ยง 쌋리–양
n. 애완동물

□ ให้อาหาร 하–이 아–한–
v. 먹이를 주다

□ เท้าสัตว์ 타–우쌋
n. 동물의 발

□ หาง 항–
n. 꼬리

□ ข่วน 쿠–언
v. 할퀴다

□ หมา 마–
n. 개

□ แมว 매–우
n. 고양이

□ หนู 누–
n. 쥐

□ วัว 우어
n. 소, 물소, 암소

□ วัวกระทิง 우어 끄라팅
n. 황소, 숫소

□ แพะ 패
n. 염소

□ แกะ 깨
n. 양

□ หมู 무–
n. 돼지

□ กระต่าย 끄라따–이
n. 토끼

□ เสือ 쓰-어
n. 호랑이

□ สิงโต 씽또-
n. 사자

□ หมี 미-
n. 곰

□ ม้า 마-
n. 말

□ ม้าลาย 마-라-이
n. 얼룩말

□ ยีราฟ 이-랖-
n. 기린

□ ช้าง 창-
n. 코끼리

□ กวาง 끄왕-
n. 사슴

□ สุนัขจิ้งจอก 쑤낙찡쩍-
= หมาจิ้งจอก 마-찡쩍-
n. 여우

□ หมาป่า 마-빠-
n. 늑대

□ ลิง 링
n. 원숭이

□ มังกร 망껀
n. 용

□ กระรอก 끄라럭-
n. 다람쥐

□ ค้างคาว 캉-카-우
n. 박쥐

□ ปลาวาฬ 쁠라-완-
n. 고래

□ นก 녹
n. 새

□ ปีก 빅–
n. 날개

□ จะงอยปาก 짜응어이빡–
n. 부리

□ ไก่ 까이
n. 닭

□ ลูกไก่ 룩–까이
n. 병아리

□ เป็ด 뻰–
n. 오리

□ ไก่งวง 까이–응우엉
n. 칠면조

□ เหยี่ยว 이여오–
n. 독수리

□ นกกระจอก 녹끄라쩍–
n. 참새

□ นกพิราบ 녹피랍–
n. 비둘기

□ นกกระจอกเทศ
녹끄라쩍–텟–
n. 타조

□ นกหัวขวาน
녹후어크–완
n. 딱따구리

□ นกยูง 녹융–
n. 공작

□ นกฮูก 녹훅–
n. 부엉이

□ นกเพนกวิน 녹펜–뀐
n. 펭귄

□ ปลา 쁠라–
n. 물고기, 생선

□ เหงือก(ปลา)
응–억(쁠라–)
n. (물고기의) 아가미

□ ครีบ 크립–
n. 지느러미

□ ปลาเขตร้อน
쁠라–켇–런–
n. 열대어

□ ปลาทอง 쁠라–텅–
n. 금붕어

□ ตู้ปลา 뚜–쁠라–
n. 어항

□ ปลาฉลาม 쁠라–차람–
n. 상어

□ ปลาหมึก 쁠라–믁
n. 오징어

□ ปลาหมึกยักษ์
쁠라–믁약
n. 문어

□ งู 응우–
n. 뱀

□ ตุ๊กแก 뚝깨– n. 도마뱀

□ จิ้งจก 찡쪽 n. 찡쪽

□ เต่า 따오
n. 거북

□ จระเข้ 쩐라케–
n. 악어

□ กบ 꼽
n. 개구리

□ หอยทาก 허–이탁–
n. 달팽이

□ แมลง 말랭–
n. 곤충, 벌레

□ ผึ้ง 픙
n. 꿀벌

□ ผีเสื้อ 피–쓰–어
n. 나비

□ แมลงปอ 말랭–뻐–
n. 잠자리

□ ด้วง 두엉
n. 딱정벌레

□ มด 몯
n. 개미

□ แมลงวัน 말랭–완
n. 파리

□ แมลงสาบ 말랭–쌉–
n. 바퀴벌레

□ ยุง 융
n. 모기

□ แมงมุม 맹–뭄
n. 거미

□ พืช 프읃
n. 식물

□ เมล็ด 말렏
n. 씨, 씨앗

□ ปลูก 쁘룩–
v. 심다

□ รดน้ำ 롣남–
v. 물을 주다

□ ถอน 턴–
v. (뿌리를) 뽑다

□ ต้นไม้ 똔마이
n. 나무

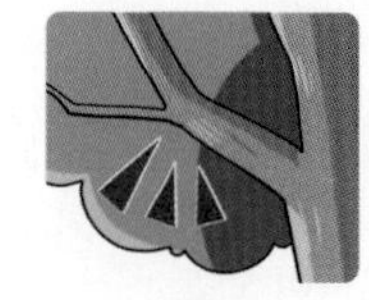

□ กิ่งไม้ 낑마이
n. 나뭇가지

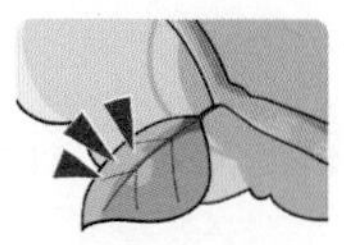

□ ใบไม้ 바-이마이
n. 나뭇잎

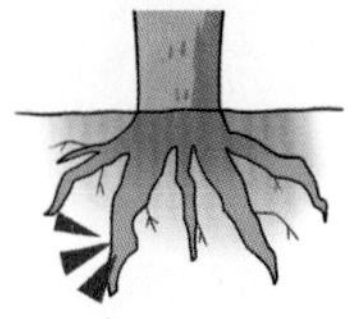

□ ราก 락-
n. 뿌리

□ หญ้า 야-
n. 풀

□ ผล 폰 n. 열매

□ ผลไม้ 폰라마이 n. 과일

□ ดอกไม้ 덕-마이
n. 꽃

□ กลีบดอกไม้
끌립-덕-마이
n. 꽃잎

□ ดอกไม้บาน
덕-마이반-
v. 꽃이 피다

□ ดอกกุหลาบ 덕-꾼랍-
n. 장미

□ ดอกลิลลี่ 덕-릴리
n. 백합

□ ดอกทิวลิป 덕-티우립
n. 튤립

□ ดอกทานตะวัน
덕-탄-따완
n. 해바라기

□ ดอกบัว 덕-부어
n. 연꽃

□ ราชพฤกษ์ 라-차 프륵
n. 라차프륵 (태국 국화)

□ **สัตว์** 쌋 n. 동물

การเลี้ยงสัตว์มีส่วนช่วยด้านอารมณ์ครับ(ค่ะ)
깐- 리-양 쌋 미- 쑤-언 추워-이 단- 아-롬 크랍(카)
동물을 키우는 건 정서적으로 도움이 되죠.

□ **สัตว์เลี้ยง** 쌋리-양 n. 애완동물

□ **สัตว์ที่เลี้ยงเพื่อบริโภค** 쌋 티- 리-양 프-어 버리폭- n. 가축

□ **ให้อาหาร** 하-이 아-한- v. 먹이를 주다

□ **เท้าสัตว์** 타-우쌋 n. 동물의 발

□ **ขน** 콘 n. 털

□ **เครา** 크라-우 n. 수염

□ **หาง** 항- n. 꼬리

□ **เล็บเท้า** 렙-타-오 n. 발톱

□ **ข่วน** 쿠-언 v. 할퀴다

□ **เห่า** 하-우 v. (개가) 짖다

สุนัขบ้านนั้นดุมากก็เลยชอบเห่า
쑤낙 반- 난 두 막- 꺼 러-이 첩- 하-우
그 집 개는 사나워서 잘 짖어요.

□ **หอน** 헌- v. (새가) 울다, 지저귀다

□ **ช้าง** 창- n. 코끼리

ช้างเป็นสัตว์ที่สำคัญมากในประเทศไทยครับ(ค่ะ)
창- 뻰 쌋 티-쌈-칸 막- 나-이 쁘라텟-타이 크랍(카)
태국에서 코끼리는 매우 귀한 존재입니다.

tip. 태국에서는 코끼리를 귀하게 여기며 특히 흰 코끼리는 국가가 어려움에 처했을 때 나타나는 신성한 동물로 생각합니다.

□ หมา 마– n. 개

□ ลูกหมา 룩–마– n. 강아지

ผม(ฉัน)พาหมาไปเดินเล่นทุกวันตอนเย็นครับ(ค่ะ)
폼(찬) 파– 마– 빠이 던렌 툭완 떤–옌 크랍(카)
저는 매일 저녁 개와 함께 산책을 해요.

□ แมว 매–우 n. 고양이

□ ลูกแมว 룩–매–우 n. 새끼 고양이

□ วัว 우어 n. 소, 물소, 암소

□ วัวกระทิง 우어 끄라팅 n. 황소, 숫소

□ วัวนม 우어놈 n. 젖소

□ ลูกวัว 룩–우어 n. 송아지

tip. 돼지, 닭, 오리의 경우 동물을 나타내는 단어가 그 동물의 고기도 의미합니다. 하지만 소는 วัว 우어, 소고기는 เนื้อ 느–어로 완전히 다른 단어입니다.

□ หมู 무– n. 돼지

ถึงเวลาให้อาหารหมูแล้วครับ(ค่ะ)
틍 웰라– 하–이 아–한– 무– 래–우 크랍(카)
돼지에게 먹이를 줄 시간이에요.

□ แกะ 깨 n. 양

□ แพะ 패 n. 염소

□ ม้า 마– n. 말

□ กีบเท้า 낍–타–오 n. 발굽

□ แผงคอ 팽–커– n. 갈기

□ ขนม้า 콘마– n. 말총

□ ม้าลาย 마–라–이 n. 얼룩말

□ เสือ 쓰–어 n. 호랑이

□ สิงโต 씽또– n. 사자

□ หมี 미– n. 곰

□ ลิง 링 n. 원숭이

□ สุนัขจิ้งจอก 쑤낙찡쩍– n. 여우
= หมาจิ้งจอก 마–찡쩍–

□ หมาป่า 마–빠– n. 늑대

□ ยีราฟ 이–랖– n. 기린

□ กวาง 끄왕– n. 사슴

□ แรด 랟– n. 코뿔소

□ กระต่าย 끄라따–이 n. 토끼

□ หนู 누– n. 쥐

□ ตัวตุ่น 뚜어뚠 n. 두더지

□ กระรอก 끄라럭– n. 다람쥐

□ ค้างคาว 캉–카–우 n. 박쥐

□ ปลาวาฬ 쁠라–완– n. 고래

□ ปลาโลมา 쁠라–로–마– n. 돌고래

□ นก 녹 n. 새

□ ปีก 빅– n. 날개

□ ขนนก 콘 녹 n. 깃털

□ จะงอยปาก 짜응어이빡– n. 부리

□ ไข่ 카이 n. 알

□ กกไข่ 꼭카이 알을 품다

□ รังนก 랑녹 n. 둥지

นกใช้จะงอยปากเล็มขนครับ(ค่ะ)
녹차–이 짜응어이빡– 램콘 크랍(카)
새는 부리로 깃털을 다듬어요.

□ ไก่ 까이 n. 닭

□ ไก่ตัวผู้ 까이뚜어푸– n. 수탉

□ ไก่ตัวเมีย 까이뚜어미–야 n. 암탉

□ ลูกไก่ 룩–까이 n. 병아리

□ เป็ด 뻳– n. 오리

□ ห่าน 한– n. 거위

□ ไก่งวง 까이–응우엉 n. 칠면조

□ เหยี่ยว 이여오– n. 독수리

□ นกนางแอ่น 녹낭–앤 n. 제비

□ นกกระจอก 녹끄라쪽– n. 참새

□ นกพิราบ 녹피랍– n. 비둘기

□ นกนางนวล 녹낭–누–언 n. 갈매기

□ นกหัวขวาน 녹후어크-완 n. 딱따구리

□ นกกระจอกเทศ 녹끄라쩍-텟- n. 타조

□ นกยูง 녹융- n. 공작

□ นกฮูก 녹훅- n. 부엉이

□ นกเพนกวิน 녹펜-뀐 n. 펭귄

□ ปลา 쁠라- n. 물고기, 생선

□ หางปลา 항-쁠라- 물고기의 꼬리

□ เหงือก(ปลา) 응-억(쁠라-) n. 아가미 (물고기의)

□ ครีบ 크립- n. 지느러미

□ เกล็ด 끌렛- n. 비늘

ปลาหายใจทางเหงือกครับ(ค่ะ)
쁠라- 하-이 짜-이 탕- 응-억 크랍(카)
물고기는 아가미로 숨을 쉽니다.

□ ปลาเขตร้อน 쁠라-켇-런- n. 열대어

□ ปลาทอง 쁠라-텅- n. 금붕어

□ ตู้ปลา 뚜-쁠라- n. 어항

□ ปลาฉลาม 쁠라-차람- n. 상어

□ ปลาหมึก 쁠라-믁 n. 오징어

□ ปลาหมึกยักษ์ 쁠라-믁약 n. 문어

□ มังกร 망껀 n. 용

□ งู 응우– n. 뱀

□ งูเห่า 응우하–우 n. 비단뱀

□ ตุ๊กแก 뚝깨– n. 도마뱀

□ จิ้งจก 찡쪽 n. 찡쪽 (도마뱀의 일종)

ที่ประเทศไทยจิ้งจกเป็นสัตว์มงคล
티– 쁘라텟–타이 찡쪽 뻰 쌋 몽콘
태국에서 찡쪽 도마뱀은 이로운 동물로 알려져 있어요.

tip. 태국 길거리나 건물에서 쉽게 볼 수 있는 작은 도마뱀 찡쪽(จิ้งจก 찡쪽)은 행운을 불러오는 동물로 여겨집니다. 천장에 붙어 있던 찡쪽이 몸 위에 떨어지면 대단히 운수가 좋을 것이라 생각하며, 찡쪽 꿈을 꾸면 복권을 사기도 합니다.

□ เต่า 따오 n. 거북

□ จระเข้ 쩌라케– n. 악어

□ กบ 꼽 n. 개구리

□ ลูกอ๊อด 룩–얻– n. 올챙이

□ หอยทาก 허–이탁– n. 달팽이

□ แมลง 말랭– n. 곤충, 벌레

□ ผึ้ง 픙 n. 꿀벌

□ ผีเสื้อ 피–쓰–어 n. 나비

□ แมลงปอ 말랭–뻐– n. 잠자리

□ ด้วง 두엉 n. 딱정벌레

□ มด 몯 n. 개미

□ แมลงวัน 말랭–완 n. 파리

□ แมลงสาบ 말랭–쌉– n. 바퀴벌레

□ ยุง 융 n. 모기

□ แมงมุม 맹-뭄 n. 거미

□ ปลูก 쁘룩- v. 심다

□ พืช 프읃 n. 식물

□ ต้นไม้ 똔마이 n. 나무

  □ กิ่งไม้ 낑마이 n. 나뭇가지

  □ ใบไม้ 바-이마이 n. 나뭇잎

  □ ราก 락- n. 뿌리

□ หญ้า 야- n. 풀

□ สาหร่ายทะเล 싸-라-이탈래- n. 해초

□ ดอกไม้ 덕-마이 n. 꽃

  □ กลีบดอกไม้ 끌립-덕-마이 n. 꽃잎

  □ ดอกไม้บาน 덕-마이반- v. 꽃이 피다

□ ดอกกุหลาบ 덕-꾼랍- n. 장미

□ ดอกลิลลี่ 덕-릴리 n. 백합

□ ดอกทิวลิป 덕-티우립 n. 튤립

□ ดอกทานตะวัน 덕-탄-따완 n. 해바라기

□ ดอกบัว 덕-부어 n. 연꽃

□ ราชพฤกษ์ 라-차 프륵 n. 라차프륵 (태국 국화)

□ ผล 폰 n. 열매

□ ผลไม้ 폰라마이 n. 과일

□ เมล็ด 말렛 n. 씨, 씨앗

□ รดน้ำ 롣남– v. 물을 주다

□ ถอน 턴– v. (뿌리를) 뽑다

□ เหี่ยวเฉา 히–우차우 a. 시든

09. 애완동물

꼭! 써먹는 **실전 회화**

ผึ้ง 풍 เธอมีสัตว์เลี้ยงหรือเปล่า
터– 미– 쌋 리–양 르– 쁠라–우?
너 애완동물 키우니?

เบธ 벧 ฉันเลี้ยงหมามาเป็นเวลาปีที่สามแล้ว
찬 리–양 마– 마– 뻰 웰라– 삐– 티– 쌈– 래–우
개 키운 지 3년째야.

ผึ้ง 풍 เลี้ยงหมาที่บ้านไม่ลำบากเหรอ
리–양 마– 티– 반– 마이 람– 박– 르–?
집에서 개 키우기 힘들지 않아?

เบธ 벧 ไม่เลย เพราะหมาของฉันได้รับการฝึกมาอย่างดี
ฉันอยากจะเลี้ยงแมวอีกสักตัว
마이 러–이, 프러 마– 컹– 찬 다이랍 깐– 픅마– 양–디–.
찬 약– 짜 리–양 매–우 익– 싹 뚜어
아니, 우리 개는 잘 훈련되었거든. 난 고양이도 한 마리 키우고 싶어.

연습 문제

다음 단어를 읽고 맞는 뜻과 연결하세요.

1. เมฆ	•	• 계절
2. เวลา	•	• 구름
3. ดอกไม้	•	• 꽃
4. ต้นไม้	•	• 나무
5. ฝน	•	• 날, 일
6. พระอาทิตย์	•	• 날씨
7. ฤดู	•	• 동물
8. ลม	•	• 바람
9. วัน	•	• 비
10. วันนี้	•	• 시간
11. สภาพอากาศ	•	• 오늘
12. สัตว์	•	• 태양, 해

1. เมฆ – 구름 2. เวลา – 시간 3. ดอกไม้ – 꽃 4. ต้นไม้ – 나무
5. ฝน – 비 6. พระอาทิตย์ – 태양, 해 7. ฤดู – 계절 8. ลม – 바람
9. วัน – 날, 일 10. วันนี้ – 오늘 11. สภาพอากาศ – 날씨 12. สัตว์ – 동물

บทที่ 4

ตอนที่ **10** 집

ตอนที่ **11** 옷

ตอนที่ **12** 음식

ตอนที่ **13** 취미

ตอนที่ **14** 전화&인터넷

ตอนที่ 10.

집 บ้าน 반–

□ บ้าน 반–
n. 집

□ ห้อง 헝–
n. 방

□ ห้องนอน 헝–넌–
n. 침실

□ ห้องนั่งเล่น 헝–낭렌–
n. 거실

□ ห้องครัว 헝–크루어
n. 부엌

□ ห้องน้ำ 헝–남–
n. 화장실

□ ห้องอาบน้ำ 헝–압–남–
n. 욕실, 샤워실

□ ประตู 쁘라뚜–
n. 문

□ ทางเข้า 탕–카–우
n. 현관; 입구

□ ออด 얻–
n. 초인종

□ กุญแจ 꾼째–
n. 열쇠

□ หน้าต่าง 나–땅–
n. 창문; 창구

□ สวน 쑤–언
n. 정원

□ สนาม 싸남–
n. 마당

□ รั้ว 루어
n. 울타리

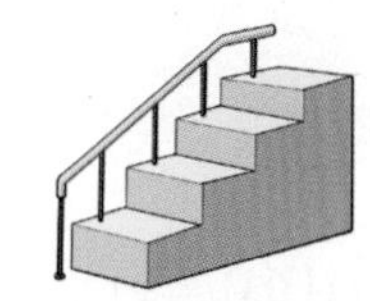

□ บันได 반다이
n. 계단

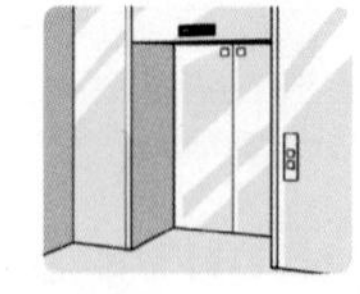

□ ลิฟต์ 맆
n. 승강기, 엘리베이터

□ ชั้น 찬
n. 층

□ ห้องใต้หลังคา
헝– 따–이 랑카–
n. 다락방

□ ปล่องไฟ 쁠렁–파이
n. 굴뚝

□ ชั้นใต้ดิน 찬따–이딘
n. 지하층

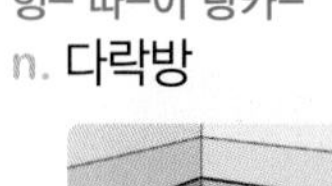

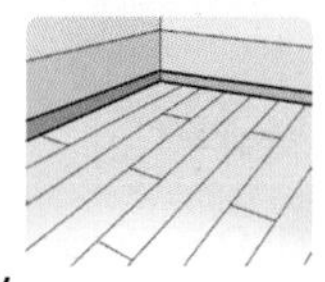

□ พื้น 픈–
n. 바닥

□ เพดาน 페–단
n. 천장

□ หลังคา 랑카–
n. 지붕

□ เฟอร์นิเจอร์ 퍼–니쩌–
n. 가구

□ เก้าอี้ 까오이–
n. 의자

□ โซฟา 쏘–파–
n. 소파

□ โต๊ะ 또
n. 탁자

□ โต๊ะเขียนหนังสือ
또키–얀낭쓰–
n. 책상

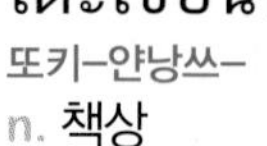

□ โทรทัศน์ 토–라탓
n. 텔레비전

□ เตียง 띠-양
n. 침대

□ ตู้เสื้อผ้า 뚜-쓰-어파-
n. 장롱, 옷장

□ ลิ้นชัก 린착
n. 서랍

□ ชั้นวางของ 찬 왕-컹-
n. 선반

□ กระจก 끄라쪽
n. 거울

□ โคมไฟ 콤-파이
n. 전등, 램프

□ โต๊ะอาหาร 또 아-한-
n. 식탁

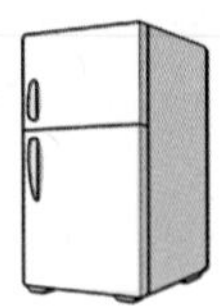

□ ตู้เย็น 뚜-옌
n. 냉장고

□ เตาแก๊ส 따-우깻-
n. 가스레인지

□ ไมโครเวฟ 마이크로웹-
n. 전자레인지

□ เตาอบ 따우옵
n. 오븐

□ เครื่องปั่น 크르-엉빤
n. 믹서

□ เครื่องปิ้งขนมปัง
크르-엉삥카놈빵
n. 토스터

□ อ่างล้างจาน
앙-랑-짠-
n. 개수대

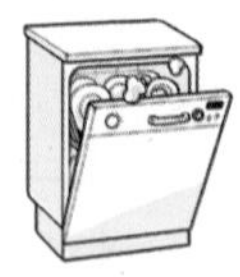

□ เครื่องล้างจาน
크르-엉랑-짠-
n. 식기세척기

□ อาบน้ำ 압-남-
v. 목욕하다, 샤워하다

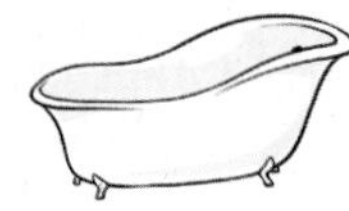

□ อ่างอาบน้ำ
앙-압-남-
n. 욕조

□ ฝักบัวอาบน้ำ
팍-부어압-남-
n. 샤워기

□ อ่างล้างหน้า 앙-랑-나-
n. 세면대

□ ก๊อกน้ำ 꺽-남-
n. 수도꼭지

□ สบู่ 싸부-
n. 비누

□ ขยะ 카야
n. 쓰레기

□ ถังขยะ 탕 카야
n. 휴지통

□ ทำความสะอาด
탐-쾀-싸앗-
v. 청소하다

□ กวาด 꽛-
v. 쓸다, 비질하다

□ ถู 투-
v. 닦다

□ เครื่องดูดฝุ่น
크르-엉둗-푼
n. 청소기

□ เครื่องซักผ้า
크르-엉싹파-
n. 세탁기

□ ซักผ้า 싹파-
v. 세탁하다, 빨래하다
n. 빨래

□ **บ้าน** 반– n. 집

ผม(ฉัน)จอดรถมอเตอร์ไซค์ไว้หน้าบ้านครับ(ค่ะ)
폼(찬) 쩓– 롯 머–떠–싸익 와이 나– 반– 크랍(카)
저는 오토바이를 집 앞에 주차했어요.

□ **ห้อง** 헝– n. 방

□ **ห้องนอน** 헝–넌– n. 침실

□ **ห้องรับแขก** 헝–랍캑– n. 응접실

□ **ห้องนั่งเล่น** 헝–낭렌– n. 거실

คนทั้งครอบครัวกำลังดูทีวีอยู่ที่ห้องนั่งเล่นครับ(ค่ะ)
콘 탕 크–럽크루어 깜–랑 두– 티–위– 유– 티– 헝–낭렌– 크랍(카)
온 가족이 거실에서 텔레비전을 보고 있어요.

□ **ทางเข้า** 탕–카–우 n. 현관, 입구

□ **ประตู** 쁘라뚜– n. 문

□ **กุญแจ** 꾼째– n. 열쇠

□ **หน้าต่าง** 나–땅– n. 창문; 창구

□ **เปิด** 뻗 v. 열다

□ **ปิด** 삗 v. 닫다

ช่วยปิดหน้าต่างให้หน่อยครับ(ค่ะ)
추워–이 삗 나–땅– 하–이 너–이 크랍(카)
창문 좀 닫아 주세요.

□ **ออด** 엇– n. 초인종

□ **สวน** 쑤–언 n. 정원

□ **สนาม** 싸남– n. 마당

□ รั้ว 루어 n. 울타리

□ บันได 반다이 n. 계단

อาคารนี้ไม่มีลิฟต์ จึงต้องเดินขึ้นบันไดครับ(ค่ะ)
아-칸- 니- 마이 미- 맆 쯩 떵- 던큰 반- 다이 크랍(카)
이 집은 엘리베이터가 없어서 계단으로 올라가야 해요.

□ ลิฟต์ 맆 n. 승강기, 엘리베이터

□ ชั้น 찬 n. 층

□ ห้องใต้หลังคา 헝- 따-이 랑카- n. 다락방

คุณสมชายอาศัยอยู่ในบ้านที่มีห้องใต้หลังคาครับ(ค่ะ)
쿤 쏨차-이 아-싸이 유- 나-이 반- 티- 미- 헝- 따-이 랑 카- 크랍(카)
쏨차이 씨는 다락방이 있는 집에 살고 있다.

□ ปล่องไฟ 쁠렁-파이 n. 굴뚝

□ ชั้นใต้ดิน 찬따-이딘 n. 지하층

□ พื้น 픈- n. 바닥

□ เพดาน 페-단 n. 천장

□ หลังคา 랑카- n. 지붕

□ ผนัง 파낭 n. 벽

□ เฟอร์นิเจอร์ 퍼-니쩌- n. 가구

□ โต๊ะ 또 n. 탁자

□ เก้าอี้ 까오이- n. 의자

□ โซฟา 쏘-파- n. 소파

□ โต๊ะเขียนหนังสือ 또키–얀낭쓰– n. 책상

□ ม่าน 만– n. 커튼

□ โทรทัศน์ 토–라탓 n. 텔레비전

□ เตียง 띠–양 n. 침대

□ เตียงพับ 띠–양팝 간이침대, 접이식 침대

□ เตียงแบบพกพา 띠–양뱁–폭파– 이동식 침대

□ เตียงคู่ 띠–양쿠– 트윈 베드

□ เปล 쁠레– n. 요람

□ ตู้เสื้อผ้า 뚜–쓰–어파– n. 장롱, 옷장

□ ตู้กับข้าว 뚜– 깝 카–우 n. 수납장

□ ชั้นวางของ 찬 왕–컹– n. 선반

□ ลิ้นชัก 린착 n. 서랍

ผม(ฉัน)ซื้อลิ้นชักสำหรับลูกๆของผม(ฉัน)ครับ(ค่ะ)
폼(찬) 쓰– 린착 쌈–랍 룩–룩– 컹– 폼(찬) 크랍(카)
우리 아이들을 위해 서랍을 구입했어요.

□ กระจก 끄라쪽 n. 거울

□ โคมไฟ 콤–파이 n. 전등, 램프

□ ไม้แขวนเสื้อ 마이크완쓰–어 n. 옷걸이

□ ห้องครัว 헝–크루어 n. 부엌

□ โต๊ะอาหาร 또 아–한– n. 식탁

□ ตู้เย็น 뚜-옌 n. 냉장고

ต้องล้างผลไม้และผักก่อนใส่ในตู้เย็นไหมครับ(คะ)
떵- 랑- 폰라마이 래 팍 껀- 싸-이 나-이 뚜-옌 마이 크랍(카)?
과일과 야채를 냉장고에 넣기 전에 씻어야 하나요?

□ เตาแก๊ส 따-우깻- n. 가스레인지

□ ไมโครเวฟ 마이크로웹- n. 전자레인지

□ เตาอบ 따우옵 n. 오븐

□ เครื่องปั่น 크르-엉빤 n. 믹서

□ เครื่องปิ้งขนมปัง 크르-엉삥카놈빵 n. 토스터

□ ล้างจาน 랑-짠- v. 설거지하다

□ เครื่องล้างจาน 크르-엉랑-짠- n. 식기세척기

□ อ่างล้างจาน 앙-랑-짠- n. 개수대

□ อาบน้ำ 압-남- v. 목욕하다, 샤워하다

ผม(ฉัน)กำลังจะอาบน้ำครับ(ค่ะ)
폼(찬) 깜-랑 짜 암-남- 크랍(카)
나는 목욕하려고 해요.

□ ห้องอาบน้ำ 헝-압-남- n. 욕실, 샤워실

□ อ่างอาบน้ำ 앙-압-남- n. 욕조

□ ฝักบัวอาบน้ำ 팍-부어압-남- n. 샤워기

□ ล้าง 랑- v. 씻다

□ อ่างล้างหน้า 앙–랑–나– n. 세면대

อ่างล้างหน้าตันครับ(ค่ะ)
앙–랑–나– 딴 크랍(카)
세면대가 막혔어요.

□ ก๊อกน้ำ 꺽–남– n. 수도꼭지

□ สบู่ 싸부– n. 비누

□ ห้องน้ำ 헝–남– n. 화장실

ห้องน้ำอยู่ที่ไหนครับ(คะ)
헝–남– 유– 티–나이 크랍(카)?
화장실은 어디 있어요?

□ ขยะ 카야 n. 쓰레기

□ ทิ้งขยะ 팅 카야 v. 쓰레기를 버리다

อย่าทิ้งขยะครับ(ค่ะ)
야– 팅 카야 크랍(카)
쓰레기를 버리지 마세요.

□ ถังขยะ 탕 카야 n. 휴지통

ถังขยะอยู่ที่ไหนครับ(คะ)
탕 카야 유– 티– 나이 크랍(카)
휴지통은 어디에 있나요?

□ ทำความสะอาด 탐–쾀–싸앗– v. 청소하다

□ กวาด 꽛– v. 쓸다, 비질하다

□ ถู 투– v. 닦다

□ เช็ด 첸 v. 걸레질하다

คุณแม่ทำความสะอาดบ้านอยู่ครับ(ค่ะ)
쿤매– 탐–쾀–싸앗– 반– 유– 크랍(카)
엄마는 집을 청소하고 계세요.

□ เครื่องดูดฝุ่น 크르-엉둗-푼 n. 청소기

□ ซักผ้า 싹파- v. 세탁하다, 빨래하다 n. 빨래

□ เครื่องซักผ้า 크르-엉싹파- n. 세탁기

꼭! 써먹는 **실전 회화**

10. 설거지

ผึ้ง ต้อ คุณล้างจานให้หน่อยได้ไหม
풍 떠, 쿤 랑-짠- 하이-너이 다이- 마이-?
떠, 설거지 해줄 수 있니?

ต้อ ไม่ได้ ฉันทำความสะอาดห้องพักและห้องน้ำทั้งวัน
떠- 마이 다이! 찬 탐-싸앗- 헝-팍 래 헝-남- 탕완!
안 돼! 방 전부와 화장실까지 하루종일 청소했다고!

ผึ้ง แต่ฉันต้องไปตอนนี้ ช่วยอีกครั้งนะ
풍 때 찬 떵-빠이 떤-니-. 추어이- 익크랑 나
하지만 난 나가야 하거든. 한번만 더 부탁해.

ต้อ ได้ แต่ครั้งเดียวเท่านั้นนะ
떠- 다이. 때 크랑 디여우- 타오-난 나
알았어. 하지만 이번만이야.

옷 เสื้อผ้า 쓰-어 파-

☐ เสื้อผ้า 쓰-어 파-
n. 옷

☐ ใส่เสื้อผ้า 싸-이 쓰-어 파-
= สวมเสื้อผ้า
쑤-엄 쓰-어 파-
v. 옷을 입다

☐ ถอดเสื้อผ้า
털- 쓰-어 파-
v. 옷을 벗다

☐ เสื้อยืด 쓰-어옏-
n. 티셔츠

☐ เสื้อแจ๊คเก็ต 쓰-어 짹껟-
n. 재킷

☐ เสื้อเชิ้ตผู้หญิง
쓰-어츠얻 푸-잉
= เสื้อเบลาซ์
쓰-어블라-오
n. 블라우스, 여성용 셔츠

☐ เสื้อเชิ้ตสีขาว
쓰-어 철- 씨-카-우
n. 와이셔츠

☐ เสื้อกั๊ก 쓰-어깍
n. 조끼

☐ เสื้อกันหนาว
쓰-어 깐 나-우
n. 점퍼

☐ กางเกง 깡-깽-
n. 바지

☐ กางเกงยีนส์ 깡-깽-인
n. 청바지

☐ กางเกงขาสั้น
깡-깽-카-싼
반바지

□ โค้ท 코옫
n. 코트

□ กระโปรง 끄라쁘롱–
n. 치마

□ กระโปรงสั้น
끄라쁘롱–싼
= มินิสเกิร์ต 미니쓰껃–
짧은 치마, 미니스커트

□ สูท 쑫–
n. 정장, 양복

□ เดรส 드렏–
n. 원피스, 드레스

□ ชุดไทย 춛 타이
n. 쑤타이 (태국 전통 옷)

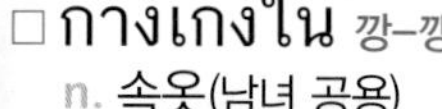

□ กางเกงใน 깡–깽–나이
n. 속옷(남녀 공용)

□ ชุดชั้นใน 춛찬 나–이
n. 속옷(여성용)

□ ชุดนอน 춛넌–
n. 잠옷

□ ชุดว่ายน้ำ
춛와–이 남–
n. 수영복

□ ชุดออกกำลังกาย
춛억–깜–랑까–이
n. 운동복

□ เสื้อกันฝน
쓰–어깐폰
n. 우비

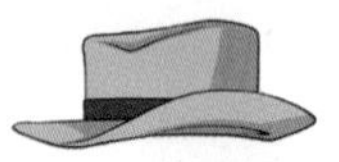

□ หมวก 무-억
n. 모자

□ หมวกแก๊ป 무-억 깹-
n. 야구 모자

□ มาส์กหน้ากาก
막- 나-깍-
n. 마스크

□ หมวกกันน็อค
무-억깐녁-
n. 헬멧

□ ผ้าพันคอ 파-판커-
n. 스카프, 목도리

□ เข็มขัด 켐 칻
n. 허리띠, 벨트

□ ถุงมือ 퉁므-
n. 장갑

□ เนคไท 넥-타이
n. 넥타이

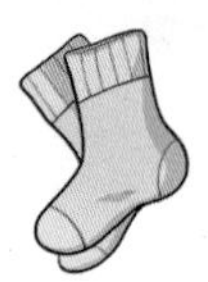

□ ถุงเท้า 퉁타-오
n. 양말

□ รองเท้า 렁-타-오
n. 신발

□ รองเท้าผ้าใบ
렁-타-오 파-바-이
n. 운동화

□ รองเท้าบูท
렁-타-오붇-
n. 장화

□ รองเท้ารัดส้น
렁-타-오랃쏜
n. 샌들

□ รองเท้าแตะ
렁-타-오때
n. 슬리퍼

□ รองเท้าใส่ในบ้าน
렁-타-오싸-이나-이반-
n. 실내화

□ แว่นตา 웬–따–
n. 안경

□ แว่นตากันแดด 웬–따–깐댄–
n. 선글라스

□ กระเป๋า 끄라빠–오
n. 가방, 주머니

□ กระเป๋าเป้
끄라빠–오 뻬–
n. 배낭

□ กระเป๋าถือ
끄라빠–오트–
n. 핸드백

□ กระเป๋าเดินทาง
끄라빠–오던탕–
n. 여행용 가방

□ กระเป๋าสตางค์
끄라빠–오 싸땅–
n. 지갑

□ อัญมณี 안야마니
n. 보석

□ สร้อยคอ 싸–이커–
n. 목걸이

□ สร้อยข้อมือ
싸–이커–므–
n. 팔찌

□ ต่างหู 땅–후–
n. 귀걸이

□ แหวน 웬–
n. 반지

□ เสื้อผ้า 쓰–어 파– n. 옷

□ ใส่เสื้อผ้า 싸–이 쓰–어 파– v. 옷을 입다
= สวมเสื้อผ้า 쑤–엄 쓰–어 파–

□ ถอดเสื้อผ้า 텉– 쓰–어 파– v. 옷을 벗다

□ เสื้อเชิ้ตสีขาว 쓰–어 첱– 씨–카–우 n. 와이셔츠

□ เสื้อยืด 쓰–어옏– n. 티셔츠

□ เสื้อแจ๊คเก็ต 쓰–어 쨱껟– n. 재킷

□ สเวตเตอร์ 쓰웻–떠– n. 스웨터

□ เสื้อกันหนาว 쓰–어 깐 나–우 n. 점퍼

□ เสื้อกั๊ก 쓰–어깍 n. 조끼

□ กางเกง 깡–깽– n. 바지
□ กางเกงขายาว 깡–깽–카–야–우 긴 바지
□ กางเกงขาสั้น 깡–깽–카–싼 반바지

ช่วงนี้อากาศร้อนมาก ผม(ฉัน)ก็เลยใส่แต่กางเกงขาสั้นครับ(ค่ะ)
추엉–니– 아–깟– 런– 막– 폼(찬) 꺼 러–이 싸–이 때 깡–깽–카–싼 크랍(카)
전 요즘 날씨가 너무 더워서 반바지를 입어요.

□ กางเกงยีนส์ 깡–깽–인 n. 청바지

□ สูท 쑫– n. 정장, 양복

□ โค้ท 코옫 n. 코트

□ กระโปรง 끄라쁘롱– n. 치마

□ กระโปรงจีบ 끄라쁘롱–찝– 주름치마

= กระโปรงพลีท 끄라쁘롱–쁘릳–

□ กระโปรงสั้น 끄라쁘롱–싼 짧은 치마, 미니스커트

= มินิสเกิร์ต 미니쓰껃–

โรอันใส่กระโปรงสีเขียวครับ(ค่ะ)
로안 싸–이 끄라쁘롱– 씨– 키여–우 크랍(카)
로안은 초록색 치마를 입고 있어요.

□ เสื้อเชิ้ตผู้หญิง 쓰–어츠얻 푸–잉 n. 블라우스, 여성용 셔츠

= เสื้อเบลาซ์ 쓰–어블라–오

□ เดรส 드렌– n. 원피스, 드레스

□ ชุดไทย 춛 타이 n. 쑤타이 (태국 전통 옷)

tip. 태국의 전통 의상인 '쑤타이(ชุดไทย 춛 타이)'는 결혼식이나 중요한 행사에 입는 전통 예복입니다.

□ ชุดแต่งงาน 춛–땡–응–안 n. 웨딩드레스

□ ชุดราตรี 춛–라–뜨리– n. 이브닝 드레스

□ กางเกงใน 깡–깽–나이 n. 속옷(남녀 공용)

□ ชุดชั้นใน 춛찬 나–이 n. 속옷(여성용)

□ ชุดนอน 춛넌– n. 잠옷

□ ชุดว่ายน้ำ 춛와–이 남– n. 수영복

□ ชุดออกกำลังกาย 춛억–깜–랑까–이 n. 운동복

□ เสื้อกันฝน 쓰–어깐폰 n. 우비

□ มาส์กหน้ากาก 막- 나-깍- n. 마스크

□ หมวกกันน็อค 무-억깐넉- n. 헬멧

ตอนขี่มอเตอร์ไซค์ต้องใส่มาส์กหน้ากากกับหมวกกันน็อคครับ(ค่ะ)
떤- 키- 머-떠-싸이 떵- 싸-이 막- 나-깍- 깝 무-억깐넉- 크랍(카)
오토바이를 탈 땐 마스크와 헬멧을 꼭 써야 해요.

□ เสื้อกันแดด 쓰-어깐댇- n. 햇빛을 가리기 위한 옷

tip. 태국 사람들은 햇볕에 타는 것을 매우 싫어하는 편이라 얇은 긴팔류의 옷을 입습니다.

□ ผ้าพันคอ 파-판커- n. 스카프, 목도리

□ เข็มขัด 켐 칻 n. 허리띠, 벨트

□ เนคไท 넥-타이 n. 넥타이

□ ถุงเท้า 퉁타-오 n. 양말

□ รองเท้า 렁-타-오 n. 신발

- □ รองเท้าหนัง 렁-타-오 낭 n. 가죽 구두
- □ รองเท้าผ้าใบ 렁-타-오 파-바-이 n. 운동화
- □ รองเท้าบูท 렁-타-오붇- n. 장화
- □ รองเท้ารัดส้น 렁-타-오랃쏜 n. 샌들
- □ รองเท้าแตะ 렁-타-오때 n. 슬리퍼
- □ รองเท้าใส่ในบ้าน 렁-타-오싸-이나-이반- n. 실내화

ปกติแล้วฉันชอบสวมรองเท้าผ้าใบครับ(ค่ะ)
뽀까띠 래-우 찬 첩- 쑤-엄 렁-타-오 파-바-이 크랍(카)
저는 주로 운동화를 신어요.

□ หมวก 무-억 n. 모자

- □ หมวกแก๊ป 무-억 깹- n. 야구 모자

□ ถุงมือ 퉁므– n. 장갑

□ แว่นตา 웬–따– n. 안경

□ แว่นตากันแดด 웬–따–깐댇– n. 선글라스

□ กระเป๋า 끄라빠–오 n. 가방, 주머니

□ กระเป๋าเป้ 끄라빠–오 뻬– n. 배낭

□ กระเป๋าถือ 끄라빠–오트– n. 핸드백

□ กระเป๋าเดินทาง 끄라빠–오던탕– n. 여행용 가방

□ กระเป๋าสตางค์ 끄라빠–오 싸땅– n. 지갑

ผม(ฉัน)โดนโจรล้วงกระเป๋าสตางค์ที่สวนสาธารณะครับ(ค่ะ)
폰(찬) 돈–쫀–루–엉 끄라빠–오 싸땅– 티– 쑤–언 싸–타–라나 크랍(카)
공원에서 지갑을 소매치기 당했어요.

□ อัญมณี 안야마니 n. 보석

□ เครื่องประดับ 크르–엉쁘라답 n. 장신구, 액세서리

□ สร้อยคอ 싸–이커– n. 목걸이

□ สร้อยข้อมือ 싸–이커–므– n. 팔찌

□ ต่างหู 땅–후– n. 귀걸이

□ แหวน 웬– n. 반지

□ เข็มกลัด 켐끄랃 n. 브로치

□ เหมาะ 머 v. 어울리다

□ สวมใส่ 쑤–엄싸–이 v. 착용하다

□ ปกเสื้อ 뽁쓰–어 n. 옷깃

= คอเสื้อ 커–쓰–어

□ แขนเสื้อ 캔–쓰–어 n. 소매

□ เสื้อแขนสั้น 쓰–어캔–싼 n. 반팔

□ เสื้อแขนยาว 쓰–어캔–야–우 n. 긴팔

□ เสื้อแขนกุด 쓰–어캔–꾿 n. 민소매

= เสื้อกล้าม 쓰–어끄람–

□ ซิป 씹 n. 지퍼

□ ซิปกางเกง 씹 깡–깽– 바지 지퍼

ซิปกางเกงยีนส์เสียครับ(ค่ะ)
씹 깡–깽– 인– 씨–야 크랍(카)
청바지 지퍼가 고장났어요.

□ ผ้าไหม 파–마이 n. 비단, 실크

□ ผ้าฝ้าย 파–파–이 n. 면, 면직물

□ ขนแกะ 콘깨 n. 양모

โค้ทตัวนี้ทำจากขนแกะ90%ครับ(ค่ะ)
콛 뚜어니– 탐–짝– 콘깨 까–오씹– 뻐쎈– 크랍(카)
이 코트는 양모 90%예요.

□ เส้นใยสังเคราะห์ 쎈–야–이 쌍– 크라오 n. 합성섬유

□ หนัง 낭 n. 가죽; 영화

เสื้อกันหนาวที่เป็นหนังต้องซักอย่างไรครับ(คะ)
쓰–어 깐 나–우 티– 뻰 낭 떵– 싹 양–라이 크랍(카)?
가죽 점퍼는 어떻게 세탁하나요?

□ ลาย 라–이 n. 무늬

□ ลายทาง 라–이탕– n. 줄무늬

□ ลายจุด 라–이쭏 n. 물방울무늬

□ งานเย็บปักถักร้อย 응-안 옙 빡 탁러-이 n. 자수

□ จักรเย็บผ้า 짝옙파- n. 재봉틀

□ เข็ม 켐 n. 바늘

□ ด้าย 다-이 n. 실

11. 새 옷

꼭! 써먹는 **실전 회화**

เบธ 벤 ฉันต้องเตรียมชุดที่จะใส่ไปงานแต่งงานของน้องสาวซะแล้ว
찬 떵- 뜨리-얌 춛 티- 싸-이 빠이 응-안 땡-응-안 컹- 넝-싸-우 싸 래-우
여동생 결혼식에서 입을 새 옷을 장만해야겠어.

ผิ้ง 풍 มีชุดที่กำลังหาอยู่ไหม
미- 춛 티- 깜-랑 하- 유- 마이?
특별히 찾는 게 있니?

เบธ 벤 กำลังหาชุดไทยสีเหลืองอยู่
깜-랑 하- 춛타이 씨- 르-엉 유-
노란색 태국 전통 옷을 찾고 있어.

ผิ้ง 풍 งั้นไปดูที่ร้านกันไหม
응-안 빠이 두- 티- 란- 깐 마이?
그럼 한번 보러 갈래?

ตอนที่ 12.

음식 อาหาร 아-한-

□ อาหาร 아-한-
n. 음식, 식품

□ ข้าวสาร 카-우 싼-
n. 쌀

□ ข้าวผัด 카-우 팟
n. 볶음밥

□ แกง 깽-
n. 국

□ เนื้อสัตว์ 느-어쌋
n. 고기

□ เนื้อวัว 느-어 우어
n. 소고기

□ เนื้อหมู 느-어 무-
n. 돼지고기

□ เนื้อไก่ 느-어 까이
n. 닭고기

□ เนื้อแกะ 느-어 깨
n. 양고기

□ อาหารทะเล
아-한-탈래-
n. 해산물

□ ปลา 쁠라-
n. 생선

□ ปลาทูน่า 쁠라- 투-나-
n. 참치

□ ปลาหมึก 쁠라-믁
n. 오징어

□ กุ้ง 꿍
n. 새우

□ หอย 허-이
n. 조개

□ ผัก 팍
n. 채소

□ ถั่ว 투어
n. 콩

□ หอมหัวใหญ่
험–후어야–이
n. 양파

□ กระเทียม 끄라티–얌
n. 마늘

□ พริก 프릭
n. 고추

□ แตงกวา 땡–끄와–
n. 오이

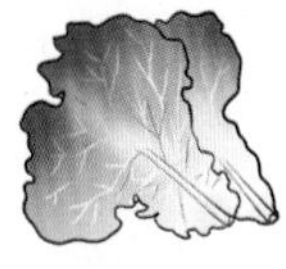

□ ผักกาดหอม 팍깓–험–
n. 상추

□ กะหล่ำปลี 까람–쁘리–
n. 양배추

□ ผักโขม 팍콤–
n. 시금치

□ มะเขือยาว
마크–어 야–우
n. 가지

□ ถั่วงอก 투어응–억
n. 숙주

□ ผักชี 팍–치
n. 고수

□ มะเขือเทศ 마크–어텟–
n. 토마토

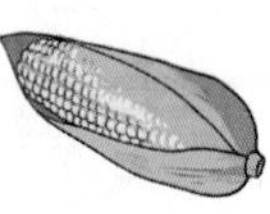

□ ข้าวโพด 카–우폳
n. 옥수수

□ แครอท 캐–럳–
n. 당근

□ หัวไชเท้า 후어차이타-오
n. 무

□ มันฝรั่ง 만파랑
n. 감자

□ มันเทศ 만텟-
n. 고구마

□ ผลไม้ 폰라마이
n. 과일

□ แอปเปิ้ล 애-뻔
n. 사과

□ สาลี่ 싸-리-
n. 배

□ สตรอเบอร์รี่
쓰뜨러-배리-
n. 딸기

□ ส้ม 쏨
n. 오렌지

□ มะนาว 마나-우
n. 라임

□ องุ่น 앙운
n. 포도

□ ลูกพีช 룩- 핃-
n. 복숭아

□ กล้วย 끌루어-이
n. 바나나

□ มะพร้าว 마프라-우
n. 코코넛

□ แตงโม 땡-모-
n. 수박

□ เชอร์รี่ 처-리-
n. 체리

□ มะม่วง 마무-엉
n. 망고

□ แก้วมังกร 깨-우망껀
n. 용과

□ มะละกอ 마라꺼-
n. 파파야

□ มังคุด 망쿧
n. 망고스틴

□ ทุเรียน 투리–얀
n. 두리안

□ สับปะรด 싸빠롣
n. 파인애플

□ เครื่องดื่ม 크르–엉듬–
n. 음료

□ น้ำ 남–
n. 물

□ นม 놈
n. 우유

□ เครื่องปรุง 크르–엉 쁘룽
n. 양념

□ เกลือ 끄르–어
n. 소금

□ น้ำตาล 남–딴–
n. 설탕

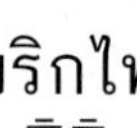

□ พริกไทย 프릭타이
n. 후추

□ น้ำส้มสายชู
남–쏨싸–이추–
n. 식초

□ ซีอิ๊ว 씨–이우
n. 간장

□ ทำอาหาร 탐–아–한–
v. 요리하다

□ หั่น 한
v. 썰다, 자르다

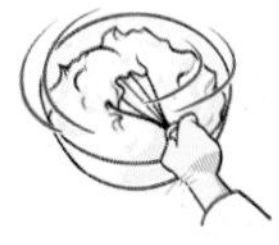

□ ผสม 파쏨
v. 섞다

□ ย่าง 양–
v. 굽다

□ ผัด 팓
v. 볶다

□ ทอด 털–
v. 튀기다

□ อาหาร 아-한- n. 음식, 식품

□ มื้ออาหาร 므-어아-한- n. 식사

□ ข้าวสาร 카-우 싼- n. 쌀

□ ข้าว 카-우 n. 밥

□ ข้าวผัด 카-우 팟 n. 볶음밥

tip. 태국 음식의 이름은 대부분 재료명과 조리 방식을 나타내는 단어를 합성해 만들어졌습니다. 예를 들어
'ข้าว 카-우(밥)+ผัด 팟(볶다)
→ ข้าวผัด 카-우 팟 볶음밥',
'ข้าวผัด 카-우 팟+กุ้ง 꿍(새우)
→ 새우 볶음밥',
'ข้าวผัด 카-우 팟+ไก่ 까이(닭)
→ 닭고기 볶음밥'과 같은 방식입니다.

□ แกง 깽- n. 국

□ เนื้อสัตว์ 느-어쌋 n. 고기

□ เนื้อวัว 느-어 우어 n. 소고기

= เนื้อ 느-어

tip. 태국 사람들은 소고기보다 돼지고기를 선호하는 경우가 많아서 돼지고기 가격이 소고기 가격과 비슷하거나 조금 더 비싸답니다.

□ เนื้อหมู 느-어 무- n. 돼지고기

□ เนื้อไก่ 느-어 까이 n. 닭고기

□ เนื้อแกะ 느-어 깨 n. 양고기

ร้านนั้นบาร์บีคิวเนื้อวัวอร่อยมากครับ(ค่ะ)
란- 난 바-비-키우 느-어 우어 아러-이 막- 크랍(카)
저 가게의 소고기 바비큐는 정말 맛있어요.

□ สปาเกตตี้ 싸빠-깯띠- n. 스파게티

□ พิซซ่า 핏싸- n. 피자

□ แป้ง 뺑- n. 밀가루

□ อาหารทะเล 아-한-탈래- n. 해산물

ผม(ฉัน)ทำข้าวผัดทะเลได้แล้วครับ(ค่ะ)
폼(찬) 탐- 카-우 팟 탈래- 다이 래-우 크랍(카)
해산물 볶음밥을 만드는 데 성공했어요.

□ ปลา 쁠라- n. 생선

□ ปลากะตัก 쁠라– 까딱 n. 멸치

□ ปลาแซลมอน 쁠라– 쌜먼– n. 연어

□ ปลาทูน่า 쁠라– 투–나– n. 참치

□ ปลาหมึก 쁠라–믁 n. 오징어

□ กุ้ง 꿍 n. 새우

□ หอย 허–이 n. 조개

□ ปู 뿌– n. 게

□ ถั่ว 투어 n. 콩

□ ถั่วลันเตา 투어 란 따–오 n. 완두콩

□ ถั่วลิสง 투어 리쏭 n. 땅콩

เด็กๆไม่ชอบกินถั่วครับ(ค่ะ)
덱덱 마이 첩– 낀 투어 크랍(카)
아이들은 콩을 싫어해요.

□ สาหร่าย 싸–라–이 n. 해초

□ ผัก 팍 n. 채소

□ หอมหัวใหญ่ 험–후어야–이 n. 양파

เขาล้างผักทั้งหมดแล้วก็ปอกเปลือกหอมหัวใหญ่แล้วครับ(ค่ะ)
카–우 랑– 팍 탕못 래–우 꺼 뻭–쁠–럭 험–후어야–이 래–우 크랍(카)
그가 채소를 모두 씻고 양파 껍질을 벗겨요.

□ กระเทียม 끄라티–얌 n. 마늘

□ ผักกาดหอม 팍깓–험– n. 상추

□ กะหล่ำปลี 까람–쁘리– n. 양배추

□ ผักโขม 팍콤– n. 시금치

□ พริก 프릭 n. 고추

□ พริกหยวก 프릭히우억 n. 피망

□ แตงกวา 땡–끄와– n. 오이

□ มะเขือยาว 마크–어 야–우 n. 가지

□ ถั่วงอก 투어응–억 n. 숙주

□ ผักชี 팍–치 n. 고수

□ มะเขือเทศ 마크–어텟– n. 토마토

□ ข้าวโพด 카–우폳 n. 옥수수

□ แครอท 캐–럳– n. 당근

□ หัวไชเท้า 후어차이타–오 n. 무

□ มันฝรั่ง 만파랑 n. 감자

□ มันเทศ 만텟– n. 고구마

□ ผลไม้ 폰라마이 n. 과일

□ สุก 쑥 a. 익은

□ แอปเปิ้ล 애–뻔 n. 사과

□ ชมพู่ 촘푸– n. 로즈애플

□ สาลี่ 싸-리- n. 배

□ สตรอเบอร์รี่ 쓰뜨러-배리- n. 딸기

□ ส้ม 쏨 n. 오렌지

□ มะนาว 마나-우 n. 라임

□ องุ่น 앙운 n. 포도

□ ลูกพีช 룩- 핃- n. 복숭아

□ กล้วย 끌루어-이 n. 바나나

□ มะพร้าว 마프라-우 n. 코코넛

□ แตงโม 땡-모- n. 수박

□ เชอร์รี่ 처-리- n. 체리

□ มะม่วง 마무-엉 n. 망고

□ มะม่วงสีเขียว 마무-엉 씨-키여-우 n. 그린망고

□ มังคุด 망쿧 n. 망고스틴

□ อะโวคาโด 아오-카-도- n. 아보카도

□ แก้วมังกร 깨-우망껀 n. 용과

□ มะละกอ 마라꺼- n. 파파야

□ ทุเรียน 투리-얀 n. 두리안

ทุเรียนได้ชื่อว่าเป็นราชาแห่งผลไม้ครับ(ค่ะ)
투리-얀 다이 츠- 와- 뺀 라-차-행- 폰라마이 크랍(카)
두리안은 과일의 왕이라고 불려요.

□ สับปะรด 싸빠롣 n. 파인애플

□ เมล่อน 메-런- n. 멜론

□ ขนุน 카눈 n. 잭프루트

□ เครื่องดื่ม 크르-엉듬- n. 음료

□ น้ำ 남- n. 물

□ ขวด 쿠-얻 n. 병

□ แก้ว 깨-우 n. 컵, 잔

ขอน้ำแก้วหนึ่งครับ(ค่ะ)
커- 남- 깨-우 능 너-이 크랍(카)
물 한 잔 주세요.

□ นม 놈 n. 우유

□ ไวน์ 와이 n. 와인, 포도주

□ ชา 차- n. 차

□ เครื่องปรุง 크르-엉 쁘룽 n. 양념

□ เกลือ 끄르-어 n. 소금

□ น้ำตาล 남-딴- n. 설탕

อย่าใส่น้ำตาลในกาแฟของผม(ฉัน)นะครับ(นะคะ)
야- 싸-이 남-딴- 나-이 까-페- 컹- 폼(찬) 나 크랍(나 카)
제 커피에는 설탕을 넣지 마세요.

□ พริกไทย 프릭타이 n. 후추

□ น้ำส้มสายชู 남-쏨싸-이추- n. 식초

□ ซีอิ๊ว 씨–이우 n. 간장

□ น้ำมัน 남–만 n. (요리용) 기름; (석유와 같은) 오일

□ น้ำมันสัตว์ 남–만쌋 n. 동물성 기름

□ น้ำมันพืช 남–만플– n. 식물성 기름

□ น้ำมันมะกอก 남–만마꺽– n. 올리브유

□ มายองเนส 마–영–넷 n. 마요네즈

□ มัสตาร์ด 맛쓰딴– n. 겨자, 머스터드

□ ซอสมะเขือเทศ 썻–마크–어텟– n. 케첩

□ น้ำปลา 남–쁠라– n. 피쉬 소스

tip. 피쉬 소스는 태국인들이 요리에 즐겨 사용하는 소스로, 태국 요리의 간을 맞출 때 요긴하게 쓰입니다.

□ ซอสพริก 썻–프릭 n. 칠리 소스

□ แยม 얨– n. 잼

□ เนย 너–이 n. 버터

□ แป้งผสม 뺑–파쏨 n. 반죽

□ ทำอาหาร 탐–아–한– v. 요리하다

□ วิธีทำอาหาร 위티–탐–아–한– n. 요리법

tip. 'วิธี 위티–(방법)'와 'ทำอาหาร 탐–아–한–(요리)'의 합성어입니다.

คุณแม่ของผม(ฉัน)รู้วิธีการทำแกงให้อร่อยครับ(ค่ะ)
쿤매– 컹– 폼(찬) 루– 위티– 깐–탐–깽– 하–이 아러–이 크랍(카)
우리 어머니는 맛있는 찌개 요리법을 알고 계세요.

tip. 'วิธีทำ 위티–탐–+요리이름'으로 음식을 말합니다.

□ ปอกเปลือก 뻑–쁠르–억 v. 껍질을 벗기다

□ หั่น 한 v. 썰다, 자르다

□ สับ 쌉 v. 다지다

□ ผสม 파쏨 v. 섞다

□ ริน 린 v. 붓다

□ ทำให้สุก 탐-하-이쑥 v. 익히다

□ ย่าง 양- v. 굽다

□ ผัด 팓 v. 볶다

□ ต้ม 똠 v. 끓이다; 삶다

ต้มน้ำซุปอีกประมาณ10นาทีครับ(ค่ะ)
똠남-쑵 익- 쁘라만- 씹- 나-티- 크랍(카)
국을 10분 정도 더 끓이세요.

□ ทอด 텉- v. 튀기다

□ ลวก 루-억 v. 데치다

□ เผา 파-오 v. 태우다

□ อุ่น 운 v. 예열하다 a. 따뜻한

□ ทำให้ละลาย 탐- 하-이 라라-이 v. 녹이다, 해동하다

□ แช่แข็ง 채-캥 v. 냉동하다

□ มีด 믿- n. 칼

□ เขียง 키-양 n. 도마

□ ทัพพี 탑피- n. 국자

☐ **หม้อ** 머– n. 냄비

☐ **กระทะ** 끄라타 n. 프라이팬

☐ **ชาม** 참– n. 그릇

☐ **ภาชนะ** 파–차나 n. 식기

☐ **จาน** 짠– n. 접시

☐ **ช้อน** 천– n. 숟가락

☐ **ตะเกียบ** 따끼–얍 n. 젓가락

☐ **ถาด** 탇– n. 쟁반

12. 저녁 메뉴

꼭! 써먹는 **실전 회화**

ผึ้ง
풍

เย็นวันนี้กินอะไรดี
옌 완니– 낀 아라이?
오늘 저녁에 뭐 먹을까?

ต้อ
떠–

สั่งพิซซ่ากันไหม
쌍 핏 싸–깐 마이?
피자 시킬까?

ผึ้ง
풍

ไม่ล่ะ ในตู้เย็นไม่มีอะไรกินเหรอ
마이라 나–이 뚜–옌 마이 미– 아라이 낀 르–?
아니, 냉장고에는 뭐 먹을 거 없어?

ต้อ
떠–

มีปลา เอาปลาไปย่างไหมล่ะ
미– 쁠라– 아–오 쁠라– 빠이 양– 마이 라?
생선 있어. 그거 구울까?

ตอนที่ 13.

취미 งานอดิเรก 응-안아디렉-

□ งานอดิเรก
응-안아디렉-
n. 취미

□ การออกกำลังกาย 깐-억-깜-랑까-이
n. 운동

□ วิ่งจ๊อกกิ้ง 윙 쩌-낑
n. 조깅

□ การว่ายน้ำ 깐-와-이남-
n. 수영

□ แบดมินตัน 뺃-민딴
n. 배드민턴

□ วิ่ง 윙
v. 달리다, 뛰다

□ ว่ายน้ำ 와-이남-
v. 수영하다

□ เทนนิส 테-닏
n. 테니스

□ ฟุตบอล 풑번-
n. 축구

□ เบสบอล 베-쓰번-
n. 야구

□ วอลเล่ย์บอล
왈-러-이번-
n. 배구

□ บาสเก็ตบอล
바-쓰껟번-
n. 농구

□ ปิงปอง 삥뻥-
n. 탁구

□ กอล์ฟ 껍-
n. 골프

□ โยคะ 요카
n. 요가

□ มวยไทย 무어-이타이
n. 무에타이

□ ดนตรี 돈뜨리–
n. 음악

□ ฟัง 팡
v. 듣다

□ เพลง 플랭– n. 노래

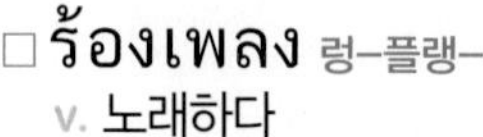

□ ร้องเพลง 렁–플랭–
v. 노래하다

□ นักร้อง 낙렁–
n. 가수

□ เล่น 렌–
v. 연주하다

□ เครื่องดนตรี
크르–엉돈뜨리–
n. 악기

□ เปียโน 삐–아노–
n. 피아노

□ ไวโอลิน 와이올–린
n. 바이올린

□ เชลโล่ 첸–로–
n. 첼로

□ ฟลุต 프룯–
n. 플루트

□ กีตาร์ 끼–따–
n. 기타

□ กลอง 끌렁–
n. 북, 드럼

□ คอนเสิร์ต 컨–썯
n. 콘서트

□ โอเปร่า 오–뻬라–
n. 오페라

□ ละครเพลง 라컨플랭–
n. 뮤지컬

□ภาพยนตร์ 파-파욘
= หนัง 낭
n. 영화

□ดูหนัง 두-낭
v. 영화를 보다

□โรงภาพยนตร์ 롱-파-파욘
n. 영화관, 극장

□ผู้กำกับภาพยนตร์
푸- 깜-깝 파-파욘
n. 영화감독

□นักแสดง 낙싸댕- n. 배우

□พระเอก 프라엑- n. 주인공, 남자 주인공

□ตัวประกอบ 뚜어- 쁘라껍-
n. 엑스트라

□หนังสือ 낭쓰-
n. 책; 글

□ร้านหนังสือ 란-낭쓰-
n. 서점

□อ่าน 안-
v. 읽다

□นิยาย 니야-이
n. 소설

□กลอน 끌-런
n. 시

□นิตยสาร 니따야싼-
n. 잡지

□หนังสือพิมพ์ 낭쓰-핌
n. 신문

□ ถ่าย 타-이
v. 촬영하다

□ ถ่ายรูป 타-이룹-
v. 사진을 찍다

□ กล้องถ่ายรูป
끌렁-타-이룹-
n. 카메라

□ รูปถ่าย 룹-타-이
n. 사진

□ วาดรูป 왇-룹-
v. 그림을 그리다

□ พู่กัน 푸-깐
n. 붓

□ สี 씨-
n. 색

□ สีน้ำ 씨-남-
n. 물감

□ เกม 겜-
n. 게임

□ หมากรุก 마-끄룩
n. 체스

□ ปีนเขา 삔-카-오
v. 등산하다(클라이밍)

□ เดินเล่น 던-렌-
v. 산책하다

□ ตั้งแคมป์ 땅캠-
n. 캠핑

□ ตกปลา 똑쁠라-
n. 낚시

□ จัดดอกไม้ 짣 덕-마이
n. 꽃꽂이

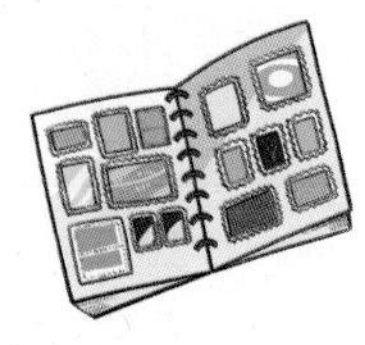

□ สะสม 싸쏨
n. 수집

□ งานอดิเรก 응-안아디렉- n. 취미

มีงานอดิเรกอะไรครับ(คะ)
미- 응-안아디렉- 아라이 크랍(카)?
취미가 뭐예요?

□ เวลาว่าง 웰라-왕- n. 여가

□ ความบันเทิง 쾀-반틍 n. 오락

□ ออกกำลังกาย 억-깜-랑까-이 v. 운동하다

□ การออกกำลังกาย 깐-억-깜-랑까-이 n. 운동

□ การแข่งขัน 깐-캥-칸 n. 경기, 시합

□ การแข่งปั่นจักรยาน 깐-캥 빤 짝끄라얀- 자전거 경기

□ วิ่ง 윙 v. 달리다, 뛰다

□ วิ่งจ๊อกกิ้ง 윙 쩌-낑 n. 조깅

คุณพงษ์วิ่งจ๊อกกิ้งทุกเช้าครับ(ค่ะ)
쿤 펑 윙 쩌-낑 툭 차-오 크랍(카)
펑 씨는 아침마다 조깅을 해요.

□ โรงยิม 롱-임 n. 체육관

□ ฟิตเนส 핃뜨네-쓰 n. 헬스클럽

□ ว่ายน้ำ 와-이남- v. 수영하다

□ การว่ายน้ำ 깐-와-이남- n. 수영

□ สระว่ายน้ำ 싸 와-이남- n. 수영장

อากาศร้อนๆไปว่ายน้ำดีที่สุดครับ(ค่ะ)
아-깟 런-런- 빠이 와-이남- 디- 티-쑫 크랍(카)
더운 날에는 수영이 최고예요.

□ เทนนิส 테-닏 n. 테니스

□ แบดมินตัน 뱉-민딴 n. 배드민턴

พ่อหลงใหลในแบดมินตันมากครับ(ค่ะ)
퍼- 롱라-이 나-이 뱉-민딴 막- 크랍(카)
아빠는 배드민턴에 푹 빠졌어요.

□ แร็คเก็ต 랙껟 n. 라켓

□ ลูกบอล 룩-번- n. 공

□ ฟุตบอล 풑번- n. 축구

□ เบสบอล 베-쓰번- n. 야구

□ บาสเก็ตบอล 바-쓰껟번- n. 농구

□ วอลเล่ย์บอล 왈-러-이번- n. 배구

□ ปิงปอง 삥뻥- n. 탁구

□ โยคะ 요카 n. 요가

□ กอล์ฟ 껍- n. 골프

สามีภรรยาบ้านข้างๆไปตีกอล์ฟกันทุกวันหยุดสุดสัปดาห์ครับ(ค่ะ)
싸-미- 판-야- 반- 캉-캉- 빠이 띠- 껍- 깐 툭 완윧 쌉다- 크랍(카)
옆집 부부는 주말마다 골프를 치러 가요.

□ มวย 무어-이 n. 권투

□ มวยไทย 무어-이타이 n. 무에타이

tip. 태국의 전통 무예 무에타이(**มวยไทย** 무어-이타이)는 인기가 매우 높아 중요한 경기 관람권은 웬만해선 구하기 힘들 정도예요.

□ สกี 쓰끼– n. 스키

□ สเก็ต 쓰껜 n. 스케이트

ไปเล่นสเก็ตกับฉันไหม
빠이 렌 쓰껜 깝 찬 마이?
나랑 스케이트 타러 갈래?

□ โรลเลอร์สเก็ต 롤러–쓰껜 n. 롤러스케이트, 인라인스케이트

□ ลานสเก็ตน้ำแข็ง 란–쓰껜남–캥– n. 아이스링크

□ ดนตรี 돈뜨리– n. 음악

□ ฟัง 팡 v. 듣다

□ เพลง 플랭– n. 노래

□ ร้องเพลง 렁–플랭– v. 노래하다

□ แต่งเพลง 땡–플랭– v. 작곡하다

□ นักแต่งเพลง 낙땡–플랭– n. 작곡가

□ ซีดีเพลง 씨–디–플랭– n. 음반

□ นักร้อง 낙렁– n. 가수

นักร้องที่ชอบคือใครครับ(คะ)
낙렁– 티– 첩– 크– 크라–이 크랍(카)?
좋아하는 가수는 누구인가요?

□ ทำนอง 탐–넝– n. 멜로디, 선율

□ ประเภท 쁘라펫– n. 장르

= แนว 내–우

□ เล่น 렌– v. 연주하다

□ เครื่องดนตรี 크르–엉돈뜨리– n. 악기

คุณมินเล่นเครื่องดนตรีอะไรได้บ้างไหมครับ(คะ)
쿤 민 렌–크르–엉돈뜨리– 아라이 다이방– 마이 크랍(카)?
민 씨는 다룰 수 있는 악기가 있나요?

□ เปียโน 삐–아노– n. 피아노

□ ไวโอลิน 와이올–린 n. 바이올린

□ เชลโล่ 첸–로– n. 첼로

□ ฟลุต 프룯– n. 플루트

□ ฮาร์ป 합– n. 하프

□ กีตาร์ 끼–따– n. 기타

□ กลอง 끌렁– n. 북, 드럼

□ คอนเสิร์ต 컨–썯 n. 콘서트

อาทิตย์หน้าจะไปคอนเสิร์ตK-POPครับ(ค่ะ)
아–틷 나– 짜 빠이 컨–썯 케–팝 크랍(카)
다음주에 K–POP 콘서트에 가요.

□ ออเคสตรา 어–케–쓰뜨라– n. 오케스트라

□ โอเปร่า 오–뻬라– n. 오페라

□ ละครเพลง 라컨플랭– n. 뮤지컬

□ ดูหนัง 두–낭 v. 영화를 보다

□ ภาพยนตร์ 파-파욘 n. 영화

= หนัง 낭

□ ภาพยนตร์แอ็คชั่น 파-파욘액싼 n. 액션 영화

□ ภาพยนตร์การ์ตูน 파-파욘까뚠- n. 만화 영화

□ ภาพยนตร์เพื่อความบันเทิง 파-파욘프-어쾀-반틍 n. 코미디 영화

□ ภาพยนตร์สยองขวัญ 파-파욘싸영-크완 n. 공포 영화

□ ภาพยนตร์ไซไฟ 파-파욘싸이파이 n. 공상 과학 영화

□ สารคดี 싸-라카디- n. 다큐멘터리

tip. 태국인들은 공포 영화를 좋아하는 편이에요. 사후 세계나 귀신이 있다고 믿는 사람이 많기 때문일까요? 태국에서 공포 영화는 종종 높은 흥행 순위에 오릅니다.

□ โรงภาพยนตร์ 롱-파-파욘 n. 영화관, 극장

ตอนนี้ที่โรงภาพยนตร์กำลังฉายภาพยนตร์เรื่องอะไรอยู่ครับ(คะ)
떤-니- 티- 롱-파-파욘 깜-랑 짜-이 파-파온 르-엉 아라이 유- 크랍(카)?
지금 영화관에서 무슨 영화를 하나요?

□ ภาพยนตร์ที่ฉาย 파-파욘티-차-이 n. 개봉 영화

□ ผู้กำกับภาพยนตร์ 푸- 깜-깝 파-파욘 n. 영화감독

□ นักแสดง 낙싸댕- n. 배우

□ พระเอก 프라엑- n. 주인공, 남자 주인공

□ นางเอก 낭-엑- n. 여자 주인공

□ ตัวประกอบ 뚜어- 쁘라껍- n. 엑스트라

□ หนังสือ 낭쓰- n. 책; 글

□ อ่าน 안– v. 읽다

ปกติแล้วอ่านหนังสือเดือนละประมาณสองเล่มครับ(ค่ะ)
뽀까띠 래–우 안– 낭쓰– 드–언 라 쁘라만– 썽– 램– 크랍(카)
보통 한 달에 책을 두 권 정도 읽어요.

□ เขียน(หนังสือ) 키–얀(낭쓰–) v. (글을) 쓰다

□ ร้านหนังสือ 란–낭쓰– n. 서점

□ วรรณกรรม 완–나깜– n. 문학

□ นิยาย 니야–이 n. 소설

□ กลอน 끌–런 n. 시

□ เรียงความ 리–양쾀– n. 수필

□ นักเขียน 낙키–얀 n. 작가

□ นักเขียนนิยาย 낙키–얀 니야–이 n. 소설가

□ นักเขียนเรียงความ 낙키–얀 리–양쾀– n. 수필가

□ กวี 까위– n. 시인

ความฝันในวัยเด็กของคุณฮุยคือการเป็นนักเขียน
ครับ(ค่ะ)
쾀–판나–이와이 덱 컹– 쿤 후이 크– 깐 뻰 낙키–얀 크랍(카)
후이 씨의 어릴 적 꿈은 작가였어요.

□ หนังสือการ์ตูน 낭쓰–까뚠– n. 만화

□ หนังสือพิมพ์ 낭쓰–핌 n. 신문

□ นิตยสาร 니따야싼– n. 잡지

□ รูปถ่าย 룹–타–이 n. 사진

□ ถ่าย 타–이 v. 촬영하다

□ ถ่ายรูป 타-이룹- v. 사진을 찍다

□ กล้องถ่ายรูป 끌렁-타-이룹- n. 카메라

□ วีดีโอ 위-디-오- n. 동영상, 비디오

□ วาดรูป 왇-룹- v. 그림을 그리다

□ จิตรกร 찌뜨라껀 n. 화가

ถึงฉันจะวาดไม่เก่ง แต่ก็เป็นจิตรกรมือใหม่นะครับ(ค่ะ)
틍 찬 짜 왇- 마이 깽- 때- 꺼 뻰 찌뜨라껀 므- 마-이 나 크랍(카)
잘 그리진 못하지만 저는 아마추어 화가예요.

□ สี 씨- n. 색

□ สีน้ำ 씨-남- n. 물감

□ พู่กัน 푸-깐 n. 붓

□ ผ้าใบ 파-바-이 n. 캔버스

□ เกม 겜- n. 게임

□ หมากรุก 마-끄룩 n. 체스

□ หมากรุกจีน 마-끄룩-찐- n. 장기

□ หมากล้อม 마-끄럼 n. 바둑

= โกะ 꼬

□ ลูกเต๋า 룩-따-오 n. 주사위

□ ปีนเขา 삔-카-오 v. 등산하다(클라이밍)

□ เดินเล่น 던-렌- v. 산책하다

□ ตั้งแคมป์ 땅캠– n. 캠핑

□ ตกปลา 똑쁠라– n. 낚시

□ จัดดอกไม้ 짠 덕–마이 n. 꽃꽂이

□ จัดสวน 짠 쑤–언 정원을 가꾸다

□ ถักไหมพรม 탁 마이 프롬 v. 뜨개질하다

□ สะสม 싸쏨 n. 수집

13. 기타

꼭! 써먹는 **실전 회화**

ผึ้ง 풍
เธอทำอะไรเวลาว่างๆ
터– 탐–아라이 웰라– 왕–왕–?
넌 시간 있을 때 뭐 해?

เบธ 벧
ฉันเล่นกีตาร์
찬 렌– 끼–따–
난 기타를 쳐.

ผึ้ง 풍
เท่จัง ลองเล่นให้ฟังสักเพลงได้ไหม
테–짱! 렁– 렌– 하–이 퐝 싹 플랭– 다이마이?
멋지다! 한 곡 연주해 줄 수 있어?

เบธ 벧
ที่จริงฉันพึ่งจะเริ่มเรียนเมื่อเร็วๆนี้ก็เลยทำได้แค่ดีดเล่นๆ
티– 찡, 찬 풍– 짜 름– 리–얀 므–어 레우레우. 니– 꺼 탐–다이 캐–딛– 렌–렌–
사실, 나 최근에 배우기 시작했어. 겨우 연주만 할 줄 알아.

ตอนที่ 14.

전화 & 인터넷 โทรศัพท์และอินเตอร์เน็ต 토-라쌉 래 인떠-넫

□ โทรศัพท์ 토-라쌉
n. 전화
v. 전화를 걸다

□ รับโทรศัพท์
랍 토-라쌉
전화를 받다

□ วางหูโทรศัพท์
왕- 후- 토-라쌉
전화를 끊다

□ โทรศัพท์มือถือ
토-라쌉 므-트-
n. 휴대 전화

□ สมาร์ทโฟน
싸맏-폰-
n. 스마트폰

□ เบอร์โทรศัพท์
버- 토-라쌉
n. 전화번호

□ ข้อความ 커-쾀-
n. 메시지

□ ส่งข้อความ
쏭 커-쾀-
메시지를 보내다

□ เสียงเรียกเข้า
씨-양 리-양 카-우
n. 벨 소리

□ แบตเตอรี่ 밷-떠-리-
n. 배터리

□ ชาร์จแบต 찯-밷-
v. 충전하다

□ แบตหมด 밷-몯
v. 방전되다

□ เปิดเครื่อง
뻗–크르–엉
v. 켜다

□ ปิดเครื่อง
삗 크르–엉
v. 끄다

□ วีดีโอคอล
위–디–오–컬–
n. 영상 통화

□ เครือข่าย
크르–어 카–이
n. 네트워크

□ ไวไฟ 와이파이
= เครือข่ายไร้สาย
크르–어 카–이 라이 싸–이
n. 와이파이, 무선네트워크

□ อินเตอร์เน็ต
인떠–넷
n. 인터넷

□ อีเมล 이–멜–
n. 이메일

□ การช็อปปิ้งออนไลน์
깐–첩–삥 언–라인
n. 온라인 쇼핑

□ เกมออนไลน์
겜– 언–라인
n. 온라인 게임

□ ดาวน์โหลด 다–운롣–
n. 다운로드
v. 다운로드하다

□ ปรับปรุง 쁘랍쁘룽
n. 업데이트
v. 업데이트하다

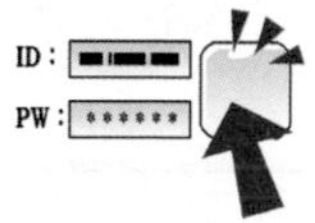

□ ล็อกอิน 럭–인
v. 로그인하다

□ คอมพิวเตอร์
컴-피우떠-
n. 컴퓨터

□ โน้ตบุ๊ค 놑붘
n. 랩톱 컴퓨터, 노트북 컴퓨터

□ แท็บเล็ตPC
탭랱피-씨-
n. 태블릿 PC

□ หน้าจอ 나-쩌-
n. 모니터, 화면

□ คีย์บอร์ด 키-벋-
= แป้นพิมพ์ 빼-핌
n. 키보드, 자판

□ พิมพ์ 핌
v. (키보드를) 치다, 입력하다

□ เม้าส์ 마-웃
n. 마우스

□ เม้าส์ไร้สาย
마-웃 라이 싸-이
n. 무선 마우스

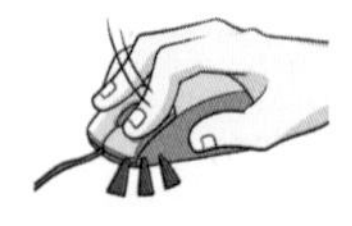

□ คลิก 크릭
v. 클릭하다

□ ฮาร์ดดิสก์ 할-디쓱
n. 하드디스크

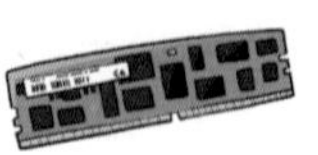

□ แรม 램-
n. 램(RAM)

□ โปรแกรม 쁘로-끄램-
n. 프로그램

□ ปริ้นเตอร์ 쁘린떠–
n. 프린터

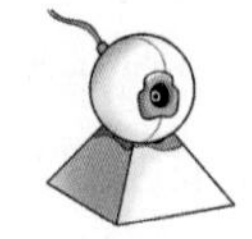

□ เว็บแคม 웹캠–
n. 웹캠

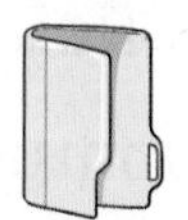

□ โฟลเดอร์ 폰–더–
n. 폴더

□ ไฟล์ 파인
n. 파일

□ เซฟ 쎕–
= บันทึก 반특
v. 저장하다

□ ลบ 롭
v. 지우다, 삭제하다
n. 빼기

□ การป้องกันความปลอดภัย
깐–뻥–깐 쾀–쁠–럳파이
n. 보안

□ ไวรัส(คอมพิวเตอร์)
와이랏(컴–피우떠–)
n. (컴퓨터) 바이러스

□ โซเชียลเน็ตเวิร์ค
쏘–씨–얀넫웍
n. 소셜네트워크, SNS

□ บล็อก 블러–끄
n. 블로그

□ แอพพลิเคชั่น
애플리케–찬
n. 애플리케이션

□ **โทรศัพท์** 토–라쌉 n. 전화 v. 전화를 걸다

□ **โทรศัพท์มือถือ** 토–라쌉 므–트– n. 휴대 전화

ช่วยบอกเบอร์โทรศัพท์หน่อยได้ไหมครับ(คะ)
추어–이 벅– 버– 토–라쌉 너–이 다이 마이 크랍(카)?
휴대 전화 번호를 알려 주시겠어요?

□ **สมาร์ทโฟน** 싸맏–폰– n. 스마트폰

□ **รับโทรศัพท์** 랍 토–라쌉 전화를 받다

□ **วางหูโทรศัพท์** 왕– 후– 토–라쌉 전화를 끊다

โทรศัพท์โดนตัดไปตอนที่กำลังคุยอยู่ครับ(ค่ะ)
토–라쌉 돈–딴 빠이 떤– 티– 깜–랑 쿠이 유– 크랍(카)
이야기 도중에 전화가 끊어졌어요.

□ **เบอร์โทรศัพท์** 버– 토–라쌉 n. 전화번호

□ **ข้อความ** 커–쾀– n. 메시지

จะฝากข้อความไว้ไหมครับ(คะ)
짜 팍– 커– 쾀–와이 마이 크랍(카)?
메시지를 남기겠어요?

□ **ส่ง** 쏭 v. 보내다; 제출하다

□ **ส่งข้อความ** 쏭 커–쾀– 메시지를 보내다

□ **เสียงเรียกเข้า** 씨–양 리–양 카–우 n. 벨 소리

□ **แบตเตอรี่** 뱉–떠–리– n. 배터리

□ **ชาร์จแบต** 찰–뱉– v. 충전하다

□ **ชาร์จ** 찰– n. 충전기

□ แบตหมด 뱉-몯 v. 방전되다

□ เปิดเครื่อง 뻗-크르-엉 v. 켜다

□ ปิดเครื่อง 삗 크르-엉 v. 끄다

□ วีดีโอคอล 위-디-오-컬- n. 영상 통화

□ เครือข่าย 크르-어 카-이 n. 네트워크

□ ไวไฟ 와이파이 n. 와이파이, 무선네트워크

= เครือข่ายไร้สาย 크르-어 카-이 라이 싸-이

□ อินเตอร์เน็ต 인떠-넽 n. 인터넷

มีปัญหาด้านเครือข่ายตอนนี้เลยใช้อินเตอร์เน็ตไม่ได้ครับ(ค่ะ)
미- 빤하- 단- 크르-어 카-이 떤-니- 러-이 차-이 인떠-넫 마이 다이 크랍(카)
네트워크 문제로 지금 인터넷을 쓸 수 없어요.

□ ล็อกอิน 럭-인 v. 로그인하다

□ อีเมล 이-멜- n. 이메일

รายละเอียดจะส่งให้ทางอีเมลครับ(ค่ะ)
라-이 라 이-엳 짜 쏭 하-이 탕- 이-멜- 크랍(카)
자세한 이야기는 이메일로 전달할게요.

□ ออนไลน์ 언-라인 n. 온라인

□ เกมออนไลน์ 겜- 언-라인 n. 온라인 게임

□ การช็อปปิ้งออนไลน์ 깐-첩-삥 언-라인 n. 온라인 쇼핑

ผม(ฉัน)ช็อปปิ้งออนไลน์อยู่บ่อยๆครับ(ค่ะ)
폼(찬) 첩-삥 언-라인 유- 버-이 버-이 크랍(카)
전 온라인 쇼핑을 자주 해요.

□ เชื่อมต่อ 츠-엄떠- v. 접속하다

□ บัญชีผู้ใช้ 반치-푸-차-이 n. 계정

= แอคเคาท์ 액-카-우

□ เข้าร่วม 카-우루-엄 v. 가입하다; 참여하다

□ ยกเลิก 욕 르억 v. (회원) 탈퇴하다, 폐지하다, 버리다, 취소하다

□ ดาวน์โหลด 다-운롣- n. 다운로드 v. 다운로드하다

ดาวน์โหลดวินโดว์ เวอร์ชั่นใหม่ล่าสุดแล้วครับ(ค่ะ)
다-운롣- 윈도- 애- 찬 마-이 라- 쑫 래-우 크랍(카)
윈도 최신 버전을 다운로드했어요.

□ ปรับปรุง 쁘랍쁘룽 n. 업데이트 v. 업데이트하다

□ คอมพิวเตอร์ 컴-피우떠- n. 컴퓨터

□ โน้ตบุ๊ค 녿북 n. 랩톱 컴퓨터, 노트북 컴퓨터

□ แท็บเล็ตPC 탭랟피-씨- n. 태블릿 PC

□ หน้าจอ 나-쩌- n. 모니터, 화면

□ คีย์บอร์ด 키-벋- n. 키보드, 자판

= แป้นพิมพ์ 빤-핌

□ พิมพ์ 핌 v. (키보드를) 치다, 입력하다

เขาเอาแต่นั่งพิมพ์คีย์บอร์ดทั้งวันครับ(ค่ะ)
카-오 아-오 때- 낭핌 키-벋- 탕완 크랍(카)
그는 하루 종일 키보드만 두드리고 있어요.

□ เม้าส์ 마-웃 n. 마우스

□ เม้าส์ไร้สาย 마-웃 라이 싸-이 n. 무선 마우스

เปลี่ยนเม้าส์เป็นเม้าส์ไร้สายแล้วครับ(ค่ะ)
쁠리-얀 마웃- 뻰- 마-웃 라이 싸-이 래-우 크랍(카)
무선 마우스로 바꿨어요.

□ แผ่นรองเม้าส์ 팬-렁-마-웃 n. 마우스패드

□ คลิก 크릭 v. 클릭하다

□ ยูเอสบี 유-에쓰삐- n. USB

□ ฮาร์ดดิสก์ 할-디쓱 n. 하드디스크

□ แรม 램- n. 램(RAM)

□ โปรแกรม 쁘로-끄램- n. 프로그램

□ ติดตั้ง 띧땅 v. 설치하다

□ ปริ้นเตอร์ 쁘린떠- n. 프린터

เครื่องปริ้นเตอร์เลเซอร์ปริ้นท์ดีครับ(ค่ะ)
크르-엉 쁘린떠- 레-써- 쁘린- 디- 크랍(카)
레이저 프린터라 인쇄가 잘 돼요.

□ เครื่องสแกน 크르-엉쓰깬- n. 스캐너

□ เครื่องถ่ายเอกสาร 크르-엉타-이 엑-까싼- n. 복사기

□ เว็บแคม 웹캠- n. 웹캠

□ พื้นหลังหน้าจอคอมพิวเตอร์ 픈-랑 나-쩌-컴-피우떠- n. 배경화면

□ โฟลเดอร์ 폰-더- n. 폴더

□ ไฟล์ 파인 n. 파일

□ เซฟ 쎕– v. 저장하다
= บันทึก 반특

tip. 영어 save를 태국어 발음으로 표기한 เซฟ 쎕–을 더 빈번하게 사용합니다.

เซฟไฟล์ไว้ในโฟลเดอร์ที่เดสก์ทอปแล้วครับ(ค่ะ)
쎕– 파이 와이 나–이 폰–더– 티– 데–쓰텁– 래–우 크랍(카)
바탕화면에 있는 폴더에 파일을 저장했어요.

□ ลบ 롭 v. 지우다, 삭제하다 n. 빼기

ลบโปรแกรมที่ไม่มีประโยชน์ออกเถอะครับ(ค่ะ)
롭 쁘로–끄램– 티– 마이 미– 쁘라욧– 억– 터 크랍(카)
쓸모없는 프로그램은 삭제하세요.

□ การป้องกันความปลอดภัย 깐–뻥–깐 쾀–쁠–럳파이 n. 보안

□ ไวรัส(คอมพิวเตอร์) 와이랏(컴–피우떠–) n. (컴퓨터) 바이러스

ดูเหมือนคอมพิวเตอร์ของผม(ฉัน)จะติดไวรัสเสียแล้วครับ(ค่ะ)
두– 머– 컴–피우떠– 컹– 폼(찬) 짜 띧 와이랏 씨–야 래–우 크랍(카)
제 컴퓨터가 바이러스에 감염된 것 같아요.

□ การแฮคกิ้ง 깐–해–낑 n. 해킹

□ อีเมลขยะ 이–멜–카야 n. 스팸 메일

□ โซเชียลเน็ตเวิร์ค 쏘–씨–얀넫웍 n. 소셜네트워크, SNS

ผม(ฉัน)คิดว่าการเล่นโซเชียลเน็ตเวิร์คทำให้เสียเวลาครับ(ค่ะ)
폼(찬) 킨 와– 깐–렌– 쏘–씨–얀넫웍 탐–하–이 씨–야 웰라– 크랍(카)
전 SNS는 시간 낭비라고 생각해요.

□ บล็อก 블러–끄 n. 블로그

□ แอพพลิเคชั่น 애플리케–찬 n. 애플리케이션

□ ที่สะดวกสบาย 티- 싸두-억 바-이 a. 편리한

□ ที่ใช้ได้จริง 티- 차-이 다이 찡 a. 실용적인

□ ที่มีประโยชน์ 티- 미- 쁘라욧- a. 유용한

14. 이메일

꼭! 써먹는 **실전 회화**

กล้าหาญ 끌라-한-
ได้เช็คอีเมลที่ฉันส่งไปหรือยังคะ
다이 첵 이-멜- 티- 찬 쏭 빠이 르- 양 카?
제가 보낸 이메일 확인했어요?

ต้อ 떠-
ยังไม่ได้ เช็คเลยค่ะ
양 마이 다이, 첵 러-이 카
아니요, 아직이요.

กล้าหาญ 끌라-한-
ถ้าเช็คแล้วช่วยส่งคำตอบกลับมาด้วยนะคะ
타- 첵 래-우 추어-이 쏭 캄-떱- 끌랍 마- 두어-이 나 카
메일 확인하면 답장 부탁해요.

ต้อ 떠-
ตกลงครับ
똑롱 크랍
알겠습니다.

연습 문제

다음 단어를 읽고 맞는 뜻과 연결하세요.

1. อินเตอร์เน็ต •		• 신발
2. อาหาร •		• 영화
3. ออกกำลังกาย •		• 옷
4. หนังสือ •		• 운동하다
5. รองเท้า •		• 음식, 식품
6. ภาพยนตร์ •		• 음악
7. บ้าน •		• 인터넷
8. ดนตรี •		• 전화
9. งานอดิเรก •		• 집
10. คอมพิวเตอร์ •		• 책
11. โทรศัพท์ •		• 취미
12. เสื้อผ้า •		• 컴퓨터

1. อินเตอร์เน็ต – 인터넷 2. อาหาร – 음식, 식품 3. ออกกำลังกาย – 운동하다
4. หนังสือ – 책 5. รองเท้า – 신발 6. ภาพยนตร์ – 영화 7. บ้าน – 집 8. ดนตรี – 음악
9. งานอดิเรก – 취미 10. คอมพิวเตอร์ – 컴퓨터 11. โทรศัพท์ – 전화 12. เสื้อผ้า – 옷

บทที่ 5

학교 โรงเรียน 롱-리-얀

□ **โรงเรียน** 롱-리-얀

n. 학교

□ **นักเรียน** 낙리-얀

n. 학생(초·중·고교)

□ **นักศึกษา** 낙쓱싸-

n. 대학생

□ **โรงเรียนประถมฯ**

롱-리-얀 쁘라톰

n. 초등학교

□ **โรงเรียนมัธยมต้น**

롱-리-얀 마타욤똔

= **ม.ต้น** 머-똔

n. 중학교

□ **โรงเรียนมัธยมปลาย**

롱-리-얀 마타욤쁠라-이

= **ม.ปลาย** 머-쁠라-이

n. 고등학교

□ **มหาวิทยาลัย**

마하-위타야-라이

n. 대학교

□ **คุณครู** 쿤 크루-

n. 교사, 선생님

□ **อาจารย์** 아-짠-

n. 교수

□ ผ่าน 판–
v. 합격하다

□ เข้าศึกษา 카–오쓱싸–
= เข้าเรียน 카–오 리–얀
v. 입학하다

□ ไปโรงเรียน 빠이 롱–리–얀
v. 등교하다

□ มาสาย 마– 싸–이
v. 지각하다

□ ห้องเรียน 헝–리–얀
n. 교실

□ ไม่ผ่าน 마이 판–
v. 불합격하다

□ เรียนจบ 리–얀 쫍
v. 졸업하다(초·중·고)

□ จบการศึกษา 쫍 깐–쓱싸–
v. 졸업하다(대학 이상)

□ เลิกเรียน 르억 리–얀
v. 하교하다

□ ลากลับก่อนเวลา
라– 끄랍 껀–웰라–
v. 조퇴하다

□ คาบเรียน 캅–리–얀
n. 수업

□ สอน 썬–
v. 가르치다

□ ศึกษา 쓱싸–
= เรียน 리–얀
v. 배우다, 공부하다

□ คำถาม 캄–탐–
n. 질문 v. 질문하다

□ คำตอบ 캄–떱– n. 대답, 답안

□ ตอบ 떱– v. 대답하다

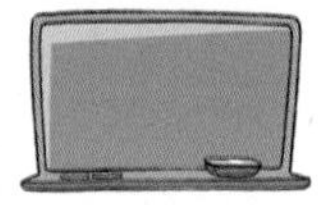

□ กระดาน 끄라단–
n. 칠판

□ ชอล์ก 척–
n. 분필

□ แปรงลบกระดาน
쁘랭–롭끄라단–
n. 칠판지우개

□ หนังสือเรียน
낭쓰–리–얀
n. 교과서, 교재

□ สมุด 싸묻
n. 공책

□ จด 쫃
= เขียน 키–얀
v. 필기하다, 쓰다

□ ดินสอ 딘써–
n. 연필

□ ยางลบ 양–롭
n. 지우개

□ ปากกาลูกลื่น
빡–까–룩–른
n. 볼펜

□ การบ้าน 깐–반–
n. 숙제

□ ทำการบ้าน 탐–깐–반–
v. 숙제하다

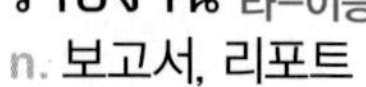

□ รายงาน 라–이응–안
n. 보고서, 리포트
v. 보고하다

□ ส่ง 쏭
v. 제출하다; 보내다

□ สอบ 썹– v. 시험을 치다

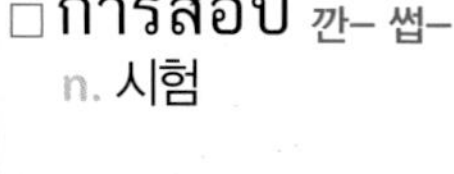

□ การสอบ 깐– 썹–
n. 시험

□ ง่าย 응아–이

a. 쉬운

□ ยาก 약–
a. 어려운

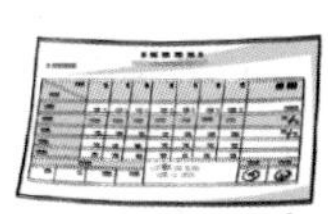

□ ประเมิน 쁘라믄
v. 평가하다

□ คะแนน 카낸–
n. 점수

□ ทุน 툰
= ทุนการศึกษา
툰 깐– 쓱싸–
n. 장학금

□ ปิดเทอมฤดูร้อน
삗 텀–르두–런–
n. 여름 방학

□ ปิดเทอมเล็ก 삗 텀–렉
n. (1학기 후) 한 달 간의 짧은 방학

□ ปิดเทอมใหญ่ 삗 텀–야–이
n. (2학기 후) 3개월의 긴 방학

□ โรงเรียน 롱–리–얀 n. 학교

ไปโรงเรียนกี่โมง
빠이 롱–리–얀 끼– 몽–?
몇 시에 학교 가니?

tip. 태국의 교육은 한국과 마찬가지로 초등 6년, 중·고등 6년입니다. 초·중·고등학교(만 7~18세)는 국가에서 실시하는 의무교육입니다.

□ โรงเรียนประถมฯ 롱–리–얀 쁘라톰 n. 초등학교

□ โรงเรียนมัธยมต้น 롱–리–얀 마타욤똔 n. 중학교

= ม.ต้น 머–똔

□ โรงเรียนมัธยมปลาย 롱–리–얀 마타욤쁠라–이 n. 고등학교

= ม.ปลาย 머–쁠라–이

□ มหาวิทยาลัย 마하–위타야–라이 n. 대학교

□ มหาวิทยาลัยหลักสูตร3ปี 마하–위타야–라이 락쑤–뜨리쌈–삐– n. 3년제 대학

□ วิทยาลัยเฉพาะทาง 위타야–라이 차퍼 탕– n. 전문대학

□ โรงเรียนวิชาชีพ 롱–리–얀 위차–칩– n. 직업훈련학교

□ คุณครู 쿤 크루– n. 교사, 선생님

□ อาจารย์ 아–짠– n. 교수

□ นักเรียน 낙리–얀 n. 학생(초·중·고교)

□ นักศึกษา 낙쓱싸– n. 대학생

□ เพื่อนร่วมห้อง 프–언 루–엄 헝– n. 같은 반 친구, 급우

□ เพื่อนร่วมรุ่น 프–언 루–엄 룬 n. 동창생

□ เพื่อนร่วมสถาบัน 프–언 루–엄 싸타–반 n. 동문

□ รุ่นพี่ 룬 피– n. 선배

□ รุ่นน้อง 룬 넝– n. 후배

□ ผ่าน 판– v. 합격하다

ผม(ฉัน)สอบผ่านจุฬาลงกรณ์มหาวิทยาลัยครับ(ค่ะ)
폼(찬) 썹– 판– 쭐라롱껀 마하–위타야–라이 크랍(카)
쭐라롱껀 대학교에 합격했어요.

tip. 태국의 왕립대학교인 쭐라롱껀 대학교는 태국에서 가장 오래된 대표 명문대학교입니다.

□ ไม่ผ่าน 마이 판– v. 불합격하다

□ เข้าศึกษา 카–오쓱싸– v. 입학하다

= เข้าเรียน 카–오 리–얀

□ เรียนจบ 리–얀 쫍 v. (초·중·고) 졸업하다

□ จบการศึกษา 쫍 깐–쓱싸– v. (대학 이상) 졸업하다

□ ไปโรงเรียน 빠이 롱–리–얀 v. 등교하다

□ เลิกเรียน 르억 리–얀 v. 하교하다

□ มาสาย 마– 싸–이 v. 지각하다

□ ลากลับก่อนเวลา 라– 끄랍 껀–웰라– v. 조퇴하다

□ เดินไป 던 빠이 v. 걸어가다

เขาเดินไปโรงเรียนครับ(ค่ะ)
카우 던 빠이 롱–리–얀 크랍(카)
그는 학교까지 걸어서 가요.

□ รถโรงเรียน 롯 롱–리–얀 n. 통학 버스

□ จักรยาน 짝끄라얀– n. 자전거

□ เครื่องแบบนักเรียน 크르–엉 뱁 낙리–얀 n. 교복

tip. 태국은 초등학생부터 대학생까지 모든 학생들이 교복을 입고 등교합니다.

□ ภาคเรียน 팍-리-얀 n. 학기

= เทอม 텀-

tip. 태국은 8월에 새 학기를 시작하여 11월까지 1학기, 이듬해 1~4월은 2학기입니다. 1학기를 마치고 1개월, 2학기를 마치고 3개월의 방학이 있습니다.

□ ห้องเรียน 헝-리-얀 n. 교실

□ คาบเรียน 캅-리-얀 n. 수업

□ การบรรยาย 깐-반-야-이 n. 강의

□ แผนการสอน 팬-깐-썬- n. 교안

□ สอน 썬- v. 가르치다

□ ศึกษา 쓱싸- v. 배우다, 공부하다

= เรียน 리-얀

□ ทบทวน 톱투-언 v. 복습하다

□ เตรียมบทเรียน 뜨리-얌 봇리-얀 v. 예습하다

□ คำถาม 캄-탐- n. 질문 v. 질문하다

□ คำตอบ 캄-떱- n. 대답, 답안

□ ตอบ 떱- v. 대답하다

□ กระดาษคำตอบ 끄라닷-캄-떱- n. 답안지

□ คำนวณ 캄-누-언 v. 계산하다

□ เครื่องคิดเลข 크르-엉 킨렉- n. 계산기

□ ตัวเลข 뚜어렉- n. 숫자

□ วิชา 위차– n. 과목

□ ภาษาไทย 파–싸– 타이 n. 태국어

□ ภาษาอังกฤษ 파–싸– 앙끄릿 n. 영어

□ ภาษาเกาหลี 파–싸– 까올–리– n. 한국어

□ คณิตศาสตร์ 카닛쌋– n. 수학

= เลข 렉–

□ วิทยาศาสตร์ 위타야–쌋– n. 과학

□ เคมี 케–미– n. 화학

□ ฟิสิกส์ 피씩 n. 물리학

□ ชีวะ 치–와 n. 생물학

□ ภูมิศาสตร์ 푸–미쌋– n. 지리학

□ ประวัติศาสตร์ 쁘라윋쌋– n. 역사

□ วรรณคดี 완–나카디– n. 문학

□ ดนตรี 돈뜨리– n. 음악

□ ศิลปะ 씰라빠 n. 미술

□ พละศึกษา 파라씅싸– n. 체육

= พละ 파라

□ กระดาน 끄라단– n. 칠판

□ ชอล์ก 척– n. 분필

□ แปรงลบกระดาน 쁘랭–롭끄라단– n. 칠판지우개

□ หนังสือเรียน 낭쓰–리–얀 n. 교과서, 교재

□ สมุด 싸묻 n. 공책

□ ดินสอ 딘써– n. 연필

□ ปากกา 빡–까– n. 펜

□ ปากกาลูกลื่น 빡–까–룩–른 n. 볼펜

□ จด 쫃 v. 필기하다, 쓰다

= เขียน 키–얀

□ ยางลบ 양–롭 n. 지우개

□ ปากกาลบคำผิด 빡–까–롭담–핀 n. 수정펜

□ ไม้บรรทัด 마이반–탇 n. 자

□ การบ้าน 깐–반– n. 숙제

□ ทำการบ้าน 탐–깐–반– v. 숙제하다

□ รายงาน 라–이응–안 n. 보고서, 리포트 v. 보고하다

□ ส่ง 쏭 v. 제출하다; 보내다

□ สอบ 썹– v. 시험을 치다

□ การสอบ 깐– 썹– n. 시험

□ การสอบกลางภาค 깐– 썹– 끌랑팍– n. 중간고사

□ การสอบปลายภาค 깐– 썹– 라–이팍– n. 기말고사

□ ข้อสอบ 커–썹– n. 시험 문제

□ ง่าย 응아–이 a. 쉬운

□ ยาก 약– a. 어려운

□ คะแนน 카낸– n. 점수

□ คิดคะแนน 킫카낸– v. 점수를 매기다

□ ประเมิน 쁘라믄 v. 평가하다

□ ใบแจ้งผลการเรียน 바-이쨍폰깐-리-얀 n. 성적표

= ใบเกรด 바-이끄랟-

□ หน่วยกิต 누어-이낃 n. 학점

□ วุฒิการศึกษา 윹 깐- 쓱싸- n. 학위

□ ทุน 툰 n. 장학금

= ทุนการศึกษา 툰 깐- 쓱싸-

□ ปิดเทอมฤดูร้อน 삗 텀-르두-런- n. 여름 방학

□ ปิดเทอมเล็ก 삗 텀-렉

n. (1학기 후) 한 달 간의 짧은 방학

□ ปิดเทอมใหญ่ 삗 텀-야-이

n. (2학기 후) 3개월의 긴 방학

15. 중간고사

꼭! 써먹는 **실전 회화**

ลูคัส 루-카쓰
สอบกลางภาคฉันทำได้ไม่ดีเลย
썹- 끌랑- 팍- 찬 탐-다이 마이 디- 러-이
중간고사를 잘 치지 못했어.

นิชคุณ 니차쿤
ฉันก็เหมือนกัน ผลการสอบไม่ค่อยน่าพอใจเลย
찬 꺼 므-언깐. 폰깐-썹- 마이 커-이 나 퍼-짜-이 러-이
나도. 시험 결과가 만족스럽지 않아.

ลูคัส 루-카쓰
เราต้องตั้งใจเตรียมสอบปลายภาคเสียแล้ว
라-오 떵- 땅짜-이 뜨리-얌 썹-쁠라-이 팍- 씨-야 래-우
기말고사 준비를 더 열심히 해야겠어.

นิชคุณ 니차쿤
สู้ ๆกันเถอะ
쑤-쑤- 깐 터!
힘내자!

ตอนที่ 16.

직장 ที่ทำงาน 티- 탐-응-안

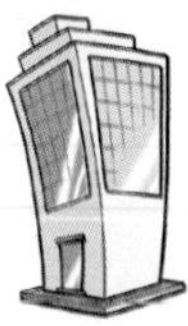

□ ที่ทำงาน
티- 탐-응-안
n. 직장

□ งาน 응-안
= หน้าที่ 나-티-
n. 일, 업무

□ ออฟฟิศ 어-핏-
= สำนักงาน
쌈-낙응-안
n. 사무실

□ พนักงาน 파낙응안-
n. 사원, 직원

□ ซีอีโอ 씨-이-오-
= ประธานบริษัท 쁘라탄-버리쌋
n. CEO, 사장

□ ไปทำงาน 빠이 탐-응-안
= เข้างาน 카-오 탐-응-안
v. 출근하다

□ การประชุม
깐-쁘라춤
n. 회의

□ การประกาศ
깐-쁘라깟-
n. 발표

□ ประกาศ 쁘라깟-
v. 발표하다

□ เลิกงาน 르억 응-안
= ออกจากสำนักงาน
억- 짝- 쌈-낙 응-안
v. 퇴근하다

□ เงินเดือน
응-안 드-언
n. 월급

□ โบนัส 보-낫
n. 보너스

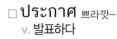

□ เกษียณ 까씨-얀
v. 퇴직하다

□ ลาออก 라-억-
v. 사직하다

□ ลาพัก 라-팍
= ลากิจ 라-낃
v. 휴가 가다

□ หางาน 하-응-안
v. 구직하다

□ สัมภาษณ์ 쌈팟-
n. 면접 v. (구직자를) 면접하다

□ ไปสัมภาษณ์ 빠이 쌈팟-
v. 면접 보다

□ ถูกไล่ออก 툭- 라이 억-
v. 해고되다

□ ลาคลอด 라- 클-럳
v. 출산 휴가를 가다

□ ใบสมัคร 바-이 싸막
n. 지원서

□ เรซูเม่ 레-쑤-메-
n. 이력서

□ รับการฝึกอบรม 랍 깐- 픅-업-롬
v. 연수 받다

□ อาชีพ 아-칩-
n. 직업

□ งานพิเศษ
응안- 피쎗
n. 아르바이트

□ คุณครู 쿤 크루-
n. 교사, 선생님

□ ตำรวจ 땀-루엇-
n. 경찰관

□ ผู้สื่อข่าว
푸 쓰-어 카-우
n. 기자

□ เลขานุการ
레-카-누깐
n. 비서

□ พนักงานดับเพลิง
파낙응안- 답플
n. 소방관

□ บุรุษไปรษณีย์
부룻 쁘라이 싸니-
n. 우체부

□ สมาชิกสภา
싸마칙 싸파-
n. 국회의원

□ แพทย์ 팯-
= หมอ 머-
n. 의사

□ สัตวแพทย์
싸따와 팯-
n. 수의사

□ พยาบาล 파야-반-
n. 간호사

□ เภสัชกร 페–싸차껀
n. 약사

□ สถาปนิก 싸타–빠닉
n. 건축가

□ วิศวกร 위싸와껀–
n. 엔지니어

□ ช่างประปา 창–쁘라빠–
n. 배관공

□ พ่อครัว 퍼–크루어
n. 요리사

□ เชฟทำขนม
첩–탐–카놈
n. 제빵사

□ พนักงานเสิร์ฟ
파낙응안– 썹
n. 웨이터, 종업원

□ นักบิน 낙빈
n. 파일럿

□ พนักงานต้อนรับบนเครื่องบิน
파낙응안– 떤–랍 본 크르–엉 빈
= แอร์โฮสเตส
에– 호–스뗏–
n. 승무원

□ ช่างเสริมสวย
창–씀 쑤워–이
n. 미용사

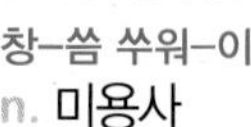

□ นักวิจัย 낙위짜이
n. 연구원

□ ชาวนา 차–우나–
n. 농부

□ ที่ทำงาน 티- 탐-응-안 n. 직장

□ งาน 응-안 n. 일, 업무

= หน้าที่ 나-티-

คุณวินัยมักจะเครียดเรื่องงานครับ(ค่ะ)
쿤 위나이 막 짜 크리-얏 르-엉 응-안 크랍(카)
위나이 씨는 항상 일 때문에 스트레스를 받아요.

□ ทำงาน 탐-응-안 v. 근무하다

□ เวลาทำงาน 웰라- 탐-응-안 n. 근무 시간

□ ทำงานล่วงเวลา 탐-응-안 루-엉 웰라- 초과 근무하다

□ รายงาน 라-이 응-안 v. 보고하다 n. 보고서, 리포트

□ ออฟฟิศ 어-핏- n. 사무실

= สำนักงาน 쌈-낙응-안

□ แผนก 파낵- n. 부서; 구역, 코너

□ แผนกบุคคล 파낵-부콘 n. 인사부

□ แผนกธุรการ 파낵-투라깐- n. 총무부

□ แผนกการขาย 파낵-깐-카-이 n. 영업부

□ แผนกการตลาด 파낵-깐-딸랏- n. 마케팅부

□ แผนกวิจัยและพัฒนา 파낵-위짜이 래 파타나- n. 연구개발부

□ แผนกบัญชี 파낵-반치- n. 회계부

□ แผนกวางแผน 파낵-왕팬- n. 기획부

□ เอกสาร 엑-까싼- n. 서류

มีเอกสารกองอยู่เต็มไปหมดเลยนะครับ(ค่ะ)
미- 엑-까싼- 껑- 유- 뗌빠이 못 러-이 나 크랍(카)
서류가 잔뜩 쌓여 있네요.

□ การประชุม 깐-쁘라춤 n. 회의

□ การประชุมประจำสัปดาห์ 깐-쁘라춤 쁘라짬-쌉다- 주간 회의

□ การประชุมประจำเดือน 깐-쁘라춤 쁘라짬-드-언 월간 회의

□ ห้องประชุม 헝-쁘라춤- n. 회의실

□ การวิจัยตลาด 깐- 위짜이 딸랏- n. 시장 조사

□ การประกาศ 깐-쁘라깟- n. 발표

□ ประกาศ 쁘라깟- v. 발표하다

□ เพื่อนร่วมงาน 프-언 루-엄 응-안 n. 동료

□ ตำแหน่ง 땀-냉- n. 직위

□ ซีอีโอ 씨-이-오- n. CEO, 사장

= ประธานบริษัท 쁘라탄-버리쌋

□ รองซีอีโอ 렁- 씨-이-오- n. 부사장

= รองประธานบริษัท 렁- 쁘라탄-버리쌋

□ หัวหน้าแผนก 후어나-파낵- n. 과장

□ รองหัวหน้าแผนก 렁- 후어나-파낵- n. 대리

= ผู้ช่วยหัวหน้าแผนก 푸-추어-이 후어나-파낵-

□ พนักงาน 파낙응안- n. 사원, 직원

□ เลื่อนตำแหน่ง 르-언 땀-냉- v. 승진하다

มีการตัดสินใจเรื่องการเลื่อนตำแหน่งแล้วครับ(ค่ะ)
미- 깐- 딸씬 짜-이 르-엉 깐- 르-언 땀-냉- 래-우 크랍(카)
승진이 결정됐어요.

□ เงินเดือน 응-안 드-언 n. 월급

□ รายได้ทั้งหมด 라-이 다이 탕 못 n. 총 급여

□ รายได้สุทธิ 라-이 다이 쑫 티 n. 실수령 급여

□ ค่าจ้างเฉลี่ย 카- 짱- 차리-야 n. 평균 급여

□ ค่าแรงขั้นต่ำ 카-랭-칸땀- n. 최저 임금

ไม่นานมานี้รัฐบาลบอกว่าจะปรับขึ้นค่าแรงขั้นต่ำครับ(ค่ะ)
마이 난- 마- 니- 랏타반- 벅- 와- 짜 쁘랍큰 카- 랭- 칸 땀- 크랍(카)
최근에 정부가 최저 임금을 인상하기로 했어요.

□ ค่าจ้างพิเศษ 카-짱-피쎗 n. 수당

□ โบนัส 보-낫 n. 보너스

ได้รับโบนัสสิ้นปีแล้วครับ(ค่ะ)
다이 랍 보-낫 씬 삐- 래-우 크랍(카)
연말 보너스를 받았어요.

□ ไปทำงาน 빠이 탐-응-안 v. 출근하다

= เข้างาน 카-오 탐-응-안

□ เวลาเข้าทำงาน 웰라- 카-오 탐-응-안 n. 출근 시간

□ ชั่วโมงเร่งด่วน 추어몽- 렝-두-언 n. 러시아워, 혼잡 시간

□ รถติด 롯 띧 v. 길이 막히다

รถมักจะติดในเวลาเข้างานเลิกงานครับ(ค่ะ)
롯 막 짜 띧 나-이웰라- 카-오 응-안 르억 응-안 크랍(카)
출퇴근 시간에 길이 항상 막혀요.

□ เลิกงาน 르억 응-안 v. 퇴근하다

= ออกจากสำนักงาน 억- 짝- 쌈-낙 응-안

□ เวลาเลิกงาน 웰라- 르억 응-안 n. 퇴근 시간

□ เลิกงานตรงเวลา 르억 응-안 뜨롱 웰라- 정시에 퇴근하다

□ การหยุดงานประท้วง 깐- 윶 응-안 쁘라 투-엉 n. 파업

□ หยุดงานประท้วง 윶 응-안 쁘라 투-엉 v. 파업하다

= สไตรค์ 싸뜨라이

□ เกษียณ 까씨-얀 v. 퇴직하다

□ เกษียณตามกำหนด 까씨-얀 땀- 깜-놑 정년퇴직하다

□ เกษียณก่อนกำหนด 까씨-얀 껀- 깜-놑 조기 퇴직하다

□ ลาออก 라-억- v. 사직하다

□ ใบลาออก 바-이 라-억- n. 사직서

ส้มยื่นใบลาออกแล้ว
쏨 인 바-이 라-억- 래-우
쏨은 사직서를 냈다.

□ ถูกไล่ออก 툭- 라이 억- v. 해고되다

□ ปรับโครงสร้าง 쁘랍 크롱-쌍- v. 구조 조정하다

□ ลาพัก 라-팍 v. 휴가 가다

= ลากิจ 라-낃

□ ลารับค่าจ้าง 라-랍 카-짱- 유급 휴가를 가다

□ ลาไม่รับค่าจ้าง 라-마이랍 카-짱- 무급 휴가를 가다

□ ลาป่วย 라- 뿌어-이 v. 병가를 가다

□ ลาคลอด 라- 클-럳 v. 출산 휴가를 가다

□ บริษัท 버리쌋 n. 회사, 기업

= วิสาหกิจ 위싸-하낃

□ องค์กร 옹껀 n. 기관

= หน่วยงาน 누어-이 응-안

□ นายจ้าง 나-이 짱- n. 고용주

□ ลูกจ้าง 룩- 짱- n. 피고용인

□ งานพิเศษ 응안- 피쎗 n. 아르바이트

□ อาชีพ 아-칩- n. 직업

ผม(ฉัน)ลองคิดดูหลายครั้งแล้ว แต่ก็ยังอยากเปลี่ยนอาชีพครับ(ค่ะ)

폼(찬) 렁- 킫 두-라-이 크랑 래-우 때- 꺼 양 약- 쁠리-얀 아-칩- 크랍(카)

여러 번 고민해 보아도 직업을 바꾸고 싶어요.

□ คุณครู 쿤 크루- n. 교사, 선생님

□ พนักงานขาย 파낙응안- 카-이 n. 판매원, 점원

□ โปรแกรมเมอร์ 쁘로-끄래머- n. 프로그래머

□ ผู้พิพากษา 푸-피팍-싸- n. 판사

□ อัยการ 아야-깐 n. 검사

□ ทนายความ 타나-이 쾀- n. 변호사

□ ทหาร 타한- n. 군인

□ สมาชิกสภา 싸마칙 싸파- n. 국회의원

- □ ตำรวจ 땀–루얻– n. 경찰관
- □ พนักงานดับเพลิง 파낙응안– 답픙 n. 소방관
- □ บุรุษไปรษณีย์ 부룻 쁘라이 싸니– n. 우체부
- □ ผู้สื่อข่าว 푸 쓰–어 카–우 n. 기자
- □ ข้าราชการ 카– 라–차깐– n. 공무원
- □ วิศวกร 위싸와껀– n. 엔지니어
- □ ช่างประปา 창–쁘라빠– n. 배관공
- □ พ่อครัว 퍼–크루어 n. 요리사
- □ เชฟทำขนม 첸–탐–카놈 n. 제빵사
- □ พนักงานเสิร์ฟ 파낙응안– 썹 n. 웨이터, 종업원
- □ นักบิน 낙빈 n. 파일럿
- □ พนักงานต้อนรับบนเครื่องบิน 파낙응안– 떤–랍 본 크르–엉 빈 n. 승무원
  = แอร์โฮสเตส 에– 호–스뗏–
- □ แพทย์ 팬– n. 의사
  = หมอ 머–
- □ สัตวแพทย์ 싸따와 팬– n. 수의사
- □ ทันตแพทย์ 탄따 팬– n. 치과 의사
  = หมอฟัน 머– 판
- □ พยาบาล 파야–반– n. 간호사

□ เภสัชกร 페–싸차껀 n. 약사

□ สถาปนิก 싸타–빠닉 n. 건축가

ผม(ฉัน)อยากเป็นสถาปนิกชื่อดังครับ(ค่ะ)
폼(찬) 약– 뺀 싸타–빠닉 츠– 당 크랍(카)
유명한 건축가가 되고 싶어요.

□ ช่างเสริมสวย 창–씀 쑤워–이 n. 미용사

□ นักจัดดอกไม้ 낙 짣 덕–마이 n. 플로리스트, 꽃집 주인

= เจ้าของร้านดอกไม้ 짜–오컹– 란– 덕–마이

□ ชาวนา 차–우나– n. 농부

□ นักวิจัย 낙위짜이 n. 연구원

□ เลขานุการ 레–카–누깐 n. 비서

□ หางาน 하–응–안 v. 구직하다

□ โฆษณา 코–싸나– v. 광고하다

□ โฆษณารับสมัครงาน 코–싸나–랍 싸막 응–안 n. 구인 광고

□ สมัคร 싸막 v. 지원하다

□ ใบสมัคร 바–이 싸막 n. 지원서

□ เรซูเม่ 레–쑤–메– n. 이력서

ผม(ฉัน)ส่งเรซูเม่ตัวของผม(ฉัน)ให้กับบริษัทกูเกิลครับ(ค่ะ)
폼(찬) 쏭 레–쑤–메– 뚜어 컹– 폼(찬) 하–이 깝 버리싼 구–글 크랍(카)
저는 구글에 제 이력서를 보냈어요.

□ จดหมายแนะนำตัว 쫃 마이– 내남 뚜어– n. 자기소개서

□ ประสบการณ์ 쁘라쌉 깐– n. 경력

□ สัมภาษณ์ 쌈팟– n. 면접 v. (구직자를) 면접하다

□ ไปสัมภาษณ์ 빠이 쌈팟– v. 면접 보다

□ การศึกษา 깐– 쓱싸– n. 교육

□ ให้การศึกษา 하–이 깐– 쓱싸– v. 교육하다

□ รับการฝึกอบรม 랍 깐– 픅–업–롬 v. 연수 받다

16. 보너스

꼭! 써먹는 **실전 회화**

ผึ้ง ได้โบนัสสิ้นปีแล้ว
퓽 다이 보–낫 씬 삐– 래–우!
연말 보너스를 받았어!

ต้อ ดีจังเลย น่าอิจฉา
떠– 디– 짱 러–이. 나– 인차–
잘됐네. 부럽다.

ผึ้ง เป็นอะไรหรือเปล่า
퓽 뻰 아라이 르– 쁠라–우?
무슨 일 있어?

ต้อ ปีนี้บริษัทของฉันไม่มีโบนัส
떠– 삐– 니– 버리쌋 컹– 찬 마이 미– 보–낫
올해 우리 회사는 보너스가 없대.

ตอนที่ 17.

음식점 & 카페 ร้านอาหารและร้านกาแฟ 란– 아–한– 래 란–까–페–

□ ร้านอาหาร 란–아–한–
n. 음식점, 식당

□ เมนู 메–누–
n. 메뉴, 식단

□ ทิป 팁
n. 팁

□ อาหารหลัก 아–한–락
n. 메인 요리

□ ของหวาน 컹–완–
n. 디저트, 후식

□ ออร์เดิร์ฟ 어–듭
n. 전채

□ จอง 쩡–
v. 예약하다

□ สั่งอาหาร 쌍– 아–한–
v. 주문하다

□ แนะนำ 내남–
v. 추천하다; 소개하다

□ เลือก 르–억
v. 선택하다

□ เอาไป 아–오빠이
v. 가져가다

□ ส่วนผสม 쑤–언파솜
n. 재료

□ ของทอด 컹-털-
n. 튀김

□ สเต็ก 쓰떽-
n. 스테이크

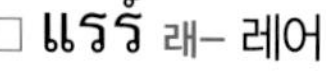

□ แรร์ 래- 레어

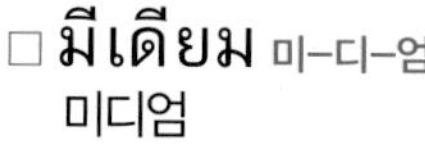

□ มีเดียม 미-디-엄
미디엄

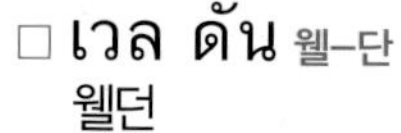

□ เวล ดัน 웰-단
웰던

□ สุกี้ 쑤끼-
n. 샤브샤브

□ ไส้กรอก 싸이끄럭-
n. 소시지

□ ข้าวผัด 카-우 팟
n. 볶음밥

□ ก๋วยเตี๋ยวผัด
꾸어-이 띠-여우팓
볶음 국수

□ ก๋วยเตี๋ยว
꾸어-이 띠-여우
n. 쌀국수

□ ก๋วยเตี๋ยวไก่
꾸어-이 띠-여우 까이
닭고기 쌀국수

□ ก๋วยเตี๋ยวเนื้อ
꾸어-이 띠-여우 느-어
소고기 쌀국수

□ ก๋วยเตี๋ยวทะเล
꾸어-이 띠-여우 탈래-
해산물 쌀국수

□ ไก่ย่าง 까이 양-
n. 닭꼬치

□ ส้มตำ 쏨땀-
n. 파파야 샐러드

□ ต้มยำกุ้ง 똠얌-꿍
n. 똠얌꿍

□ ซุป 쑵
n. 수프

□ แกง 깽-
n. 국

□ ไอศครีม 아쓰크림–
n. 아이스크림

□ ชีส 치–쓰
n. 치즈

□ ลูกอม 루–껌–
n. 사탕

□ ขนมปัง 카놈빵
n. 빵

□ ขนมไหว้พระจันทร์
카놈빵 와이 프라짠
n. 월병

□ คุกกี้ 쿡끼–
n. 쿠키

□ เค้ก 켁–
n. 케이크

□ ช็อกโกแล็ต 척–꼬–랟
n. 초콜릿

□ ร้านกาแฟ 란–까–페–
n. 카페, 커피숍

□ กาแฟ 까–페–
n. 커피

□ ชา 차–
n. 차

□ น้ำผลไม้ 남–폰라마이
n. 주스, 과즙

□ น้ำอัดลม 남–앋롬
n. 탄산음료

□ เหล้า 라–오
= สุรา 쑤라–
n. 술

□ แก้ว 깨-우
n. 컵, 잔

□ ถ้วยชา 투-어이 차-
n. 찻잔

□ หลอด 르-얻
n. 빨대

□ ใบเสร็จ 바-이쎋
n. 영수증, 계산서

□ ผ้าเช็ดปาก 파-첻 빡-
n. 냅킨

□ ส้อม 썸-
n. 포크

□ ช้อน 천-
n. 숟가락

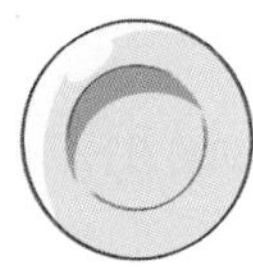

□ จาน 짠-
n. 접시

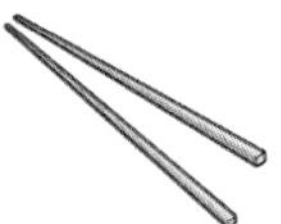

□ ตะเกียบ 따 끼-얍
n. 젓가락

□ อร่อย 아러-이
= มีรสชาติ 미-롯찯-
a. 맛있는 v. 맛있다

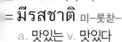

□ หวาน 완-
a. 단, 단맛의 v. 달다

□ ขม 콤
a. 쓴 v. 쓰다

□ เค็ม 켐
a. 짠 v. 짜다

□ เผ็ด 펟
a. 매운 v. 맵다

□ เปรี้ยว 쁘리-여우
a. 신, 신맛의 v. 시다

□ ร้านอาหาร 란–아–한– n. 음식점, 식당

ผม(ฉัน)กำลังหาร้านอาหารที่สามารถทานอาหารเงียบ ๆ ได้ครับ(ค่ะ)
폼(찬) 깜–랑 하– 란–아–한– 티– 싸–마–론 탄– 아–한– 응이–얍 응이–얍 다이 크랍(카)
두 사람이 조용히 식사할 수 있는 식당을 찾고 있어요.

□ เมนู 메–누– n. 메뉴, 식단

□ เหล้าก่อนอาหาร 라–오 껀– 아–한– n. 식전주

□ ออร์เดิร์ฟ 어–듭 n. 전채

□ อาหารหลัก 아–한–락 n. 메인 요리

□ สเต็ก 쓰떽– n. 스테이크

□ เนื้อสันนอก 느–어 싼넉– n. 등심

เนื้อสันนอกชิ้นนี้ยังไม่ค่อยสุกครับ(ค่ะ)
느–어 싼넉– 친 니– 양마이 커–이 쑥 크랍(카)
이 등심은 덜 익었어요.

□ สุกี้ 쑤끼– n. 샤브샤브

การทานสุกี้ในหน้าหนาวเป็นอะไรที่สุดยอดครับ(ค่ะ)
깐– 탄– 쑤끼– 나–이 나– 나–우 뻰 아라이 티– 쑫–엳– 크랍(카)
겨울엔 샤브샤브를 먹는 게 제맛이죠.

□ ทำให้สุก 탐– 하–이 쑥 v. 익히다

□ ย่าง 양– v. 굽다

□ แรร์ 래– 레어

□ มีเดียม แรร์ 미–디–엄 래– 미디엄 레어

□ มีเดียม 미–디–엄 미디엄

□ เวล ดัน 웰–단 웰던

□ ผัด 팓 v. 볶다

□ ต้ม 똠 v. 끓이다; 삶다

□ ทอด 털– v. 튀기다

□ ของทอด 컹–털– n. 튀김

□ ของหวาน 컹–완– n. 디저트, 후식

□ จอง 쩡– v. 예약하다

อยากจะจองวันนี้ตอนทุ่มหนึ่งครับ(ค่ะ)
약– 짜 쩡– 완니– 떤– 툼 능– 크랍(카)
오늘 저녁 7시 예약하고 싶은데요.

□ สั่งอาหาร 쌍– 아–한– v. 주문하다

□ เลือก 르–억 v. 선택하다

□ แนะนำ 내남– v. 추천하다; 소개하다

ช่วยแนะนำอาหารที่อร่อยที่สุดในร้านให้หน่อยครับ(ค่ะ)
추어이 내남– 아–한– 티– 아러이– 티–쑫– 나–이–란– 하이–너이–크랍(카)
이 식당에서 가장 괜찮은 음식을 추천해 주세요.

□ เอาไป 아–오빠이 v. 가져가다

อาหารที่เหลือห่อกลับไปได้มั้ยครับ(คะ)
아–한– 티– 르–어 헉– 랍 빠이 다이 마이 크랍(카)?
남은 음식을 싸서 가지고 가도 되나요?

□ ส่วนผสม 쑤–언파쏨 n. 재료

□ สดใหม่ 쏟마–이 a. 신선한

□ ไส้กรอก 싸이끄럭– n. 소시지

☐ข้าวผัด 카-우 팟 n. 볶음밥

☐ก๋วยเตี๋ยวผัด 꾸어-이 띠-여우팥 볶음 국수

☐เนื้อวัวผัด 느-어 우어 팥 n. 소고기 볶음

☐ก๋วยเตี๋ยว 꾸어-이 띠-여우 n. 쌀국수

tip. 태국인들은 쌀국수를 즐겨 먹습니다. 국물 육수를 무엇으로 하느냐에 따라 명칭이 달라집니다.

☐ก๋วยเตี๋ยวไก่ 꾸어-이 띠-여우 까이 닭고기 쌀국수

☐ก๋วยเตี๋ยวเนื้อ 꾸어-이 띠-여우 느-어 소고기 쌀국수

☐ก๋วยเตี๋ยวทะเล 꾸어-이 띠-여우 탈래- 해산물 쌀국수

ทุกเช้า กินก๋วยเตี๋ยวทะเลที่โรงอาหารครับ(ค่ะ)
툭 차-오 찬 낀 꾸어-이 띠-여우 탈래- 티- 롱- 아-한- 크랍(카)
매일 아침 학교 식당에서 해산물 쌀국수를 먹어요.

☐ไก่ย่าง 까이 양- n. 닭꼬치

☐ส้มตำ 쏨땀- n. 파파야 샐러드

☐ส้มตำไทย 쏨땀- 타이 태국식 파파야 샐러드

☐ส้มตำทะเล 쏨땀- 탈래 해산물 파파야 샐러드

☐ส้มตำปู 쏨땀- 뿌- 꽃게 파파야 샐러드

tip. 대표적인 태국 음식 중 하나인 쏨땀(ส้มตำ 쏨땀-)은 일반적으로 태국식 파파야 샐러드인 쏨땀타이(ส้มตำไทย 쏨땀- 타이)를 의미합니다.

☐ผัก 팍 n. 채소

☐ผัดผัก 팥팍 볶음 채소

☐ผักต้ม 팍똠 삶은 채소

☐ซุป 쑵 n. 수프

☐แกง 깽- n. 국

☐ต้มยำกุ้ง 똠얌-꿍 n. 똠얌꿍

tip. 태국하면 가장 먼저 떠올리는 음식이 똠얌꿍을 꼽습니다. 중국 샥스핀, 프랑스 부야베스와 더불어 세계 3대 수프라고 불립니다. 주재료 새우를 넣어서 맵게 끓인 수프를 말하며, 강한 향신료 때문에 호불호가 갈리는 음식입니다.

□ สินค้าประจำจังหวัด 씬카–쁘라짬–짱왓 (지역) 특산물

□ อาหารทะเล 아–한–탈래– n. 해산물

□ หอย 허–이 n. 조개

□ เห็ด � n. 버섯

□ เห็ดมัทสึทาเกะ 헨마쓰타깨 n. 송이버섯

□ เห็ดหูหนู 헨후–누– n. 목이버섯

□ โยเกิร์ต 요–껃– n. 요거트(요구르트)

ผม(ฉัน)ทานโยเกิร์ตตอนที่อาหารไม่ค่อยย่อยครับ(ค่ะ)
폼(찬) 탄– 요–껃– 떤–티– 아–한– 마이 커–이 여–이 크랍(카)
전 소화가 잘 안될 때 요거트를 먹어요.

□ ไอศครีม 아쓰크림– n. 아이스크림

□ ชีส 치–쓰 n. 치즈

□ ช็อกโกแล็ต 척–꼬–랟 n. 초콜릿

□ ลูกอม 루–껌– n. 사탕

□ ขนมปัง 카놈빵 n. 빵

□ ขนมปังขาว 카놈빵 카–우 n. 식빵

□ ขนมปังลูกเกด 카놈빵 룩–껟– n. 건포도 빵

□ ขนมปังใส่ไข่ 카놈빵 싸–이 카이 n. 계란을 넣은 빵

□ ขนมไหว้พระจันทร์ 카놈빵 와이 프라짠 n. 월병

□ คุกกี้ 쿡끼– n. 쿠키

□ เค้ก 켁– n. 케이크

□ร้านกาแฟ 란–까–페– n. 카페, 커피숍

□กาแฟ 까–페– n. 커피

□กาแฟดำ 까–페– 담 블랙커피

□กาแฟปรุงสำเร็จ 까–페– 쁘룽 쌈–렉 믹스 커피

□กาแฟนม 까–페–놈 밀크 커피

□กาแฟเย็น 까–페–옌 아이스 커피, 냉커피

□ชา 차– n. 차

□ชาร้อน 차– 런– 따뜻한 차

□ชาเย็น 차– 옌 차가운 차, 아이스티

□ชาเขียว 차– 키–여우 녹차

□ชานม 차– 놈 밀크티

□ชาสมุนไพร 차– 싸문프라이 허브차

□ชานมไข่มุก 차– 놈카이묵 버블티

□น้ำผลไม้ 남–폰라마이 n. 주스, 과즙

□น้ำมะนาว 남–마나–오 레몬 주스

□น้ำเกรปฟรุต 남–끄렙–프룻 자몽 주스

□น้ำส้ม 남–쏨 오렌지 주스

□สมูธตี้ 쓰무–띠– n. 스무디, 생과일 주스

= น้ำผลไม้สด 남–폰라마이쏟

□สมูธตี้มะม่วง 쓰무–띠–마무–엉– 망고 스무디

□สมูธตี้อะโวคาโด้ 쓰무–띠–아오–카–도– 아보카도 스무디

□แตงโมปั่น 땡–모–빤 수박 슬러시 → **tip.** 음료에 'ปั่น 빤'이 붙으면 과일과 얼음을 갈아 만든 슬러시입니다.

□ น้ำอัดลม 남-암롬 n. 탄산음료

รันดื่มน้ำอัดลมแทนน้ำบ่อยๆครับ(ค่ะ)
란 듬- 남-암롬 탠- 남- 버-이 버-이 크랍(카)
란은 물 대신 탄산음료를 자주 마셔요.

□ เหล้า 라-오 n. 술

= สุรา 쑤라-

□ ว็อดก้า 옫-까- n. 보드카

□ เหล้าข้าวเหนียว 라-오 카-우 니여-우 n. 찹쌀술

□ แชมเปญ 챔-뻰- n. 샴페인

□ เบียร์ 비-야 n. 맥주

□ เหล้าต่างประเทศ 라-오 땅-쁘라텟- n. 양주

□ ไวน์ 와이 n. 와인, 포도주

tip. 태국의 찹쌀술은 중국 운남성과 베트남의 찹쌀술, 우리의 쌀술과 비슷한 전통주입니다.

□ น้ำแข็ง 남-캥 n. 얼음

□ แก้ว 깨-우 n. 컵, 잔

□ แก้วเบียร์ 깨-우 비-야 n. 맥줏잔

□ ขวดเบียร์ 쿠얻 비-야 n. 맥주병

□ ถ้วยชา 투-어이 차- n. 찻잔

□ หลอด 르-얻 n. 빨대

□ ทิป 팁 n. 팁

ที่ประเทศไทยมีวัฒนธรรมการให้ทิปครับ(ค่ะ)
티- 쁘라텟-타이 미- 와타나탐- 깐- 하-이 팁 크랍(카)
태국에는 팁 문화가 있어요.

□ ใบเสร็จ 바-이쎋 n. 영수증, 계산서

□ ผ้าเช็ดปาก 파–첸 빡– n. 냅킨

□ ทิชชู่เปียก 티춛–삐–약 n. 물티슈

□ ส้อม 썸– n. 포크

□ ตะเกียบ 따 끼–얍 n. 젓가락

tip. 태국에서는 그릇 안에 젓가락을 그대로 두면 예의에 어긋난다고 생각합니다. 이는 불교국가 태국의 장례문화인 화장에서 유래한 것으로 주로 젓가락을 이용해 화장된 뼈를 옮기다 보니 '죽음'이 연상되기 때문입니다.

เด็ก ๆ ใช้ตะเกียบไม่ค่อยเป็นครับ(ค่ะ)
덱덱 차–이 따끼–얍 마이 커–이 뻰 크랍(카)
아기들은 젓가락을 잘 쓰지 못해요.

□ ช้อน 천– n. 숟가락

□ จาน 짠– n. 접시

□ ชาม 참– n. 그릇

□ ทัพพี 탑삐– n. 국자

□ รสชาติ 롯찯– n. 맛

□ อร่อย 아러–이 a. 맛있는 v. 맛있다

= มีรสชาติ 미–롯찯–

อันนี้ไม่มีรสชาติอะไรเลยครับ(ค่ะ)
안 니– 마이 미– 롯찯– 아라이 러–이 크랍(카)
이건 아무 맛도 안 나요.

□ หวาน 완– a. 단, 단맛의 v. 달다

□ ขม 콤 a. 쓴 v. 쓰다

□ เค็ม 켐 a. 짠 v. 짜다

□ เผ็ด 펟 a. 매운 v. 맵다

□ จืด 쯔– a. 싱거운 v. 싱겁다

□ เปรี้ยว 쁘리–여우 a. 신, 신맛의 v. 시다

tip. เปรี้ยว 쁘리–여우는 '섹시하다'라는 의미도 있습니다. 단 비속어이기 때문에 사용에 주의하세요.

□ เลี่ยน 리–얀 a. 느끼한 v. 느끼하다

□ เสีย 씨–야 a. 썩은, 상한 v. 썩다, 상하다

□ กลิ่นคาวปลา 끌린 카–우 쁠라– n. 생선 비린내

□ อายุการเก็บรักษา 아–유 깐– 껩락싸– n. 유통기한

꼭! 써먹는 **실전 회화**

17. 요리 주문

ผึ้ง 풍
วันนี้มีเมนูคืออะไรคะ
완니– 미– 메–누– 크– 아라이 카?
오늘 메뉴는 어떻게 되죠?

พนักงานเสิร์ฟ 파낙응안– 썹
วันนี้ร้านเรามีแกงปลาผักต้มกับเนื้อวัวผัดครับ
완니– 란– 라–오 미– 깽–쁠라–, 팍똠 깝 느–어 우어 팟 크랍
오늘 저희 가게에는 생선 수프, 삶은 채소와 소고기 볶음이 있습니다.

ผึ้ง 풍
งั้นเอาอันนั้นน่ะค่ะ
응안 아–오 안 난 나 카
그걸로 주세요.

พนักงานเสิร์ฟ 파낙응안– 썹
ได้ครับ รอสักครู่นะครับ
다이 크랍, 러– 싹 크루–나 크랍
네, 잠시만 기다려 주십시오.

ตอนที่ 18.

상점 ร้านค้า 란– 카–

□ **ร้านค้า** 란– 카–
n. 상점, 가게

□ **ตลาด** 딸랃–
n. 시장

□ **มาร์ท** 맡–
n. 마트

□ **ห้างสรรพสินค้า** 항–싸파–씬카–
= **ห้าง** 항–
n. 백화점

□ **ซื้อ** 쓰–
v. 사다, 구입하다

□ **ขาย** 카–이
v. 팔다

□ **สินค้า** 씬카–
n. 상품, 제품

□ **ชำระเงิน** 참–라응–언
v. 지불하다

□ **ลูกค้า** 룩–카– n. 손님, 고객

□ **ช้อปปิ้ง** 첩–삥 v. 쇼핑하다

□ **พนักงานขาย**
파낙응안– 카–이
n. 판매원, 점원

□ บัตรเครดิต 받 크레-딛
n. 신용카드

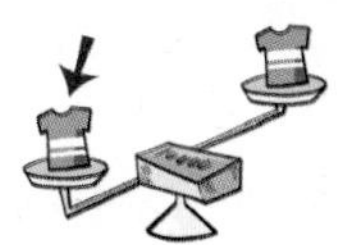

□ แพง 팽-
a. 비싼

□ เคาน์เตอร์ 카운-떠-
n. 계산대, 카운터, 프론트

□ แคชเชียร์ 캐-치-야
n. 계산원

□ ร้านขายของสด 란-카-이컹-쏟
n. 식료품점

□ อาหารสำเร็จรูป
아-한- 쌈-랙 룹-
n. 인스턴트, 즉석식품

□ ราคา 라-카-
n. 가격, 요금, 비용

□ ถูก 툭-
a. 싼

□ ได้รับส่วนลด 다이 랍 쑤-언롣
v. 할인하다

□ ลดราคา 롣 라-카-
v. 세일하다

□ ผลิตภัณฑ์ที่ทำจากนม
팔릳따판 티 짝-놈
n. 유제품

□ บะหมี่กึ่งสำเร็จรูป
바미- 끙 쌈-랙 룹-
n. 라면

□ร้านขายเนื้อ 란– 카–이 느–어
n. 정육점

□ร้านขนมปัง 란– 카놈 빵
n. 빵집

□ร้านเบเกอรี่ 란– 베–꺼–리–
n. 제과점

□ร้านดอกไม้ 란– 덕–마이
n. 꽃집

□ร้านหนังสือ 란– 낭쓰–
n. 서점

□ร้านแว่นตา 란– 웬–따–
= ร้านแว่นกันแดด 란– 웬 깐댇–
n. 안경점, 선글라스 가게

□ร้านขายปลา 란– 카–이 쁠라–
n. 생선 가게

□ร้านไอศครีม 란– 아이쓰크림–
n. 아이스크림 가게

□ร้านมอเตอร์ไซค์ 란– 머–떠–싸–이
n. 오토바이 가게

□ร้านเครื่องเขียน 란– 크르–엉 키–안
n. 문구점

□ร้านขายยา 란– 카–이 야–
n. 약국

□ บริษัททัวร์ 버–리–쌋 투어–
n. 여행사

□ ร้านเสื้อผ้า 란– 쓰–어파–
n. 옷가게

□ ร้านเสริมสวย 란– 쓰엄– 쑤어이–
n. 미용실

□ ร้านเครื่องสำอาง
란– 크르–엉 쌈–앙–
n. 화장품가게

□ บริษัทนายหน้าอสังหาริมทรัพย์
버리쌋 나–이 나– 쌍 하–림 마쌉
n. 부동산

□ ร้านขายรองเท้า
란– 카–이 렁–타–오
n. 신발가게

□ ขนาด 카낟–
= ไซส์ 싸잇
n. 사이즈, 크기

□ ร้านตัดผม 란– 딷폼–
n. 이발소

□ ร้านซักรีด 란– 싹 릳–
n. 세탁소

□ บ้านเดี่ยว 반– 디–여우
n. 주택

□ ร้านค้า 란– 카– n. 상점, 가게

□ ตลาด 딸랃– n. 시장

□ ตลาดขายส่ง 딸랃– 카–이 쏭 n. 도매 시장

□ ตลาดขายปลีก 딸랃– 카–이 쁠릭– n. 소매 시장

□ ซื้อ 쓰– v. 사다, 구입하다

□ จ่ายตลาด 짜–이 딸랃– v. 장을 보다

□ มาร์ท 맏– n. 마트

□ ห้างสรรพสินค้าขนาดใหญ่ 항–싸파–씬카– 카낟–야–이 n. 대형 마트

□ ห้างสรรพสินค้า 항–싸파–씬카– n. 백화점

= ห้าง 항–

tip. 태국에서 가장 큰 백화점은 Siam Paragon 백화점입니다. Siam Square 역에 위치하며 이곳에는 Siam Center, Siam Discovery, Siam Paragon 등 큰 쇼핑몰과 백화점이 몰려 있습니다.

□ ช้อปปิ้ง 첩–삥 v. 쇼핑하다

เขาชอบไปช็อปปิ้งที่ห้างครับ(ค่ะ)

카–우 첩– 빠이 첩–삥 티– 항– 크랍(카)

그는 백화점에서 쇼핑하는 걸 좋아해요.

□ สินค้า 씬카– n. 상품, 제품

□ สินค้าแช่แข็ง 씬카–채–캥 n. 냉동 제품

□ ของสด 컹–쏟 n. 신선한 제품, 생물

เอาสินค้าแบบเดียวกัน3อันครับ(ค่ะ)

아–오 씬카– 뱁 –디–여우 깐 쌈– 안 크랍(카)

같은 제품으로 3개 주세요.

□ ขาย 카–이 v. 팔다

□ พนักงานขาย 파낙응안– 카–이 n. 판매원, 점원

□ ชำระเงิน 참-라응-언 v. 지불하다

□ บัตรเครดิต 받 크레-딛 n. 신용카드

□ จ่ายด้วยบัตร 짜-이 두워-이 받 v. 카드로 결제하다

□ ผ่อนจ่าย 펀-짜-이 v. 할부로 결제하다

□ จ่ายครั้งเดียว 짜-이 크랑디-여우 v. 일시불로 결제하다

□ เปลี่ยนสินค้า 쁠리-얀 씬카- v. 교환하다

□ คืนเงิน 큰- 응-언 v. 환불하다

□ ใบเสร็จ 바-이쎈 n. 영수증, 계산서

ช่วยทิ้งใบเสร็จอันนี้ให้หน่อยครับ(ค่ะ)
추-어이 팅 바-이쎈 니- 하-이 너-이 크랍(카)
이 영수증을 버려 주세요.

□ แผนก 파낵- n. 구역, 코너; 부서

□ แผนกอาหาร 파낵-아-한- 음식 코너
□ แผนกเสื้อผ้าผู้หญิง 파낵-쓰-어파-푸-잉 여성 패션 코너
□ แผนกเสื้อผ้าผู้ชาย 파낵-쓰-어파-푸-차-이 남성 패션 코너
□ แผนกของใช้เด็ก 파낵-컹-차-이 덱 아동 용품 코너

□ ตู้โชว์ 뚜-초- n. 진열장

□ ชั้นตั้งโชว์ 찬 땅 초- n. 진열대

แจ๊คเกตที่ชั้นตั้งโชว์เป็นตัวสุดท้ายแล้วครับ(ค่ะ)
째-깯- 티- 찬 땅 초- 뻰 뚜어 쑫 타-이 래-우 크랍(카)
진열대에 있는 것이 마지막 남은 재킷입니다.

□ ลูกค้า 룩-카- n. 손님, 고객

□ พนักงานส่งของ 파낙응안– 쏭 컹– n. 배달원

□ เคาน์เตอร์ 카운–떠– n. 계산대, 카운터, 프론트

□ แคชเชียร์ 캐–치–야 n. 계산원

□ ราคา 라–카– n. 가격, 요금, 비용

□ แพง 팽– a. 비싼

□ ถูก 툭– a. 싼

□ ถูกกว่า 툭–끄와– 더 싼, 저렴한

= คุ้มกว่า 쿰 끄와–

□ ถูกที่สุด 툭–티–쑫 제일 싼, 가장 저렴한

= คุ้มที่สุด 쿰 티–쑫

จ่ายตลาดที่มาร์ทคุ้มที่สุดแล้วครับ(ค่ะ)

짜–이 딸랃– 티 맏– 쿰 티–쑫 래–우 크랍(카)

마트에서 장을 보는 게 가장 저렴해요. (경제적이에요.)

□ ได้รับส่วนลด 다이 랍 쑤–언롣 v. 할인하다

□ ลดราคา 롣 라–카– v. 세일하다

ลดราคาถึงเมื่อไรครับ(คะ)

롣 라–카– 틍 므–어라이 크랍(카)?

언제까지 세일인가요?

□ ต่อราคา 떠–라–카– v. 흥정하다, 가격을 깎다

□ จัดสต็อก 짠 쓰떡– v. 재고를 정리하다

□ ขายตามราคาเต็ม 카–이 땀–라–카– 뗌 원가로 판매하다

□ สินค้าหมด 씬카– 몯 v. 매진되다

□ กระตุ้นการขาย 끄라뚠 깐-카-이 v. 판매 촉진하다

□ สินค้าลดราคา 씬카-롣 라-카- n. 할인 상품

□ คุณภาพ 쿤나팝- n. 품질

เวลาซื้อรองเท้าหนังคุณภาพของหนังเป็นสิ่งที่สำคัญครับ(ค่ะ)
웰라- 쓰- 렁-타-오 낭 쿤나팝- 컹- 낭 뻰 씽티- 쌈-칸 크랍(카)
구두는 가죽의 품질이 중요해요.

□ ร้านขายของสด 란-카-이컹-쏟 n. 식료품점

□ ผลิตภัณฑ์ที่ทำจากนม 팔릳따판 티 짝-놈 n. 유제품

□ อาหารสำเร็จรูป 아-한- 쌈-랙 룹- n. 인스턴트, 즉석식품

อาหารสำเร็จรูปไม่ดีต่อสุขภาพครับ(ค่ะ)
아-한- 쌈-랙 룹- 마이 디- 떠- 쑤카팝- 크랍(카)
인스턴트 식품은 건강에 좋지 않아요.

□ บะหมี่กึ่งสำเร็จรูป 바미- 끙 쌈-랙 룹- n. 라면

□ วันหมดอายุ 완 못 아-유 n. 유통기한

□ วันผลิต 완 팔릳 n. 제조일

□ ร้านขายเนื้อ 란- 카-이 느-어 n. 정육점

□ ร้านขายปลา 란- 카-이 쁠라- n. 생선 가게

□ ร้านขายผัก 란- 카-이 팍 n. 채소 가게

□ ร้านขายข้าวสาร 란- 카-이 카-우 싼- n. 쌀집

□ ร้านขนมปัง 란- 카놈 빵 n. 빵집

□ร้านเบเกอรี่ 란– 베–꺼–리– n. 제과점

□ร้านไอศครีม 란– 아이쓰크림– n. 아이스크림 가게

□ร้านดอกไม้ 란– 덕–마이 n. 꽃집

□ร้านขายเครื่องใช้ไฟฟ้า 란– 카–이 크르–엉 차–이 파이파– n. 전자제품 가게

□ร้านโทรศัพท์ 란– 토–라쌉 n. 휴대폰 가게

□ร้านมอเตอร์ไซค์ 란– 머–떠–싸–이 n. 오토바이 가게

□ร้านหนังสือ 란– 낭쓰– n. 서점

□ร้านเครื่องเขียน 란– 크르–엉 키–얀 n. 문구점

□ร้านแว่นตา 란– 웬–따– n. 안경점, 선글라스 가게
= ร้านแว่นกันแดด 란– 웬 깐댇–

□ร้านขายยา 란– 카–이 야– n. 약국

□บริษัททัวร์ 버–리–쌋 투어– n. 여행사

□ร้านเสื้อผ้า 란– 쓰–어파– n. 옷가게
- □เสื้อผ้า 쓰–어파– n. 옷
- □เสื้อเชิ้ตสีขาว 쓰–어 쳗– 씨– 카–우 n. 와이셔츠
- □กางเกงสูท 깡–깽–쑫– n. 양복 바지

□แฟชั่น 패–찬 n. 패션

□ดีไซน์ 디–싸인 n. 디자인

□ ขนาด 카낟– n. 사이즈, 크기

= ไซส์ 싸잇 → tip. 회화체에서는 'ไซส์ 싸잇'을 더 많이 씁니다.

เสื้อเชิ้ตสีขาวตัวนี้ไม่มีไซส์ใหญ่กว่านี้เหรอครับ(คะ)
쓰–어 첟– 씨– 카–우 뚜어 니– 마이 미– 싸잇 야–이 끄와– 니– 르– 크랍(카)?
이 와이셔츠는 더 큰 사이즈 없어요?

□ ร้านขายรองเท้า 란– 카–이 렁–타–오 n. 신발가게

□ ร้านเครื่องสำอาง 란– 크르–엉 쌈–앙– n. 화장품가게

□ เครื่องสำอาง 크르–엉 쌈–앙– n. 화장품

□ โทนเนอร์ 토–너– n. 스킨

□ โลชั่น 로–찬 n. 로션

□ ครีมกันแดด 크림–깐댇– n. 선블록 크림 → tip. 태국인들은 미백에 매우 관심이 높습니다.

□ แป้งฝุ่น 뺑–푼– n. 파우더

□ BBครีม 비–비–크림– n. 비비크림

□ เบส 벳– n. 베이스

□ รองพื้น 렁–픈– n. 파운데이션

□ ลิปสติก 립쓰띡 n. 립스틱

□ อายไลเนอร์ 아–이 라이너– n. 아이라이너

□ ยาทาเล็บ 야–타–렙– n. 매니큐어

□ ยาสระผม 야–싸 폼 n. 샴푸

= แชมพู 챔–푸–

□ ครีมนวดผม 크림–누–얻 폼 n. 린스

□ ร้านเสริมสวย 란– 쓰엄– 쑤어이– n. 미용실

□ ร้านตัดผม 란– 딷폼– n. 이발소

□ ซักผ้า 싹 파– v. 세탁하다, 빨래하다 n. 빨래

□ ซักมือ 싹 므– v. 손세탁하다

□ ร้านซักรีด 란– 싹 릳– n. 세탁소

□ เอาเสื้อผ้าไปส่งร้านซักรีด 아–오 쓰–어 파– 빠이 쏭 란– 싹 릳–
세탁소에 맡기다

ผม(ฉัน)จะเอาเสื้อผ้าพวกนี้ไปส่งร้านซักรีดครับ(ค่ะ)
폼(찬) 짜 아–오 쓰–어 파– 푸–억 니– 빠이 쏭 란– 싹 릳– 크랍(카)
이 옷들은 세탁소에 가져가서 맡길 거예요.

□ ผ้าที่จะซัก 파– 티– 짜 싹 n. 세탁물

□ ซักแห้ง 싹 행– v. 드라이클리닝하다

เสื้อตัวนี้ต้องซักแห้งเท่านั้นนะครับ(ค่ะ)
쓰–어 뚜어 니– 떵– 싹 행– 타–오 난·나 크랍(카)
이 옷은 반드시 드라이클리닝해야 돼요.

□ คราบ 크랍– v. 얼룩

= รอยเปื้อน 러–이 쁘–언

□ กำจัดคราบ 깜–짣 크랍– 얼룩을 제거하다

= ลบรอยเปื้อน 롭 러–이 쁘–언

ช่วยลบรอยเปื้อนที่เดรสชุดนี้ให้หน่อยได้มั้ยครับ(คะ)
추어–이 롭 러–이 쁘–언 티– 드렛– 춛– 니– 하–이 너–이 다이 마이 크랍(카)?
이 드레스에 있는 얼룩 좀 없애 주시겠어요?

□ เตารีด 따–오릳– n. 다리미

□ รีด 릳– v. 다림질하다

□ ซ่อม 썸– v. 수선하다

□ ปะเย็บ 빠 옙 v. 깁다

□ ตัด 딷 v. 줄이다

□ รับคืน 랍큰– v. 회수하다

□ บริษัทนายหน้าอสังหาริมทรัพย์ 버리쌋 나–이 나– 쌍 하–림 마쌉
n. 부동산

□ บ้านเดี่ยว 반– 디–여우 n. 주택

□ อพาร์ทเมนท์ 아팥–멘– n. 아파트

□ ตึกคูหา 뜩 쿠– 하– n. 연립 주택
= ทาวน์เฮาส์ 타–우 하–우

꼭! 써먹는 **실전 회화**

18. 드레스

พนักงานขาย
파낙응안– 카–이
กำลังหาอะไรอยู่หรือเปล่าคะ
깜–랑 하– 아라이 유– 르– 쁠라–우 카?
찾으시는 물건이 있나요?

ผึ้ง
픙
ค่ะ อยากลองใส่ชุดเดรสตัวนี้ดู
카, 약 – 렁– 싸–이 춛– 드렛– 뚜어 니– 두–
네, 이 드레스를 입어 보고 싶은데요.

พนักงานขาย
파낙응안– 카–이
ใส่ไซส์ไหนคะ
싸–이 싸잇 나이 카?
어떤 사이즈를 입으시죠?

ผึ้ง
픙
ฉันใส่ไซส์36ค่ะ
찬 싸–이 싸잇 쌈–씹–혹 카
저는 36 사이즈를 입어요.

ตอนที่ 19.

병원&은행 โรงพยาบาลและธนาคาร 롱–파야–반– 래 타나–칸–

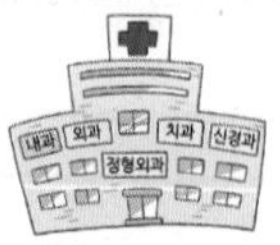

□ โรงพยาบาล 롱–파야–반–
n. 병원(종합병원)

□ โรงพยาบาลเอกชน
롱–파야–반–엑까촌
n. 개인 병원

□ แพทย์ 팯–
= หมอ 머–
n. 의사

□ คนไข้ 콘 카이
n. 환자

□ ตรวจอาการ 뜨루–얻 아–깐–
v. 진찰하다

□ อาการ 아–깐–
n. 증상

□ ปวด 뿌–얻
= เจ็บ 쩹
v. 아프다 a. 아픈

□ แผลไฟไหม้ 플래– 파이–마이–
v. 화상을 입다

□ บาดแผล 받–플래–
= แผล 플래–
n. 상처

□ มีรอยช้ำ 미– 러–이 참–
v. 멍이 들다

□ หัก 학
v. 부러지다

□ ไม้ค้ำยัน 마이 캄-얀
n. 목발

□ หวัด 왓
n. 감기

□ ไอ 아이
v. 기침하다

□ อาเจียน 아-찌-연
v. 구역질하다, 구토하다

□ เป็นไข้ 뻰 카이
a. 열이 나는

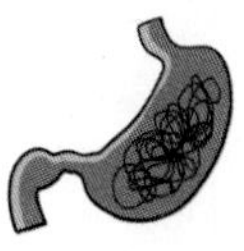

□ อาหารไม่ย่อย
아-한- 마이 여-이
소화불량

□ อาการวิงเวียน
아-깐- 윙위-얀
n. 어지럼증

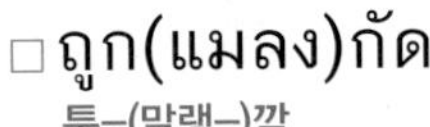

□ ถูก(สัตว์)กัด 툭-(싹) 깓
v. (동물에) 물리다

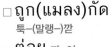

□ ถูก(แมลง)กัด
툭-(말랭-)깓
= ต่อย 떠-이
v. (벌레에) 쏘이다

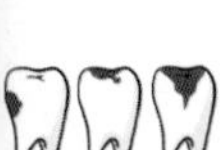

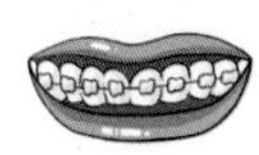

□ ฟันผุ 판 푸-
n. 충치

□ ดัดฟัน 닫 판
치아 교정하다

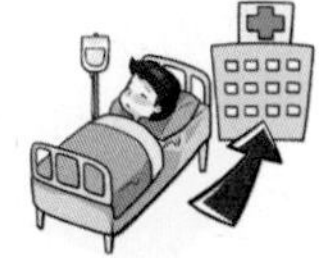

□ เข้าโรงพยาบาล
카-오 롱-파야-반-
v. 입원하다

□ ออกจากโรงพยาบาล
억- 짝- 롱-파야-반-
v. 퇴원하다

□ร้านขายยา
란– 카–이 야–
n. 약국

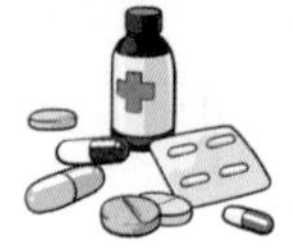

□ยา 야–
n. 약

□ยาช่วยย่อยอาหาร
야– 추어–이 여–이 아–한–
n. 소화제

□ยานอนหลับ
야– 넌–랍
n. 수면제

□ยาแก้ปวดหัว
야– 깨– 뿌–얻 후어
n. 두통제

□ยาแก้ปวด
야– 깨– 뿌–얻
n. 진통제

□ยาลดไข้ 야– 롣 카이
n. 해열제

□ขี้ผึ้งทาแผล
키–픙 타–플래–
n. 연고

□พลาสเตอร์
플라–쓰떠–
n. 반창고, 밴드

□ธนาคาร 타나–칸–
n. 은행

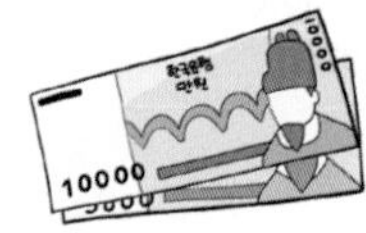

□เงิน 응–언
n. 돈

□เงินสด 응–언 쏱
n. 현금

□เงินทอน 응–언 턴–
n. 잔돈, 거스름돈

□บัญชี 반치–
n. 계좌

□ ฝากเงิน 팍–응–언
v. 예금하다, 입금하다; 저축하다

□ โอนเงิน 온–응–언
v. 계좌이체하다

□ ดอกเบี้ย 덕–비–야
n. 이자

□ บัตรเครดิต 받 크레–딛
n. 신용카드

□ สินเชื่อ 씬 츠–어
n. 신용

□ อินเตอร์เน็ตแบงค์กิ้ง 인떠–넫 뱅–낑
n. 인터넷뱅킹

□ ถอนเงิน 턴–응–언
v. 돈을 찾다, 출금하다

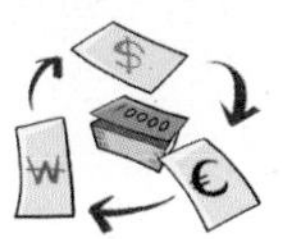

□ แลกเงิน 랙–응–언
v. 환전하다

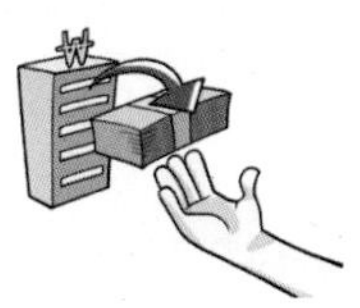

□ กู้เงิน 꾸– 응–언
v. 대출하다

□ ตู้ATM 뚜– 에–티–엠–
n. 현금 자동 인출기

□ รหัสลับ 라핫 랍
n. 비밀번호

□ โรงพยาบาล 롱–파야–반– n. 병원(종합 병원)

□ โรงพยาบาลเอกชน 롱–파야–반–엑까촌 n. 개인 병원

□ แพทย์ 팯– n. 의사

= หมอ 머–

□ คนไข้ 콘 카이 n. 환자

□ ตรวจอาการ 뜨루–얻 아–깐– v. 진찰하다

□ วินิจฉัย 위닏차이 v. 진단하다

□ ปรึกษา 쁘륵싸– v. 상담하다

□ รับคำปรึกษา 랍 캄 쁘륵싸– v. 상담받다

□ ตรวจร่างกาย 뜨루–얻 랑–까–이 v. 검사하다

□ อาการ 아–깐– n. 증상

□ โรค 록 n. 질병, 병

□ เป็นโรค 뻰 록 v. 병에 걸리다

□ ปวด 뿌–얻 v. 아프다 a. 아픈

= เจ็บ 쩹

tip. 두통, 복통 등 일반적이고 포괄적인 의미의 통증은 **ปวด** 뿌얻, 따끔따끔하거나 콕콕 쑤시는 통증은 เจ็บ 쩹 입니다.

□ แผลไฟไหม้ 플래– 파이–마이– v. 화상을 입다

□ หนอง 넝– n. 고름

□ เยื่อจมูกอักเสบ 이–어 짜묵– 악쎕– n. 비염

□ คัดจมูก 칻 짜묵– v. 코가 막히다

□ น้ำมูก 남–묵– n. 콧물

□ น้ำมูกไหล 남–묵–라–이 v. 콧물이 나다

□ คอแห้ง 커–행– v. 목이 칼칼하다

□ ปากขม 빡–콤 v. 입이 쓰다

□ หวัด 왓 n. 감기

□ ไอ 아이 v. 기침하다

□ เป็นไข้ 뻰 카이 a. 열이 나는

□ บาดแผล 받–플래– n. 상처

= แผล 플래–

□ ได้รับบาดเจ็บ 다이 랍 받–쩹 v. 상처 입다

ฉันต้องการขี้ผึ้งทาแผลครับ(ค่ะ)
찬 떵–깐– 키–픙 타–플래– 크랍(카)
상처에 바르는 연고가 필요해요.

□ มีรอยช้ำ 미– 러–이 참– v. 멍이 들다

□ ไขข้อ 카이 커– n. 관절

□ ไขข้ออักเสบ 카이 커– 악쎕– n. 관절염

□ เคล็ด 크랟 v. 삐다

□ บวม 부–엄 v. 붓다

□ หัก 학 v. 부러지다

□ ไม้ค้ำยัน 마이 캄–얀 n. 목발

□ ความดันโลหิต 쾀–단로–힏 n. 혈압

□ ความดันโลหิตสูง 쾀–단로–힏 쑹– n. 고혈압

□ ความดันโลหิตต่ำ 쾀–단로–힏 땀– n. 저혈압

□ อาหารไม่ย่อย 아–한– 마이 여–이 소화불량

□ กระเพาะ 끄라퍼 n. 위

รู้สึกกระเพาะปั่นป่วนครับ(ค่ะ)
루–쓱 끄라퍼 빤 뿌–엇 크랍(카)
위가 쓰려요.

□ ไส้ติ่งอักเสบ 싸이 띵 악쎕– n. 맹장염

□ คลื่นไส้ 크름싸이 a. 메스꺼운

□ อาเจียน 아–찌–연 v. 구역질하다, 구토하다

□ ท้องเสีย 텅–씨–야 n. 설사

□ ท้องผูก 텅–푹– n. 변비

□ อาการวิงเวียน 아–깐– 윙위–얀 n. 어지럼증

□ วิงเวียน 윙위–얀 v. 어지럽다, 메스껍다

= เวียน 위–얀

ช่วงนี้ฉันรู้สึกเวียนหัวบ่อยมากเลยครับ(ค่ะ)
추–엉 니– 찬 루–쓱 위–얀 후어 버–이 버–이 마– 러–이 크랍(카)
요즘 전 자주 어지러워요.

□ เกล็ดเลือดต่ำ 끌랟 르–엇땀– n. 빈혈

□ ลมพิษ 롬핃 n. 두드러기

□ ถูก(สัตว์)กัด 툭–(쌋) 깓 v. (동물에) 물리다

□ ถูก(แมลง)กัด 툭-(말랭-)깓 v. (벌레에) 쏘이다

= ต่อย 떠-이

□ การทำฟัน 깐-탐-판 n. 치과

□ ฟันผุ 판 푸- n. 충치

□ มีฟันผุ 미- 판 푸- 충치가 생기다

□ อุดฟัน 욷 판 이를 때우다

□ ดัดฟัน 닫 판 치아 교정하다

□ เข้าโรงพยาบาล 카-오 롱-파야-반- v. 입원하다

□ ออกจากโรงพยาบาล 억- 짝- 롱-파야-반- v. 퇴원하다

□ ผ่าตัด 파-땁 v. 수술하다

□ ฉีดยาชา 칟-야-차- v. 마취제를 놓다

□ ประวัติผู้ป่วย 쁘라왇 푸-뿌어-이 n. 병력

□ ญาติผู้ป่วย 얃-푸-뿌어-이 n. 환자 가족

□ ประกันสุขภาพ 쁘라깐 쑤카팝- n. 의료보험

□ สั่งยา 쌍야- v. 처방하다

□ ใบสั่งยา 바-이 쌍야- n. 처방전

□ ร้านขายยา 란- 카-이 야- n. 약국

□ ยา 야- n. 약

□ ยาช่วยย่อยอาหาร 야- 추어-이 여-이 아-한- n. 소화제

□ ยานอนหลับ 야- 넌-랍 n. 수면제

□ ยาแก้ปวดหัว 야- 깨- 뿌-얻 후어 n. 두통제

□ ยาแก้ปวด 야– 깨– 뿌–얻 n. 진통제

□ ยาลดไข้ 야– 롣 카이 n. 해열제

□ ผลข้างเคียง 폰 캉– 키–양 n. 부작용

□ ขี้ผึ้งทาแผล 키–픙 타–플래– n. 연고

□ พลาสเตอร์ 플라–쓰떠– n. 반창고, 밴드

□ ธนาคาร 타나–칸– n. 은행

tip. 태국의 은행은 보통 9시부터 4시까지 영업하지만, 방콕 시내의 백화점이나 쇼핑몰 내 은행 영업소는 해당 점포 폐점시간에 맞추어 운영하기도 합니다.

□ เงิน 응–언 n. 돈

□ เงินสด 응–언 쏟 n. 현금

□ เงินทอน 응–언 턴– n. 잔돈, 거스름돈

□ เหรียญ 리–얀 n. 동전

□ เช็ค 첵 n. 수표

□ บัญชี 반치– n. 계좌

□ บัญชีออมทรัพย์ 반치–엄–쌉 n. 저축통장

□ ฝากเงิน 팍–응–언 v. 예금하다, 입금하다; 저축하다

□ ถอนเงิน 턴–응–언 v. 돈을 찾다, 출금하다

□ โอนเงิน 온–응–언 v. 계좌이체하다

□ ดอกเบี้ย 덕–비–야 n. 이자

□ อัตราดอกเบี้ย 안뜨라–덕–비–야 n. 이자율, 금리

□ กู้เงิน 꾸– 응–언 v. 대출하다

□ ยืม 염– v. 빌리다

□ สินเชื่อ 씬 츠–어 n. 신용

□ บัตรเครดิต 받 크레–딛 n. 신용카드

□ แลกเงิน 랙–응–언 v. 환전하다

□ ค่าใช้จ่าย 카– 차–이 짜–이 n. 가격, 요금, 비용

□ ค่าธรรมเนียม 카– 탐–니–염 n. 중개료, 수수료

□ ตู้ATM 뚜– 에–티–엠– n. 현금 자동 인출기

□ อินเตอร์เน็ตแบงค์กิ้ง 인떠–넫 뱅–낑 n. 인터넷뱅킹

□ รหัสลับ 라핫 랍 n. 비밀번호

19. 두통

꼭! 써먹는 **실전 회화**

ผึ้ง เธอมียาแก้ปวดไหม
풍 터– 미– 야– 깨– 뿌–얻 마이?
너 진통제 있어?

ต้อ มี ปวดหัวเหรอ
떠– 미–. 뿌–얻 후어 르?
있어. 머리가 아프니?

ผึ้ง อึม ปวดหัวมากเลย
풍 음–. 뿌–얻 후어 막– 러–이
응. 머리가 지독하게 아파.

ต้อ ฉันว่าไปให้หมอตรวจดีกว่า
떠– 찬 와– 빠이 하–이 머– 뜨루–얻 킨–와–
의사에게 진찰을 받는 게 좋겠다.

연습 문제

다음 단어를 읽고 맞는 뜻과 연결하세요.

1. เงิน •	• 교사, 선생님
2. โรงเรียน •	• 돈
3. โรงพยาบาล •	• 병원
4. กาแฟ •	• 상점, 가게
5. คุณครู •	• 시장
6. งาน •	• 약국
7. ตลาด •	• 은행
8. ธนาคาร •	• 음식점, 식당
9. นักเรียน •	• 일, 업무
10. ร้านขายยา •	• 커피
11. ร้านค้า •	• 학교
12. ร้านอาหาร •	• 학생

1. เงิน – 돈 2. โรงเรียน – 학교 3. โรงพยาบาล – 병원 4. กาแฟ – 커피
5. คุณครู – 교사, 선생님 6. งาน – 일, 업무 7. ตลาด – 시장
8. ธนาคาร – 은행 9. นักเรียน – 학생 10. ร้านขายยา – 약국
11. ร้านค้า – 상점, 가게 12. ร้านอาหาร – 음식점, 식당

บทที่ 6

ตอนที่ 20.

교통 การคมนาคม 깐–콤마나–콤

□ การคมนาคม 깐–콤마나–콤
n. 교통, 교통수단

□ เครื่องบิน 크르–엉 빈
n. 비행기

□ สนามบิน 싸남–빈
n. 공항

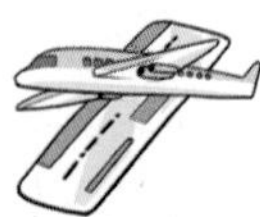

□ ตั๋วเครื่องบิน 뚜어 크르–엉 빈
n. 항공권

□ หนังสือเดินทาง 낭쓰–던 탕–
= พาสปอร์ต 파–쓰뻗–
n. 여권

□ การออกเดินทาง 깐–억–던–탕–
n. 출발

□ ออกเดินทาง 억–던–탕–
v. 출발하다

□ การไปถึง 깐–빠이틍
n. 도착

□ ถึง 틍
v. 도착하다 prep. ~까지(장소·시간)

□ การออก 깐–억–
= เดินทาง 던–탕–
n. 이륙

□ บินขึ้น 빈 큰
v. 이륙하다

□ การลงจอด 깐– 롱 쩓–
n. 착륙

□ ลงจอด 롱 쩓–
v. 착륙하다

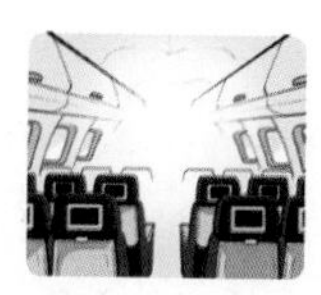

□ ที่นั่ง 티– 낭
n. 좌석

□ ที่นั่งชั้นประหยัด 티– 낭 찬 쁘라얃
이코노미석

□ ที่นั่งชั้นธุรกิจ 티– 낭 찬 투라낃
비즈니스석

□ ที่นั่งชั้นหนึ่ง 티– 낭 찬 능
일등석

□ ขึ้น 큰
v. 타다, 탑승하다

□ ขึ้นรถ 큰 롣
v. 승차하다

□ ลง 롱
v. 내리다

□ ลงรถ 롱 롣
v. 하차하다

□ สัมภาระ 쌈파–라
n. 짐, 수하물

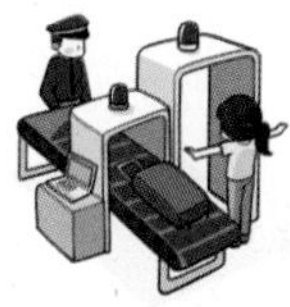

□ จุดตรวจร่างกาย
쭏 뜨루–언 랑–까–이
n. 검색대

□ กัปตันเครื่องบิน
깝딴 크르–엉 빈
n. 기장

□ พนักงานต้อนรับบนเครื่องบิน
파낙응안– 떤–랍 본 크르–엉 빈
= แอร์โฮสเตส 에– 호–스뗏–
n. 승무원

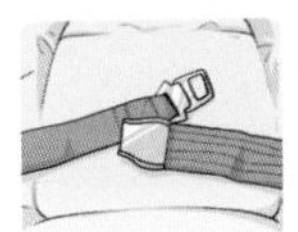

□เข็มขัดนิรภัย 켐 칻 니라파이
n. 안전벨트

□เสื้อชูชีพ 쓰-어 추-칖-
n. 구명조끼

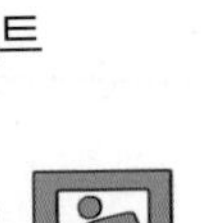

□ทางออกฉุกเฉิน 탕-억-축 츤
n. 비상구

□ร้านค้าปลอดภาษี
란- 카-쁠럳-파-씨-
n. 면세점

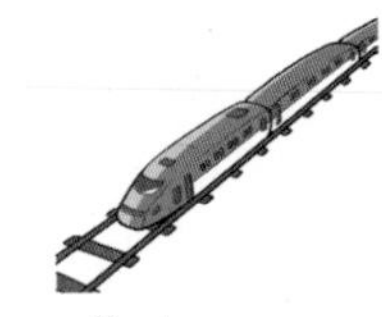

□รถไฟ 롣 파이
n. 기차

□สถานีรถไฟ
싸타-니- 롣 파이
n. 기차역

□ชานชาลา 찬-차-라-
n. 승강장, 플랫폼

□รางรถไฟ 랑- 롣 파이
n. 철로

□จุดจำหน่ายตั๋ว
쭏 짬-나-이 뚜어
n. 매표소

□ตู้โดยสาร
뚜- 도-이 싼-
n. 객차, 객실 칸

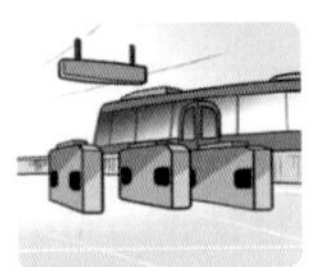

□ประตูหมุน
쁘라뚜-문
n. 개찰구

□เปลี่ยน 쁠리-얀
v. 갈아타다, 환승하다
n. 환승

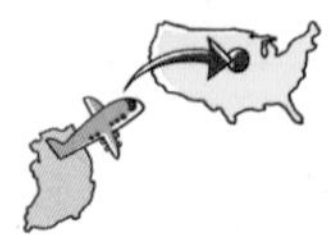

□จุดหมาย 쭏 마-이
n. 목적지

□ รถไฟใต้ดิน 롯 파이 따-이 딘
n. 지하철

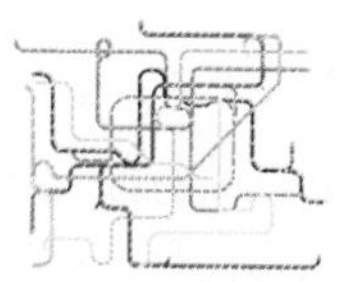

□ สายรถไฟใต้ดิน 싸-이 롯 파이 따-이 딘
지하철 노선도

□ สาย 싸-이
n. 노선 a. 늦은

□ รถเมล์ 롯 매-
n. 버스

□ ป้ายรถเมล์ 빠이 롯 매-
n. 정류장

□ แท็กซี่ 택 씨-
n. 택시

□ มอเตอร์ไซค์ 머-떠-싸이
n. 오토바이

□ มอเตอร์ไซค์รับจ้าง
머-떠-싸이 랍 짱-
n. 오토바이 택시

□ จักรยาน 짝끄라얀-
n. 자전거

□ เรือใหญ่ 르-어 야-이
n. 선박, 큰 배

□ ท่าเรือ 타- 르-어
n. 항구

□ การคมนาคม 깐–콤마나–콤 n. 교통, 교통수단

มอเตอร์ไซค์เป็นการคมนาคมหลักในการเดินทางของเมืองนี้ครับ(ค่ะ)
머–떠–싸이 뻰 깐–콤마나–콤 락 나–이 깐– 던–탕– 컹– 므–엉 니– 크랍(카)
오토바이는 이 도시의 주요 교통수단이에요.

□ การขนส่งมวลชน 깐– 콘 쏭 무–언 촌 n. 대중교통

□ เครื่องบิน 크르–엉 빈 n. 비행기

□ สนามบิน 싸남–빈 n. 공항

□ สายการบิน 싸–이깐– 빈 n. 항공사

□ ตั๋วเครื่องบิน 뚜어 크르–엉 빈 n. 항공권

□ หนังสือเดินทาง 낭쓰–던 탕– n. 여권

= พาสปอร์ต 파–쓰뻗–

□ เคาน์เตอร์ 카–운떠– n. 카운터, 프론트, 계산대

เคาท์เตอร์ของสายการบินไทยอยู่ที่ไหนครับ(คะ)
카–운떠– 컹– 깐–빈 타이 유– 티– 나이 크랍(카)?
타이항공 카운터가 어디죠?

□ หน้าต่าง 나–땅– n. 창구; 창문

□ การออกเดินทาง 깐–억–던–탕– n. 출발

□ ออกเดินทาง 억–던–탕– v. 출발하다

□ การไปถึง 깐–빠이틍 n. 도착

□ ถึง 틍 v. 도착하다 prep. ~까지(장소·시간)

□ จากไป 짝–빠이 v. 떠나다

□ การออก 깐–억– n. 이륙

= เดินทาง 던–탕–

□ บินขึ้น 빈 큰 v. 이륙하다

□ การลงจอด 깐– 롱 쩓– n. 착륙

□ ลงจอด 롱 쩓– v. 착륙하다

□ เที่ยวบิน 티여–우 빈 n. 비행편

□ เที่ยวเดียว 티여–우 디–여우 n. 편도 (비행)

□ เที่ยวบินไปกลับ 티여–우 빈 빠이 끌랍 n. 왕복 (비행)

□ แวะพัก 왜 팍 n. 기착, 경유지(스톱오버)

□ เปลี่ยน 쁠리–얀 v. 갈아타다, 환승하다; 바꾸다 n. 환승; 교환

□ ที่นั่ง 티– 낭 n. 좌석

□ ที่นั่งชั้นประหยัด 티– 낭 찬 쁘라얃 이코노미석

□ ที่นั่งชั้นธุรกิจ 티– 낭 찬 투라낃 비즈니스석

□ ที่นั่งชั้นหนึ่ง 티– 낭 찬 능 일등석

สำหรับที่นั่งชั้นธุรกิจขอให้เดินไปทางด้านหน้าครับ(ค่ะ)
쌈–랍 티– 낭 찬 투라낃 커– 하–이 던– 빠이 탕– 단– 나– 크랍(카)
비즈니스석은 앞쪽으로 가시기 바랍니다.

□ ขึ้น 큰 v. 타다, 탑승하다(일반적인 교통수단)

□ ขี่(ยานพาหนะ) 키(얀–파–나) v. 타다(주로 육상 교통수단)

□ ขึ้นรถ 큰 롣 v. 승차하다

□ ลง 롱 v. 내리다

□ ลงรถ 롱 롣 v. 하차하다

□ ฝาก 팍– v. 맡기다

□ สัมภาระ 쌈파–라 n. 짐, 수하물

□ การตรวจสอบ 깐– 뜨루–얻 썹– n. 검사, 심사

□ จุดตรวจร่างกาย 쭏 뜨루–얻 랑–까–이 n. 검색대

□ จุดตรวจคนเข้าเมือง 쭏 뜨루–얻 콘 카–우 므–엉 n. 출국 심사

□ ภายในเครื่อง 파–이 나–이 크르–엉 n. 기내

ของเหลวไม่สามารถนำขึ้นเครื่องได้ครับ(ค่ะ)
컹– 래–우 마이 싸–마–롯 남– 큰 크르–엉 다이 크랍(카)
액체류는 기내 반입이 불가합니다.

□ ตู้เก็บสัมภาระ 뚜– 껩 쌈파–라 n. 화물칸

□ กัปตันเครื่องบิน 깝딴 크르–엉 빈 n. 기장 (비행기)

□ พนักงานต้อนรับบนเครื่องบิน 파낙응안– 떤–랍 본 크르–엉 빈 n. 승무원

= แอร์โฮสเตส 에– 호–스뗏–

□ อาหารบนเครื่องบิน 아–한– 크르–엉 빈 n. 기내식

□ เข็มขัดนิรภัย 켐 칸 니라파이 n. 안전벨트

□ เสื้อชูชีพ 쓰–어 추–칲– n. 구명조끼

□ ทางออกฉุกเฉิน 탕–억–축 츤 n. 비상구

□ ร้านค้าปลอดภาษี 란– 카–쁠럳–파–씨– n. 면세점

□ รถไฟ 롣 파이 n. 기차

□ รถด่วน 롣 두–언 n. 급행열차

□ รถธรรมดา 롣 탐–마다– n. 완행열차

☐ รถไฟวิ่งตรง 롣 파이 윙 뜨롱 n. 직행열차

☐ สถานีรถไฟ 싸타-니- 롣 파이 n. 기차역

☐ ชานชาลา 찬-차-라- n. 승강장, 플랫폼

☐ รางรถไฟ 랑- 롣 파이 n. 철로

☐ ป้ายประกาศ 빠-이 쁘라깟- n. 알림판

☐ ตู้โดยสาร 뚜- 도-이 싼- n. 객차, 객실 칸

ตู้โดยสารขบวนที่8อยู่ทางไหนครับ(คะ)
뚜- 도-이 싼- 카부-언 티- 뺃- 유- 탕- 나이 크랍(카)?
8번 객차는 어느 쪽에 있죠?

☐ ตั๋วรถไฟ 뚜어 롣 파이 n. 기차표

☐ จุดจำหน่ายตั๋ว 쭏 짬-나-이 뚜어 n. 매표소

☐ ประตูหมุน 쁘라뚜-문 n. 개찰구

☐ ตารางการเดินรถ 따-랑- 깐-드-언 롣 n. 운행 시간표

☐ จุดหมาย 쭏 마-이 n. 목적지

☐ แผนการการเดินทาง 팬-깐깐-던-탕- n. 여정

☐ รถไฟใต้ดิน 롣 파이 따-이 딘 n. 지하철

☐ ตารางเวลารถไฟใต้ดิน 따-랑- 웰라- 롣 파이 따이 딘 지하철 표

☐ สายรถไฟใต้ดิน 싸-이 롣 파이 따-이 딘 지하철 노선도

☐ ทางเข้าออกรถไฟใต้ดิน 탕- 카-우 억- 롣 파이 따-이 딘 지하철 출입구

□ สาย 싸–이 n. 노선 a. 늦은

□ รถเมล์ 롣 메– n. 버스

□ รถเมล์ในตัวเมือง 롣 메– 나–이 뚜어 므–엉 n. 시내버스

□ รถเมล์นอกเมือง 롣 메–넉–므–엉 n. 시외버스

□ รถบัสชมวิว 롣 밧 촘 위우 n. 관광버스

□ รถนอน 롣 넌– n. 슬리핑 버스

□ รถตู้ 롣 뚜– n. (근교를 오가는) 미니밴

tip. '슬리핑 버스'는 주로 여행객들이 밤새 이동하며 숙박비를 아끼기 위해 많이 이용합니다. 화장실 등 편의 시설을 갖추고 있습니다.

ผม(ฉัน)นั่งรถนอนไปเชียงใหม่ครับ(ค่ะ)
폼(찬) 낭 론넌– 빠이 치–앙마–이 크랍(카)
치앙마이까지 슬리핑 버스를 타고 이동했어요.

tip. 미니밴 รถตู้ 롣 뚜–는 태국에서 매우 활성화된 도시 간 이동을 위해 합승 버스 형태로 운행하는 소형 밴입니다.

□ ป้ายรถเมล์ 빠이 롣 메– n. 정류장

□ สถานีปลายทาง 싸타–니– 쁠라–이 탕 n. 종점

□ แท็กซี่ 택 씨– n. 택시

□ มิเตอร์ 미 떠– n. 미터기

อย่านั่งแท็กซี่ที่ผิดกฎหมายเลยครับ(ค่ะ)
야– 낭 택 씨– 티– 핃 꼳마–이 러–이 크랍(카)
불법 택시는 이용하지 않는 게 좋아요.

□ มอเตอร์ไซค์ 머–떠–싸이 n. 오토바이

tip. 태국인들의 근거리 이동 수단으로 스쿠터나 오토바이가 주를 이룹니다.

□ มอเตอร์ไซค์รับจ้าง 머–떠–싸이 랍 짱– n. 오토바이 택시

tip. 태국 거리에서 등에 번호가 붙은 조끼를 입고 있는 사람이 오토바이에 앉아 있다면, 오토바이 택시 운전기사입니다. 주로 10분 내외의 근거리 지역을 운행합니다.

ที่บ้านมีมอเตอร์ไซค์กี่คันครับ(คะ)
티– 반– 미– 머–떠–싸이 끼– 칸 크랍(카)?
집에 오토바이가 몇 대 있어요?

□ หมวกกันน็อค 무–억깐넉– n. 헬멧

□ มาส์กหน้ากาก 막– 나–깍– n. 마스크

□ จักรยาน 짝끄라얀– n. 자전거

□ ยืม 염– v. 빌리다

□ เรือเล็ก 르–어 렉 n. 배, 선박(작은 배)

□ เรือใหญ่ 르–어 야–이 n. 선박, 큰 배

□ ท่าเรือ 타– 르–어 n. 항구

□ เมาเรือ 마–오 르–어 n. 뱃멀미

20. 비행기 예약

꼭! 써먹는 **실전 회화**

ต้อ 떠–
อยากจะจองตั๋วเครื่องบินไปโซลครับ
약– 짜 쩡– 뚜어 크르–엉 빈 빠이 쏘–올 크랍
서울행 비행기 티켓을 예약하려고 합니다.

พนักงานเคาน์เตอร์ 파낙응안– 카운–떠–
ออกเดินทางวันไหนคะ
억–던–탕– 완 나이 카?
언제 떠날 예정인가요?

ต้อ 떠–
ประมาณช่วงวันที่20-23ธันวาคมครับ
쁘라만– 추–엉 완 티– 이씹–이씹–쌈– 탄와–콤 크랍
12월 20일에서 23일 사이에 떠나고 싶어요.

พนักงานเคาน์เตอร์ 파낙응안– 카운–떠–
ต้องการจองตั๋วเที่ยวเดียวหรือ ตั๋วไปกลับคะ
떵–깐– 쩡– 뚜어 티–여우 디–여우 르–, 뚜어 빠이 끌랍 카?
편도인가요, 왕복인가요?

ต้อ 떠–
ตั๋วไปกลับครับ
뚜어 빠이 끌랍 크랍
왕복으로요.

ตอนที่ 21.

자동차 รถยนต์ 롣 욘

□ ขับรถ 캅 롣
v. 운전하다

□ การขับรถ 깐– 캅 롣
n. 운전

□ รถ 롣 n. 차

□ รถยนต์ 롣 욘
= รถยนต์ส่วนตัว
롣 욘 쑤–언 뚜어
n. 자동차

□ เพิ่มความเร็ว 픔– 쾀–레우
v. 속력을 내다

□ สตาร์ทรถ 쓰딸– 롣
v. 제동을 걸다

□ เหยียบเบรก 이–얍 브렉–
v. 브레이크를 밟다

□ หยุดรถ 윧–롣
v. 정지하다

□ พวงมาลัย 푸–엉 마– 라이
n. 운전대

□ กระจกหลัง 끄라쪽 랑
n. 룸미러

□ ไฟหน้า 파이 나–
n. 전조등, 헤드라이트

□ แตร 뜨래–
n. 경적

□ เข็มขัดนิรภัย 켐 캇 니라파이
n. 안전벨트

□ ฝ่าฝืน 파– 픈–
n. 위반

□ คุยโทรศัพท์ขณะขับรถ
쿠이 토–라쌉 카나 캅 롣
운전 중 통화

□ เมาแล้วขับ 마–우 래–우 캅
n. 음주 운전

□ ไฟจราจร 파이 짜라–쩐–
n. 신호등

□ ยางรถ 양– 롣
n. 타이어

□ ล้อรถ 러– 롣–
n. 바퀴

□ ค่าปรับ 카– 쁘랍
n. 벌금

□ ขับรถเร็วเกินกำหนด
캅 롣 레우 끈– 깜–놛
n. 속도 위반

□ ป้ายจราจร 빠–이 짜라–쩐–
n. 교통 표지판

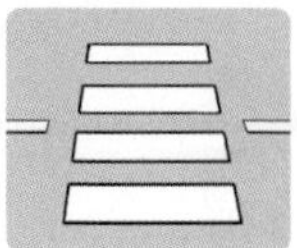

□ ทางม้าลาย 탕– 마–라–이
n. 횡단보도

□ เร็ว 레우
v. 빠르다 a. 빠른

□ ช้า 차–
v. 느리다 a. 느린

□ คนขับ 콘 캅
n. 운전자

□ คนเดินเท้า 콘 던–타오–
n. 보행자

□ ปั๊มน้ำมัน 빰 남–만
n. 주유소

□ แก๊สโซลีน 깻쏠–린–
n. 휘발유, 가솔린

□ น้ำมันดีเซล 남–만 디–쎌–
n. 경유, 디젤

□ แก๊สธรรมชาติ 깻 탐–마찻–
n. 천연가스

□ เติมน้ำมัน 뜸– 남–만
n. 주유 v. 주유하다

□ จุดล้างรถ 쭏랑–롣
n. 세차장

□ ล้างรถ 랑–롣
v. 세차하다

□ ที่จอดรถ 티– 쩐–롣
= ลานจอดรถ 란– 쩐–롣
n. 주차장

□ ห้ามจอด 함–쩐–
n. 주차 금지

□ ถนน 타논
n. 길, 거리; 도로

□ ทางแยก 탕–액–
n. 교차로

□ ทางคนเดิน 탕– 콘 던–
n. 인도

□ จอดรถ 쩐– 롣
n. 주차 v. 주차하다

□ การจราจรติดขัด 깐–짜라–쩐–띧칻
n. 교통 혼잡, 교통 체증

□ ทางเดินรถสายกลาง
탕– 던– 롣 싸–이끌랑–
n. 중앙선

□ อุโมงค์ 우몽–
n. 터널

□ ตำรวจจราจร 땀–루얻–짜라–쩐–
n. 교통경찰

□ ขับรถ 캅 롣 v. 운전하다

□ การขับรถ 깐– 캅 롣 n. 운전

tip. 태국은 운전석이 오른쪽에 있습니다.

ขอบคุณมากแต่ต้องขับรถเลยดื่มไม่ได้ครับ(ค่ะ)
컵–쿤 막– 때– 떵– 캅 롣 러–이 듬– 마이 다이 크랍(카)
고맙지만 운전 때문에 술은 못 마셔요.

□ รถ 롣 n. 차

□ รถยนต์ 롣 욘 n. 자동차

= รถยนต์ส่วนตัว 롣 욘 쑤–언 뚜어

□ รถบรรทุก 롣 반–툭 n. 트럭, 화물차

□ รถเมล์ 롣 메– n. 버스

□ รถตู้ 롣 뚜– n. (근교를 오가는) 미니밴

□ พวงมาลัย 푸–엉 마– 라이 n. 운전대

□ เข็มขัดนิรภัย 켐 칻 니라파이 n. 안전벨트

□ คาดเข็มขัดนิรภัย 칻 켐 칻 니라파이 v. 안전벨트를 매다

□ เพิ่มความเร็ว 픔– 쾀– 레우 v. 속력을 내다

□ คันเร่ง 칸 렝– n. 액셀러레이터, 가속 페달

□ เหยียบคันเร่ง 이–얍 칸 렝– v. 가속 페달을 밟다

รถคนนั้นจู่ ๆก็เพิ่มความเร็วเลยเกิดอุบัติเหตุครับ(ค่ะ)
롣 콘 난 쭈– 쭈– 꺼 픔– 쾀– 레우 러–이 껃– 우받띠핻 크랍(카)
저 차가 갑자기 속력을 내는 바람에 사고가 났어요.

□ หยุดรถ 윧–롣 v. 정지하다

□ สตาร์ทรถ 쓰딸– 롣 v. 제동을 걸다

□ เบรก 브렉– n. 브레이크

□ เหยียบเบรก 이–얍 브렉– v. 브레이크를 밟다

□ กระโปรงหน้ารถ 끄라쁘롱– 나–롣 n. 보닛

□ กระโปรงหลังรถ 끄라쁘롱– 랑 롣 n. 트렁크

□ ไฟหน้า 파이 나– n. 전조등, 헤드라이트

□ ไฟเลี้ยว 파이 리–여우 n. 방향 지시등

□ ไฟฉุกเฉิน 파이 축 츤– n. (자동차의) 비상등

□ แตร 뜨래– n. 경적

อย่าบีบแตร
야–빕– 뜨래–
경적을 울리면 안 돼요.

□ กระจกหลัง 끄라쪽 랑 n. 룸미러

□ กระจกข้าง 끄라쪽 캉– n. 사이드미러

□ ที่ปัดน้ำฝน 티– 빧 남– 폰 n. 와이퍼

□ กันชน 깐 촌 n. 범퍼

□ เลขทะเบียนรถ 렉– 타비–얀 롣 n. 자동차 등록번호

□ ป้ายทะเบียน 빠–이 타비–얀 n. 번호판

□ ยางรถ 양– 롣 n. 타이어

□ ล้อรถ 러– 롣– n. 바퀴

□ ยางอะไหล่ 양– 아라이 n. 스페어타이어

□ ระเบิด 라 벋– n. 파열, 폭발 v. 터지다, 펑크 나다

□ แบน 밴– v. 평평하게 하다 a. 평평한; 펑크 난

□ กฎหมายจราจร 꼳마-이 짜라-쩐- n. 도로 교통법

□ ฝ่าฝืน 파- 픈- n. 위반

□ ค่าปรับ 카- 쁘랍 n. 벌금

□ เมาแล้วขับ 마-우 래-우 캅 n. 음주 운전

□ คุยโทรศัพท์ขณะขับรถ 쿠이 토-라쌉 카나 캅 롣 운전 중 통화

ผม(ฉัน)คุยโทรศัพท์ขณะที่ขับรถก็เลยโดนปรับครับ(ค่ะ)
폼(찬) 쿠이 토-라쌉 카나 티- 캅 롣 꺼 러-이 돈-쁘랍 크랍(카)
운전 중 전화를 하다가 벌금을 부과받았어요.

□ ป้ายจราจร 빠-이 짜라-쩐- n. 교통 표지판

□ ป้ายบอกทาง 빠-이 벅- 탕- n. (도로) 표지판

□ ทางเดินรถทางเดียว 탕- 드-언 롣 탕- 디-여우 n. 일방통행

□ ทางเดินรถสองทาง 탕- 드-언 롣 썽- 탕- n. 양방통행

□ ถนนวงแหวน 타논 옹 왠- n. 순환 도로

□ ไฟจราจร 파이 짜라-쩐- n. 신호등

ไฟดับไฟจราจรก็เลยดับไปด้วยครับ(ค่ะ)
파이 답 파이 짜라-쩐- 꺼 러-이 답 빠이 두-어이 크랍(카)
정전이 돼서 신호등까지 꺼졌어요.

□ ทางม้าลาย 탕- 마-라-이 n. 횡단보도

□ ทางข้าม 탕- 캄- n. 건널목

□ ขับรถเร็วเกินกำหนด 캅 롣 레우 껀- 깜-놑 n. 속도 위반

□ ความเร็วตามกำหนด 쾀- 레우 땀- 깜-놑 n. 규정 속도, 제한 속도

□ เร็ว 레우 v. 빠르다 a. 빠른

□ ช้า 차- v. 느리다 a. 느린

□ คนขับ 콘 캅 n. 운전자

□ คนเดินเท้า 콘 던-타오- n. 보행자

□ ปั๊มน้ำมัน 빰 남-만 n. 주유소

□ เติมน้ำมัน 뜸- 남-만 n. 주유 v. 주유하다

□ แก๊สโซลีน 깻쏠-린- n. 휘발유, 가솔린

□ น้ำมันดีเซล 남-만 디-쎌- n. 경유, 디젤

□ แก๊สธรรมชาติ 깻 탐-마찯- n. 천연가스

น้ำมันลิตรละเท่าไรนะครับ(คะ)
남-만 릳 라 타-오라이 나 크랍(카)?
휘발유값이 얼마죠?

□ ลิตร 릳 n. 리터

□ ปริมาณ 빠리만- n. (분량이나 수량을 나타내는) 양

□ จุดล้างรถ 쭏랑-롣 n. 세차장

□ ล้างรถ 랑-롣 v. 세차하다

□ ลงแว็กซ์ 롱 왝 왁스로 닦다

□ ที่จอดรถ 티- 쩓-롣 n. 주차장

= ลานจอดรถ 란- 쩓-롣

□ ที่จอดรถสาธารณะ 티- 쩓-롣 싸-타-라나 n. 공영 주차장

□ ที่จอดรถแบบไม่เสียเงิน 티- 쩓-롣 뱁- 마이 씨-야 응-언 n. 무료 주차장

□ ที่จอดรถแบบเสียเงิน 티- 쩓-롣 뱁-씨-야 응-언 n. 유료 주차장

□ จอดรถ 쩓- 롣 n. 주차 v. 주차하다

□ จอด 쩓- v. 세우다

มอเตอร์ไซค์จอดที่ไหนได้บ้างครับ(คะ)
머-떠-싸이 쩓- 티- 나이 다이 방- 크랍(카)?
오토바이는 어디에 주차할 수 있나요?

□ ห้ามจอด 함-쩓- n. 주차 금지

□ การจราจรติดขัด 깐-짜라-쩐-띧칻 n. 교통 혼잡, 교통 체증

□ จุดยูเทิร์น 쭏 유- 턴- n. 유턴

= จุดกลับรถ 쭏 끌랍 롣

□ เลี้ยวซ้าย 리-여우 싸-이 v. 좌회전하다

□ เลี้ยวขวา 리-여우 크와- v. 우회전하다

□ ใบขับขี่ 바-이 캅 키- n. 운전 면허증

□ ข้อสอบใบขับขี่ 커- 썹- 바-이 캅 키- n. 운전면허 시험

ขอดูใบขับขี่หน่อยครับ(ค่ะ)
커- 두- 바-이 캅 키- 너-이 크랍(카)
운전 면허증을 보여주세요.

□ ถนน 타논 n. 길, 거리; 도로

□ ทางด่วน 탕-두-언 n. 고속도로

มอเตอร์ไซค์ขึ้นไปบนทางด่วนไม่ได้ครับ(ค่ะ)
머-떠-싸이 큰 빠이 본 탕- 두-언 마이 다이 크랍(카)
고속도로에는 오토바이가 다닐 수 없어요.

□ ทางคนเดิน 탕- 콘 던- n. 인도

□ ทางเดินรถสายกลาง 탕- 던- 롣 싸-이끌랑- n. 중앙선

□ ทางแยก 탕-액- n. 교차로

□ ไหล่ถนน 라이 타논 n. 갓길

□ ลูกระนาด 루- 끄라낟- n. 과속 방지 턱

ระวังลูกระนาดนะครับ(ค่ะ)
라왕 루- 끄라낟- 나 크랍(카)
과속 방지 턱을 주의하세요.

□ อุโมงค์ 우몽- n. 터널

□ ออกมาจากอุโมงค์
억- 마- 짝- 우몽- 터널을 빠져나오다

□ ตำรวจจราจร 땀-루얻-짜라-쩐- n. 교통경찰

21. 교통 위반

꼭! 써먹는 **실전 회화**

ตำรวจจราจร ขอดูใบขับขี่หน่อยครับ
땀-루얻-짜라-쩐- 커- 두- 바-이 캅 키- 너-이 크랍
운전 면허증 좀 보여 주세요.

ต้อ ฉันขับรถเร็วเกินไปเหรอคะ
떠- 찬 캅 롣 레우 끈 빠이 르- 카?
제가 너무 과속했나요?

ตำรวจจราจร ไม่ใช่ครับ แต่คุณขับรถฝ่าไฟแดง
땀-루얻-짜라-쩐- 마이 차-이 크랍. 때- 쿤 캅 롣 파- 파이 댕-
아닙니다. 하지만 빨간불을 그냥 지나치셨네요.

ต้อ ขอโทษจริงๆค่ะ ต้องเสียค่าปรับไหมคะ
떠- 커- 톧- 찡 찡 카. 떵- 씨-야 카- 쁘랍 마이 카?
죄송합니다. 그러면 벌금이 있나요?

ตำรวจจราจร ครับ ต้องเสียค่าปรับนิดหน่อย
땀-루얻-짜라-쩐- 크랍. 떵-씨-야 카- 쁘랍 닏 너-이
네. 약간의 벌금이 있어요.

숙박 การพักแรม 깐– 팍 램–

□ การพักแรม 깐– 팍 램–
n. 숙박

□ โรงแรม 롱–램– n. 호텔

□ เกสท์เฮาส์ 겟–하–웃 n. 게스트하우스

□ เคาน์เตอร์ 카–운떠–
n. 프론트, 카운터, 계산대

□ รูมเซอร์วิส 룸–써–윗쓰
n. 룸서비스

□ พนักงานต้อนรับ
파낙응안– 떤–랍
n. 프론트 담당자

□ พักอาศัย 팍 아–싸이
v. 체류하다, 머무르다

□ จอง 쩡–
v. 예약하다

□ ยกเลิก 욕 르–억
v. 취소하다, 탈퇴하다, 폐지하다, 버리다

□ เช็คอิน 첵인
n. 체크인

□ เช็คเอาท์ 첵아–오
n. 체크아웃

□ ห้องพักเดี่ยว 헝– 팍 디–여우
n. 싱글룸

□ ห้องพักคู่ 헝– 팍 쿠–
n. 더블룸

□ เครื่องทำความร้อน
크르–엉 탐–쾀–런–
n. 난방 시설

□ เครื่องทำความเย็น
크르–엉 탐–쾀–옌
n. 냉방, 냉방 시설

□ แม่บ้าน 매–반–
n. 하우스키퍼

□ พนักงานยกกระเป๋า
파낙응안– 욕 끄라빠–오
n. 벨보이

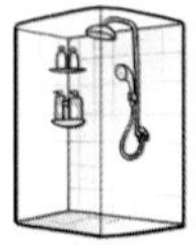

□ ห้องอาบน้ำ 헝– 압–남–
n. 샤워실, 욕실

□ ห้องน้ำ 헝–남–
n. 화장실

□ ห้องซักรีด 헝–싹 끄릳–
n. 세탁실

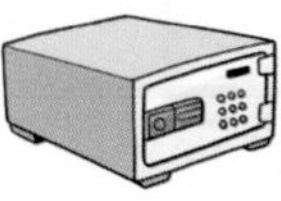

□ ตู้เซฟ 뚜– 쎕–
n. 금고

□ สะอาด 싸앋–
a. 깨끗한, 청결한

□ สกปรก 쏙까쁘록
a. 지저분한, 더러운

□ ไม่สะอาด 마이 싸앋–
= ไม่อนามัย 마이 아나–마이
a. 불결한

□ วิว 위우
= ทิวทัศน์ 티우탓
n. 전망, 경치, 풍경

□ ระเบียง 라비–양
n. 발코니

□ เทอร์เรส 터–렛–
n. 테라스

□ ร่มกันแดด 롬 깐 댇–
n. 파라솔

□ สระว่ายน้ำ 싸 와–이남–
n. 수영장

□ ราคา 라–카–
= ค่าใช้จ่าย 카– 차–이 짜–이
n. 가격, 요금, 비용

□ จ่าย 짜–이
v. 지불하다

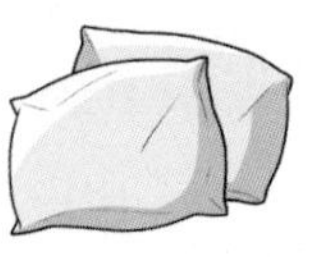

□ ผ้าปูที่นอน
파– 뿌– 티– 넌–
n. 침대 시트

□ ผ้าห่ม 파–홈
n. 이불, 담요

□ หมอน 먼–
n. 베개

□ ผ้าเช็ดตัว 파–첸 뚜어
= ผ้าขนหนู 파– 콘 누–
n. 수건, 타월

□ ยาสระผม 야–싸 폼
= แชมพู 챔–푸–
n. 샴푸

□ แปรงสีฟัน
쁘랭– 씨– 판
n. 칫솔

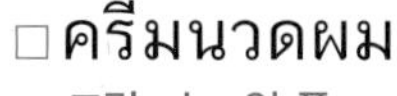

□ ครีมนวดผม
크림– 누–얻 폼
n. 린스

□ ยาสีฟัน 야– 씨– 판
n. 치약

□ สบู่ 싸부–
n. 비누

□ หวี 위–
n. 빗

□ ไดร์เป่าผม
드라이 빠–오 폼
n. 드라이어

□ เครื่องโกนหนวด
크르–엉 꼰– 누–얻
n. 면도기

□ กระดาษชำระ
끄라닷– 참–라
n. 화장지, 휴지

□ กระดาษทิชชู่
끄라닷– 팃 츄–
n. 티슈, 갑 티슈

□ พัก 팍 v. 묵다

□ พักแรม 팍 램– v. 숙박하다

□ การพักแรม 깐– 팍 램– n. 숙박

□ จองห้องพัก 쩡– 헝– 팍 v. 방을 잡다

□ ที่พัก 티– 팍 n. 숙박 시설 (머무는 곳)

□ หอพัก 허– 팍 n. 숙소

□ โรงแรม 롱–램– n. 호텔

□ โรงแรมห้าดาว 롱–램– 하– 다–우 n. 특급 호텔

□ โรงแรมในเครือข่าย 롱–램– 나–이 크르–어 카–이 n. 체인 호텔

□ เกสท์เฮาส์ 겟–하–웃 n. 게스트하우스

□ ห้องพักแบบดอร์มิทอรี่ 헝– 팍 뱁– 더–미터–리– n. 도미토리

tip. โรงแรมห้าดาว 롱–램– 하– 다–우는 '호텔'을 나타내는 โรงแรม 롱–램과 '5개의 별'을 의미하는 ห้าดาว 하–다–우의 합성어로 5성급 호텔인 '특급 호텔'을 의미합니다.

ในที่สุดก็ได้จองโรงแรมที่จะพักที่เกาะช้างแล้วครับ(ค่ะ)
나–이 티– 쑫– 꺼 다이 쩡– 롱–램– 티– 짜 팍 꺼 창– 래–우 크랍(카)
드디어 창섬에서 묵을 호텔을 예약했어요.

tip. '창섬' เกาะช้าง 꺼 창–은 เกาะ 꺼(섬)와 ช้าง 창–(코끼리)이 결합된 '코끼리 섬'이라는 의미의 지명입니다.

□ เคาน์เตอร์ 카–운떠– n. 프론트, 카운터, 계산대

□ เช็คอิน 첵인 n. 체크인

□ เช็คเอาท์ 첵아–오 n. 체크아웃

□ ห้องพักเดี่ยว 헝– 팍 디–여우 n. 싱글룸

□ ห้องพักคู่ 헝– 팍 쿠– n. 더블룸

□ ห้องสวีท 헝– 쓰윋– n. 스위트룸

ห้องพักเดี่ยวมีคนจองหมดแล้วครับ(ค่ะ)
헝- 팍 디-여우 미- 콘 쩡- 몯 래-우 크랍(카)
싱글룸은 전부 이미 예약되었습니다.

□ เลขห้อง 렉 헝- n. 방 호수

□ รูมเซอร์วิส 룸-써-윗쓰 n. 룸서비스

□ สิ่งอำนวยความสะดวก 씽 암-누어-이 쾀-싸두-억 n. 장비, 시설

□ เครื่องทำความร้อน 크르-엉 탐-쾀-런- n. 난방 시설

□ เครื่องทำความเย็น 크르-엉 탐-쾀-옌 n. 냉방, 냉방 시설

เครื่องทำความเย็นที่ห้องของฉันไม่ค่อยเย็นเลยครับ(ค่ะ)
크르-엉 탐-쾀-옌 티- 헝- 컹- 찬 마이 커-이 옌 러-이 크랍(카)
저희 방에 있는 냉방 시설이 별로 시원하지가 않아요.

□ เครื่องปรับอากาศ 크르-엉 쁘랍 아-깟- n. 에어컨

= แอร์ 애-

□ เครื่องระบายอากาศ 크르-엉 라바-이 아-깟- n. 환기, 환기 시설

□ พนักงานต้อนรับ 파낙응안- 떤-랍 n. 프론트 담당자

□ แม่บ้าน 매-반- n. 하우스키퍼(객실 정리 담당 직원)

□ พนักงานยกกระเป๋า 파낙응안- 욕 끄라빠-오 n. 벨보이(수하물 담당 직원)

□ ห้องซักรีด 헝-싹 끄릳- n. 세탁실

ห้องซักรีดอยู่ที่ชั้นหนึ่งครับ(ค่ะ)
헝-싹 끄릳- 유- 티- 찬 능- 크랍(카)
세탁실은 1층에 있어요.

□ ห้องอาบน้ำ 헝- 압-남- n. 샤워실, 욕실

□ ห้องน้ำ 헝-남- n. 화장실

□ ตู้เซฟ 뚜- 쎕- n. 금고

□ ตู้เซฟส่วนตัว 뚜- 쎕- 쑤-언 뚜어 n. 개인 금고

□ มินิบาร์ 미니바- n. 미니바

□ ใช้ 차-이 v. (~을) 이용하다

ได้ใช้บริการที่มินิบาร์หรือเปล่าครับ(คะ)
다이 차-이 버리깐- 티- 미니바- 르- 쁠라-우 크랍(카)?
미니바를 이용하셨습니까?

□ ร้านอาหาร 란- 아-한- n. 음식점, 식당

□ สะอาด 싸앋- a. 깨끗한, 청결한

□ สกปรก 쏙까쁘록 a. 지저분한, 더러운

□ ไม่สะอาด 마이 싸앋- a. 불결한

= ไม่อนามัย 마이 아나-마이

□ สะดวกสบาย 싸두-억 싸바-이 a. 편안한

□ ไม่สบาย 마이 싸바-이 a. 불편한

□ วิว 위우 n. 전망, 경치, 풍경

= ทิวทัศน์ 티우탓

□ วิวเมือง 위우 므-엉 시내 전망

□ วิวทะเล 위우 타래- 바다 전망

□ ระเบียง 라비-양 n. 발코니

□ เทอร์เรส 터-렛- n. 테라스

□ ร่มกันแดด 롬 깐 댄- n. 파라솔

□ สระว่ายน้ำ 싸 와-이남- n. 수영장

□ สระว่ายน้ำในร่ม 싸 와-이남- 나-이 롬 실내 수영장

□ สระว่ายน้ำกลางแจ้ง 싸 와-이남- 끌랑-짼- 야외 수영장

□ ราคา 라-카- n. 가격, 요금, 비용

= ค่าใช้จ่าย 카- 차-이 짜-이

□ ค่าใช้จ่ายทั้งหมด 카- 차-이 짜-이 탕 몯 n. 정가, 전액 요금

□ ค่าใช้จ่ายแบบหักส่วนลดแล้ว

카- 차-이 짜-이 뱁- 학 쑤-언 롣 래-우 할인 요금

□ ภาษี 파-씨- n. 세금

□ จ่าย 짜-이 v. 지불하다

□ ค่าใช้จ่ายเพิ่มเติม 카- 차-이 짜-이 픔- 뜸- 추가 요금

ถ้าใช้โทรศัพท์โทรไปต่างประเทศจะมีค่าใช้จ่ายเพิ่มเติมเท่าไรครับ(คะ)

타- 차-이 토-라쌉 토- 빠이 땅-쁘라텟- 짜 미- 카- 차-이 짜-이 픔- 뜸- 타-오라이 크랍(카)?

국제 전화 사용에 대한 추가 요금은 얼마인가요?

□ ค่าที่พัก 카- 티-팍 n. 숙박료

□ หนึ่งคืน 능- 큰- n. 1박, 하룻밤

□ หนึ่งคืนสองวัน 능- 큰- 썽- 완 1박2일

□ ช่วงไฮซีซั่น 추-엉 하이 씨-싼 n. 성수기

□ ช่วงโลว์ซีซั่น 추-엉 로-우 씨-싼 n. 비수기

□ พักอาศัย 팍 아-싸이 v. 체류하다, 머무르다

จะพักกี่วันครับ(คะ)
짜 팍 끼- 완 크랍(카)?
얼마 동안 체류할 예정이신가요?

□ พักโฮมสเตย์ 팍 홈-쓰떼- 민박하다

□ จอง 쩡- v. 예약하다

□ จองที่พัก 쩡- 티- 팍 숙소를 예약하다

□ ยกเลิก 욕 르-억 v. 취소하다, 탈퇴하다, 폐지하다, 버리다

□ ยกเลิกการจองห้องพัก 욕 르-억 깐- 쩡- 헝- 팍
방 예약을 취소하다

□ ผ้าปูที่นอน 파- 뿌- 티- 넌- n. 침대 시트

□ ผ้าห่ม 파-홈 n. 이불, 담요

□ หมอน 먼- n. 베개

□ ผ้าเช็ดตัว 파-첸 뚜어 n. 수건, 타월

= ผ้าขนหนู 파- 콘 누-

□ สบู่ 싸부- n. 비누

□ แปรงสีฟัน 쁘랭- 씨- 판 n. 칫솔

□ ยาสีฟัน 야- 씨- 판 n. 치약

□ ยาสระผม 야-싸 폼 n. 샴푸

= แชมพู 챔-푸-

□ ครีมนวดผม 크림- 누-얻 폼 n. 린스

□ หวี 위– n. 빗

□ ไดร์เป่าผม 드라이 빠–오 폼 n. 드라이어

□ เครื่องโกนหนวด 크르–엉 꼰– 누–얻 n. 면도기

□ กระดาษชำระ 끄라닷– 참–라 n. 화장지, 휴지

□ กระดาษทิชชู่ 끄라닷– 팃 츄– n. 티슈, 갑 티슈

22. 숙소 예약

꼭! 써먹는 **실전 회화**

ผึ้ง จองที่พักแล้วหรือยัง
퐁 쩡– 티– 팍 래–우 르– 양?
숙소는 예약했어?

ต้อ ยังหาโรงแรมที่ถูกใจไม่เจอเลย
떠– 양 하– 롱–램– 티– 툭– 짜–이 마이 쩌– 러–이
아직 맘에 드는 호텔을 찾지 못했어.

ผึ้ง ลองอ่านรีวิวของโรงแรมแต่ละที่แล้วตัดสินใจดูสิ
퐁 렁– 안– 리–위우 컹– 롱–램– 때– 라 티– 래–우 딴 씬 짜–이 두– 씨
인터넷으로 각 호텔에 대한 후기를 읽어 보고 선택해.

ต้อ อืม เป็นความคิดที่ดี
떠– 음 뻰 쾀–킨 티– 디–
그거 좋은 생각이야.

ตอนที่ 23.

관광 การท่องเที่ยว 깐–텅–티–여우

□ การท่องเที่ยว 깐–텅–티–여우
n. 관광, 여행

□ จุดประชาสัมพันธ์การท่องเที่ยว 쭏 쁘라차– 쌈판 깐–텅–티–여우
n. 관광 안내소

□ แจ้งให้ทราบ 쨍– 하–이 쌉–
v. 안내하다

□ มัคคุเทศก์ 막쿠텟–
= ไกด์ 까잍
n. 관광 안내원, 가이드

□ แผนที่ 팬–티–
n. 지도

□ แผน 팬–
n. 계획

□ นักท่องเที่ยว 낙 텅–티–여우
n. 관광객

□ สถานที่ท่องเที่ยว 싸탄–티–텅–티–여우
n. 관광지

□ โบราณสถาน 보–란–싸탄–
n. 유적지

□ ทิวทัศน์ 티우탓
n. 전망, 경치, 풍경

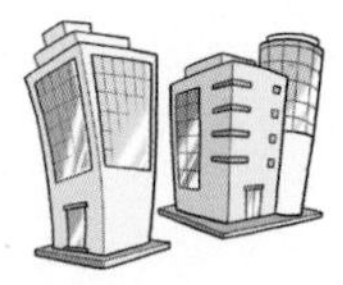

□ อาคาร 아–칸–
n. 건물

□ ปราสาท 쁘라–쌋–
n. 성

□ วัด 왓
n. 사원, 절

□ วัดโพธิ์ 왓 포–
n. 포 사원

□ วัดอรุณ 왓 아룬
n. 새벽 사원

□ พระราชวัง 프라 라–차왕
n. 왕궁

□ พิพิธภัณฑ์ 피피타판–
n. 박물관

□ สวนสาธารณะ 쑤–언 싸–타–라나
n. 공원

□ สวนสัตว์ 쑤–언 쌋
n. 동물원

□ สวนพฤกษศาสตร์ 쑤–언 프륵싸–쌋
n. 식물원

□ เข้าไป 카-우 빠이
v. 들어가다

□ ทางเข้า 탕-카-우
n. 입구; 현관

□ ออกไป 억-빠이
v. 나가다

□ ทางออก 탕-억-
n. 출구

□ เปิด(ให้เข้าชม)
뻗- (하-이 카-오 촘)
n. 개장

□ ปิด(ไม่ให้เข้าชม)
삗 (마이 하-이 카-오촘)
n. 폐장

□ ส่วนตัว 쑤-언 뚜어
= คนเดียว 콘 디-여우
n. 개인

□ กลุ่ม 끄룸
= หมู่คณะ 무-카나
n. 단체

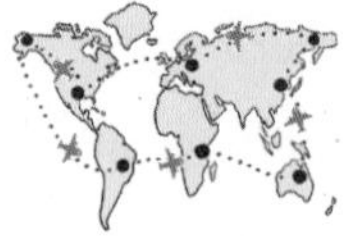

□ แผนการท่องเที่ยว
팬-깐- 깐-텅-티-여우
n. 여정

□ เส้นทางการท่องเที่ยว
쎈-탕-깐-텅-티-여우
n. 여행 코스

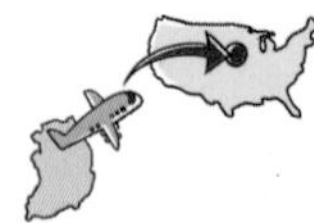

□ จุดหมาย 쭏 마-이
n. 목적지

□ เมือง 므-엉
n. 도시

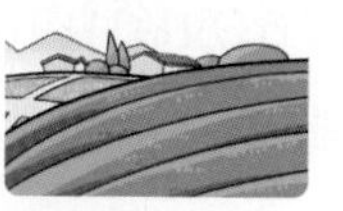

□ ชนบท 촌나봇
n. 시골, 농촌

□ ภูเขา 푸-카-오
n. 산

□ หุบเขา 훕카-오
n. 계곡

□ แม่น้ำ 매-남-
n. 강

□ ทะเลสาบ 타래-쌉-
n. 호수

□ ทะเล 탈래-
n. 바다

□ ชายหาด 차-이 할-
n. 해변

□ เกาะ 꺼
n. 섬

□ รีสอร์ท 리-썯-
n. 리조트

□ การท่องเที่ยว 깐-텅-티-여우 n. 관광, 여행

□ การท่องเที่ยวแบบแพ็คเกจทัวร์ 깐-텅-티-여우 뱁- 팩깯-투어 n. 패키지 여행, 단체 관광

□ การท่องเที่ยวแบบแบ็คแพ็ค 깐-텅-티-여우 뱁- 백팩 n. 배낭여행

□ สถานที่ท่องเที่ยว 싸탄-티-텅-티-여우 n. 여행지, 관광지

□ ถนนข้าวสาร 타논 카-오싼- n. 카오산 로드

ถนนข้าวสารที่เมืองไทยเป็นสถานที่ท่องเที่ยวที่ได้รับความนิยมครับ(ค่ะ)
타논 카-오싼- 티- 므-엉 타이 싸탄-티- 텅-티-여우 티- 다이 랍 쾀-니염 크랍(카)
방콕의 카오산 로드는 인기 있는 관광지입니다.

tip. '카오산 로드'는 쌀 유통의 중심지였는데, 20세기 말 게스트하우스 밀집 지역으로 번성하면서 배낭여행자들의 천국으로 유명해졌습니다.

□ จุดหมาย 쭏 마-이 n. 목적지

□ จุดประชาสัมพันธ์การท่องเที่ยว 쭏 쁘라차- 쌈판 깐-텅-티-여우 n. 관광 안내소

tip. 태국에서 관광업은 GDP에서 농업 바로 다음의 비중을 차지할 만큼 매우 중요한 산업 분야입니다.

□ แผนการการท่องเที่ยว 팬-깐- 깐-텅-티-여우 n. 여정

□ เส้นทางการท่องเที่ยว 쎈-탕-깐-텅-티-여우 n. 여행 코스

□ แผน 팬- n. 계획

□ แผนที่ 팬-티- n. 지도

ขอแผนที่แนะนำการท่องเที่ยวสักหนึ่งแผ่นได้ไหมครับ(คะ)
커- 팬-티- 내남- 깐-텅-티-여우 싹 능- 팬- 다이 마이 크랍(카)?
관광 안내 지도 한 장 받을 수 있을까요?

□ การแจ้งให้ทราบ 깐– 쨍– 하–이 쌉– n. 안내

□ แจ้งให้ทราบ 쨍– 하–이 쌉– v. 안내하다

□ มัคคุเทศก์ 막쿠텟– n. 관광 안내원, 가이드

= ไกด์ 까읻

□ นักท่องเที่ยว 낙 텅–티–여우 n. 관광객

□ ทิวทัศน์ 티우탓 n. 전망, 경치, 풍경

□ อาคาร 아–칸– n. 건물

□ อนุสาวรีย์ 아누싸–와리– n. 기념비

□ โบราณสถาน 보–란–싸탄– n. 유적지

□ เปิด(ให้เข้าชม) 뻗– (하–이 카–오 촘) n. 개장

□ ปิด(ไม่ให้เข้าชม) 삗 (마이 하–이 카–오촘) n. 폐장

□ ปราสาท 쁘라–쌋– n. 성

□ วัด 왓 n. 사원, 절 v. 측정하다

□ วัดโพธิ์ 왓 포– n. 포 사원

□ วัดอรุณ 왓 아룬 n. 새벽 사원

tip. วัดอรุณ 왓 아룬은 새벽(อรุณ 아룬)이라는 의미의 사원으로, 방콕에서 가장 아름다운 사원으로 손꼽힙니다.

□ โบสถ์ 봇– n. 교회, 성당

□ พิพิธภัณฑ์ 피피타판– n. 박물관

□ นิทรรศการ 니타싸깐– n. 전시회

□ ผลงาน 폰응–안 n. 작품

= ชิ้นงาน 친응–안

□ พระราชวัง 프라 라–차왕 n. 왕궁

□ กษัตริย์ 까쌋– n. 왕

□ ราชินี 라–치니– n. 왕후

□ เจ้าชาย 짜오– 차–이 n. 왕자

□ เจ้าหญิง 짜–오 잉 n. 공주

□ ลาน 란– n. 광장

□ สวนสาธารณะ 쑤–언 싸–타–라나 n. 공원

□ สวนสัตว์ 쑤–언 쌋 n. 동물원

□ สวนพฤกษศาสตร์ 쑤–언 프륵싸–쌋 n. 식물원

□ สวนสนุก 쑤–언 싸눅 n. 놀이공원

□ สวนน้ำ 쑤–언 남– n. 워터파크

□ มีชื่อเสียง 미– 츠– 씨–양 a. 유명한

สวนสาธารณะที่มีชื่อเสียงที่สุดในกรุงเทพฯคือที่ไหนครับ(คะ)
쑤–언 싸–타–라나 티– 미– 츠– 씨–양 티– 쑫 나–이 끄룽텝– 크– 티–나이 크랍(카)?
방콕에서 가장 유명한 공원은 어디인가요?

□ ไปเยี่ยม 빠이 이–얌 v. 방문하다

□ เยี่ยมชม 이–얌 촘 v. 관람하다

□ ที่ดีเลิศ 티–디–릇 a. 장엄한

□ ที่น่าประทับใจ 티–나–쁘라탑짜–이 a. 인상적인

□ ทางประวัติศาสตร์ 탕–쁘라왓띠쌋– a. 역사적인

□ ทางการค้า 탕–깐–카– a. 상업적인

□ เข้าร่วม 카-우 루-엄 v. 참여하다; 가입하다

□ โปรแกรมทัวร์ 쁘로-끄램-투어 투어 프로그램

□ ส่วนตัว 쑤-언 뚜어 n. 개인

= คนเดียว 콘 디-여우

□ กลุ่ม 끄룸 n. 단체

= หมู่คณะ 무-카나

□ ภูมิภาค 푸-미팍- n. 지역

□ เมือง 므-엉 n. 도시

อยุธยาเป็นเมืองที่มีคุณค่าทั้งทางประวัติศาสตร์และทางวัฒนธรรมครับ(ค่ะ)

아유타야- 뻰 므-엉 티- 미- 쿤 카- 탕 탕-쁘라왓띠쌋- 래 탕-와타나탐- 크랍(카)

아유타야는 역사적이면서 문화적인 도시예요.

□ ชนบท 촌나봇 n. 시골, 농촌

□ ภูเขา 푸-카-오 n. 산

□ หุบเขา 훕카-오 n. 계곡

□ แม่น้ำ 매-남- n. 강

แม่น้ำเจ้าพระยาเป็นสถานที่ที่ได้รับความนิยมจากบรรดาประชาชนในกรุงเทพฯครับ(ค่ะ)

매-남- 짜-오프라야- 뻰 싸탄- 티- 티-다이랍 쾀- 니욤 짝- 반다- 쁘라차-촌 나-이 끄룽텝-크랍(카)

짜오프라야 강은 방콕 시민들에게 사랑받는 곳이에요.

□ ทะเลสาบ 타래-쌉- n. 호수

□ ทะเล 탈래- n. 바다

□ ชายหาด 차-이 핟- n. 해변

□ เกาะ 꺼 n. 섬

□ รีสอร์ท 리-썯- n. 리조트

□ เข้าไป 카-우 빠이 v. 들어가다

  □ ทางเข้า 탕-카-우 n. 입구; 현관

□ การเข้าชม 깐- 카-우촘 n. 입장

  □ ค่าเข้าชม 카- 카-우촘 n. 입장료

  □ ตั๋วเข้าชม 뚜어 카-우촘 n. 입장권

ค่าเข้าชมหอศิลปะเท่าไรครับ(คะ)
카- 카-우촘 허- 씰라빠 타-오라이 크랍(카)?
미술관 입장료가 얼마죠?

□ ออกไป 억-빠이 v. 나가다

  □ ทางออก 탕-억- n. 출구

□ ถนน 타논 n. 길, 거리; 도로

  □ ถนนใหญ่ 타논 야-이 n. 큰길, 대로

□ ระยะห่าง 라야항- n. 거리, 간격

□ ถ่ายรูป 타-이 룹- v. 사진을 찍다

  □ รูปเซลฟี่ 룹- 쎌-피- n. 셀카

□ ความทรงจำ 쾀쏭짬 n. 추억

□ ของที่ระลึก 컹- 티-라륵 n. 기념품

□ ของขวัญ 컹-콴 n. 선물

□ โปสการ์ด 뽀–쓰깓– n. 엽서

□ พวงกุญแจ 푸–엉 꾼째– n. 열쇠고리

□ สินค้าประจำจังหวัด 씬 카– 쁘라짬– 짱왇 (지역) 특산물

□ สถานทูต 싸탄– 퉅– n. 대사관

□ สถานกงสุล 싸탄–꽁쑨 n. 영사관

□ วีซ่า 위–싸– n. 비자

□ หนังสือเดินทาง 낭쓰–던–탕– n. 여권
= พาสปอร์ต 파–쓰뻗–

꼭! 써먹는 **실전 회화**

23. 여행

ต้อ 떠–
ฉันจะไปแบ็คแพ็คที่ภูเก็ต
찬 짜 빠이 벱 빽팩 티– 푸껫
난 푸껫으로 배낭여행 갈 거야.

ผึ้ง 픙
ตอนไปเที่ยวจะทำอะไรบ้าง
떤– 빠이 티–여우 탐–아라이 방–?
여행에서 뭘 할 거야?

ต้อ 떠–
ฉันจะไปทะเลแล้วก็ลองกินอาหารของที่นั่น
찬 짜 빠이 탈래– 래–우 꺼 렁–낀 아–한– 컹– 티– 난
난 바닷가를 구경하고 그곳의 음식을 먹어 볼 거야.

ผึ้ง 픙
อย่าลืมกินอาหารทะเลที่ภูเก็ตด้วยนะ
เพราะมันอร่อยและถูกมาก
야– 름– 낀 아–한–탈래– 티– 푸–껫– 두워–이 나. 프러 만 아러–이 래 툭– 막–
푸껫의 해산물 꼭 먹고 와. 맛있고 싸거든.

ตอนที่ 24.

사건&사고 อุบัติการณ์และอุบัติเหตุ 우바띠깐– 래 우받띠핸

☐ อุบัติการณ์ 우바띠깐–
n. 사건

☐ อุบัติเหตุ 우받띠핸
n. 사고

☐ บาดเจ็บ 받–쩹
v. 다치다

☐ เจ็บ 쩹
= ปวด 뿌–얻
v. 아프다 a. 아픈

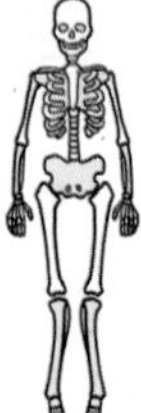

☐ กระดูก 끄라둑–
n. 뼈

☐ กระดูกหัก 끄라둑–학
n. 골절

☐ รอยไหม้ 러–이 마이
n. 화상

☐ ผ้าพันแผล 파–판플래–
n. 붕대

☐ ถูกไหม้ 툭– 마이
v. 데다

☐ ถูกแทง 툭–탱–
v. 베이다, 찔리다

☐ เลือด 르–얻
n. 피

□ เร่งด่วน 렝–두–언–
v. 긴급하다

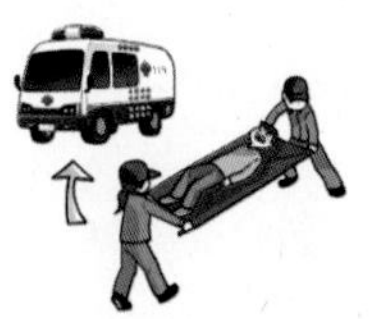

□ ช่วยเหลือ 추워–이 르–어
v. 구조하다; 돕다, 지원하다

□ กล่องปฐมพยาบาล
끌렁– 빠톰 파야–반
n. 구급상자

□ รถพยาบาล 롣 파야–반–
n. 구급차, 앰뷸런스

□ หัวใจวาย 후어 짜–이 와–이
n. 심장마비

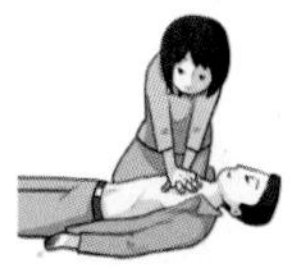

□ การผายปอด 깐– 파–이 뻗–
= ทำCPR 탐– 씨 피 알–
n. 심폐 소생술

□ หายใจไม่ออก 하–이 짜–이 마이 억–
v. 숨이 막히다

□ เป็นลม 뻰롬
v. 기절하다, 실신하다

□ รักษา 락싸–
v. 치료하다

□ หายป่วย 하–이 뿌–어이
병이 낫다

□ ตำรวจ 땀-루엄-
n. 경찰관

□ สถานีตำรวจ 싸타-니-땀-루엄-
n. 경찰서

□ แจ้งความ 쨍- 쾀-
v. 신고하다

□ อาชญากรรม 아-차야-깜-
n. 범죄

□ อาชญากร 아-차야-껀-
n. 범죄자

□ ขโมย 카모이
v. 훔치다, 도둑질하다

□ การปล้น 깐-쁠론
n. 강도

□ ล้วงกระเป๋า 루-엉 끄라빠-오
n. 소매치기

□ คนหลอกลวง 콘 럭-루-엉
= แก๊งค์ต้มตุ๋น 깽 똠 뚠
n. 사기꾼

□ ผู้เห็นเหตุการณ์
푸- 헨 핻깐-
n. 목격자

□ ความเร็วเกินกำหนด
쾀- 레우 끈-깜-녿
n. 과속

□ ชน 촌 v. 부딪히다

□ ปะทะกัน 빠 타 깐 v. 충돌하다

□ รถลาก 롣 락–
n. 견인차

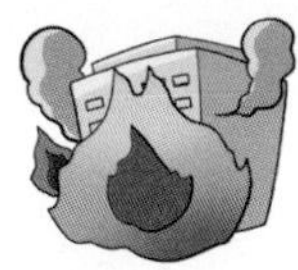

□ อัคคีภัย 악 키– 파이
= ไฟไหม้ 파이 마이
n. 화재

□ ระเบิด 라벋–
n. 폭발 v. 터지다, 펑크 나다

□ รถดับเพลิง 롣 답 플릉–
n. 소방차

□ สถานีดับเพลิง 싸타–니 답 플릉–
n. 소방서

□ ดินถล่ม 딘탈롬
n. 산사태

□ แผ่นดินไหว 팬–딘 와이
n. 지진

□ สึนามิ 쓰–나–미
n. 해일, 쓰나미

□ น้ำท่วม 남–투–엄
n. 홍수

□ อุบัติการณ์ 우바띠깐– n. 사건

□ อุบัติเหตุ 우받띠햇 n. 사고

□ อุบัติเหตุทางรถยนต์ 우받띠햇 탕– 롣 욘 n. 교통사고

□ อุบัติเหตุรถชน 우받띠햇 롣 촌 n. 접촉 사고

□ บาดเจ็บ 받–쩹 v. 다치다

เพื่อนบาดเจ็บสาหัสครับ(ค่ะ)
프–언 받–쩹 싸–핫 크랍(카)
친구가 심하게 다쳤어요.

□ ล้ม 롬 v. 넘어지다

□ เจ็บ 쩹 v. 아프다 a. 아픈

= ปวด 뿌–얻

□ กระดูก 끄라둑– n. 뼈

□ หัก 학 v. 부러지다

□ กระดูกหัก 끄라둑–학 n. 골절

อาการกระดูกข้อมือหักเป็นอาการที่พบบ่อยครับ(ค่ะ)
아–깐– 끄라둑– 커–므– 학 뻰 넉– 깐– 티– 폽 버–이 크랍(카)
손목 골절은 가장 흔한 골절입니다.

□ รอยไหม้ 러–이 마이 n. 화상

□ ถูกไหม้ 툭– 마이 v. 데다

ต้อต้มน้ำอยู่ดี ๆก็ถูกกาน้ำร้อนไหม้ครับ(ค่ะ)
떠– 똠 남– 유– 디– 디– 꺼 툭– 까– 남– 런– 마이 크랍(카)
떠는 물을 끓이다가 주전자에 데었어요.

tip. 'ถูก 툭–'은 '~하게 되다'라는 피동사로 '**ไหม้** 마이'와 결합해 '타게 되다', 즉 '데다'라는 의미가 되었습니다.

□ ถูกแทง 툭–탱– v. 베이다, 찔리다

□ เลือด 르–얻 n. 피

□ เลือดไหล 르–얻 라이 v. 피 흘리다

□ การห้ามเลือด 깐함르–얻 n. 지혈

□ ผ้าพันแผล 파–판플래– n. 붕대

□ เฝือก 프–억 n. 깁스, 석고 붕대

เขาใส่เฝือกที่ขาข้างซ้ายตั้งแต่เมื่อวานครับ(ค่ะ)
카–우 싸–이 프–억 티– 카– 캉– 싸–이 땅때– 므–어완– 크랍(카)
그는 어제부터 왼쪽 다리에 깁스를 하고 있어요.

□ ปฐมพยาบาล 빠톰 파야–반– v. 응급 치료하다

□ กล่องปฐมพยาบาล 끌렁– 빠톰 파야–반 n. 구급상자

□ อุปกรณ์ฉุกเฉิน 웁쁘라껀 축츤– n. 응급조치

□ รถพยาบาล 롣 파야–반– n. 구급차, 앰뷸런스

ตอนนี้รถพยาบาลกำลังมาครับ(ค่ะ)
떤–니– 롣 파야–반– 깜–랑 마– 크랍(카)
지금 구급차가 오고 있어요.

□ เร่งด่วน 렝–두–언 v. 긴급하다

□ ช่วยเหลือ 추워–이 르–어 v. 구조하다; 돕다, 지원하다

□ ใจเย็น 짜–이 옌 a. 침착한

□ ห้องฉุกเฉิน 헝– 축츤– n. 응급실

□ ลมชัก 롬 착 n. 발작

□ หัวใจวาย 후어 짜–이 와–이 n. 심장마비

□ การผายปอด 깐– 파–이 뻗– n. 심폐 소생술

= ทำCPR 탐– 씨 피 알–

□ หายใจไม่ออก 하–이 짜–이 마이 억– v. 숨이 막히다

□ เป็นลม 뻰롬 v. 기절하다, 실신하다

□ พยุง 파융 v. 부축하다

□ รักษา 락싸– v. 치료하다

□ ทำให้ใจเย็น 탐– 하–이 짜–이 옌 v. 진정시키다

□ หายป่วย 하–이 뿌–어이 병이 낫다

tip. 'หาย 하–이(낫다)'와 'ป่วย 뿌–어이(병)'의 합성어로, ป่วย 자리는 특정 병명으로 대체될 수 있습니다.

□ การรักษา 깐–락싸– n. 치유

□ ตำรวจ 땀–루얻– n. 경찰관

□ สถานีตำรวจ 싸타–니–땀–루얻– n. 경찰서

□ แจ้งความ 쨍– 쾀– v. 신고하다

tip. 태국의 긴급 범죄 신고는 191, 화재 신고는 199, 관광 경찰 연결은 1155이며 무료입니다.

□ อาชญากรรม 아–차야–깜– n. 범죄

□ ก่ออาชญากรรม 꺼–아–차야–깜– 범죄를 저지르다

โทรแจ้งเหตุอาชญากรรมได้ที่เบอร์191ครับ(ค่ะ)

토– 쨍– 해뚜 아–차야–깜– 다이 티– 버– 능 까–오 능 크랍(카)

긴급 범죄 신고는 191번으로 전화하세요.

□ อาชญากร 아–차야–껀– n. 범죄자

□ ขโมย 카모이 v. 훔치다, 도둑질하다

□ การชิงทรัพย์ 깐–칭쌉 n. 도난

□ การปล้น 깐–쁠론 n. 강도

□ ล้วงกระเป๋า 루–엉 끄라빠–오 n. 소매치기

ฉันถูกล้วงกระเป๋าบนรถเมล์ครับ(ค่ะ)
찬 툭– 루–엉 끄라빠–오 본 롣 메– 크랍(카)
버스에서 소매치기를 당했어요.

□ การหลอกลวง 깐–럭–루–엉 n. 사기

□ คนหลอกลวง 콘 럭–루–엉 n. 사기꾼

= แก๊งค์ต้มตุ๋น 깽 똠 뚠

□ ฆาตกรรม 카–따깜– n. 살인

□ ฆาตกร 카–따껀– n. 살인범

□ พยาน 파얀– n. 증인

□ ผู้เห็นเหตุการณ์ 푸– 헨 햇깐– n. 목격자

□ หายสาบสูญ 하–이 쌉– 쑨– n. 실종

□ ทำหาย 탐– 하–이 v. 잃어버리다

□ เด็กหลงทาง 덱 롱 탕– n. 미아

□ ของที่หาย 컹– 티– 하–이 n. 분실물

□ จุดรับฝากและส่งคืนของหาย 쭏 랍 팍– 래 쏭 큰– 컹– 하–이 n. 분실물 보관소

ทำเด็กหายครับ(ค่ะ)
탐– 덱 하–이 크랍(카)!
아이를 잃어버렸어요!

□ ชน 촌 v. 부딪히다

□ ปะทะกัน 빠 타 깐 v. 충돌하다

มีอุบัติเหตุการปะทะกันของรถมอเตอร์ไซค์ครับ(ค่ะ)
미- 우받띠헫 깐- 빠 타 깐 컹- 롣 머-떠-싸이 크랍(카)
오토바이 충돌 사고가 있었어요.

□ ลื่น 른- v. 미끄러지다

□ เกิน 끈- v. 추월하다

□ ความเร็วเกินกำหนด 쾀- 레우 끈-깜-녿 n. 과속

มีอุบัติเหตุรถชนกันรุนแรงเพราะขับรถความเร็วเกินกำหนดครับ(ค่ะ)
미- 우받띠헫 롣 촌 깐 룬 랭- 프러 캅 롣 쾀- 레우 끈-깜-녿 크랍(카)
과속으로 심각한 교통사고가 발생했어요.

□ รถลาก 롣 락- n. 견인차

□ ชนแล้วหนี 촌 래-우 니- v. 뺑소니치다

□ ประกันชีวิต 쁘라깐 치-윋 n. 보험

□ จมน้ำเสียชีวิต 쫌 남-씨-야 치-윋 n. 익사

□ พนักงานกู้ภัย 파낙응안- 꾸-파이 n. 구조 대원

□ พนักงานรักษาความปลอดภัย 파낙응안- 락 싸- 쾀-쁠럳-파이 n. 안전 요원

□ อัคคีภัย 악 키- 파이 n. 화재

= ไฟไหม้ 파이 마이

□ ระเบิด 라벋- n. 폭발 v. 터지다, 펑크 나다

□ สถานีดับเพลิง 싸타-니 답 플릉- n. 소방서

□ รถดับเพลิง 롣 답 플릉- n. 소방차

□ ภัยธรรมชาติ 파이 탐-마찯- n. 자연 재해

□ ดินถล่ม 딘탈롬 n. 산사태

□ แผ่นดินไหว 팬-딘 와이 n. 지진

□ สึนามิ 쓰-나-미 n. 해일, 쓰나미

□ น้ำท่วม 남-투-엄 n. 홍수

24. 미아 신고

꼭! 써먹는 **실전 회화**

สุดา 쑤다-
ช่วยด้วยค่ะ เด็กหายค่ะ
추워-이 두워-이 카! 덱 하-이 카
도와주세요! 아이를 잃어버렸어요.

ตำรวจ 땀-루얻-
ช่วยบอกลักษณะและเครื่องแต่งกายของเด็กด้วยครับ
추워-이 벅- 락싸나 래 크르-엉 땡- 까-이 덱 두워-이 크랍?
아이의 인상착의를 알려주시겠어요?

สุดา 쑤다-
ลูกของฉันเป็นเด็กผู้ชายใส่เสื้อสีแดง กางเกงสีน้ำเงินค่ะ
룩- 컹- 찬 뻰 덱 푸-차-이 싸-이 쓰-어 씨-댕- 깡-깽- 씨- 남-응-언 카
저희 아이는 빨간색 웃옷에 파란색 바지를 입은 남자아이예요.

ตำรวจ 땀-루얻-
คุณแม่ไม่ต้องกังวลไปนะครับ เราจะต้องหาลูกชายเจอแน่ ๆ
쿤-매- 마이 떵- 깡 우언 빠이 나 크랍. 라-오 짜 떵- 하- 룩-차-이 쩌- 내-내-
어머니 염려 마세요. 곧 아이를 찾을 수 있을 겁니다.

연습 문제

다음 단어를 읽고 맞는 뜻과 연결하세요.

1. เครื่องบิน	•	• 경찰관
2. แผนที่	•	• 관광, 여행
3. โรงแรม	•	• 교통, 교통수단
4. การคมนาคม	•	• 기차
5. การท่องเที่ยว	•	• 다치다
6. ขับรถ	•	• 비행기
7. ตำรวจ	•	• 사고
8. ที่พัก	•	• 숙박 시설
9. บาดเจ็บ	•	• 운전하다
10. รถไฟ	•	• 자동차
11. รถยนต์	•	• 지도
12. อุบัติเหตุ	•	• 호텔

1. เครื่องบิน – 비행기 2. แผนที่ – 지도 3. โรงแรม – 호텔 4. การคมนาคม – 교통, 교통수단 5. การท่องเที่ยว – 관광, 여행 6. ขับรถ – 운전하다 7. ตำรวจ – 경찰관 8. ที่พัก – 숙박 시설 9. บาดเจ็บ – 다치다 10. รถไฟ – 기차 11. รถยนต์ – 자동차 12. อุบัติเหตุ – 사고

บทที่ 7

기타

숫자 ตัวเลข 뚜어렉–

1. 기수

□ศูนย์ 쑨– 0

□หนึ่ง 능 1

□สอง 썽– 2

□สาม 쌈– 3

□สี่ 씨– 4

□ห้า 하– 5

□หก 혹 6

□เจ็ด 쩻 7

□แปด 뺻– 8

□เก้า 까–오 9

□สิบ 씹 10

□สิบเอ็ด 씹 엣 11

□สิบสอง 씹 썽– 12

□สิบสาม 씹 쌈– 13

□สิบสี่ 씹 씨– 14

□สิบห้า 씹 하– 15

□ยี่สิบ 이– 씹 20

□ยี่สิบเอ็ด 이– 씹 엣 21

□ยี่สิบห้า 이– 씹 하– 25

□สามสิบ 쌈– 씹 30

□สามสิบเอ็ด 쌈– 씹 엣 31

□สามสิบห้า 쌈– 씹 하 35

□สี่สิบ 씨– 씹 40

□ห้าสิบ 하– 씹 50

□หกสิบ 혹 씹 60

□เจ็ดสิบ 쩻 씹 70

□แปดสิบ 뺻– 씹 80

□เก้าสิบ 까–오 씹 90

tip. 두 자리 이상의 수는 10을 의미하는 'สิบ 씹'에 일의 자리 숫자를 붙여 읽되, 일의 자릿수가 1일 때는 예외로 'หนึ่ง 능'이 아닌 'เอ็ด 엣'이 됩니다.

- □ หนึ่งร้อย 능 러-이 | 100 | n. 백
- □ หนึ่งร้อยเอ็ด 능 러-이 엣 | 101 | n. 백일
- □ หนึ่งพัน 능 판 | 1,000 | n. 천
- □ หนึ่งหมื่น 능 믄- | 10,000 | n. 만
- □ หนึ่งแสน 능 쌘- | 100,000 | n. 십만
- □ หนึ่งล้าน 능 란- | 1,000,000 | n. 백만
- □ สิบล้าน 씹 란- | 10,000,000 | n. 천만
- □ ร้อยล้าน 러-이 란- | 100,000,000 | n. 억
- □ พันล้าน 판 란- | 1,000,000,000 | n. 십억
- □ หมื่นล้าน 믄-란- | 10,000,000,000 | n. 백억
- □ แสนล้าน 쌘 란- | 100,000,000,000 | n. 천억
- □ ล้านล้าน 란- 란- | 1,000,000,000,000 | n. 조

- □ ศูนย์จุดสี่ 쑨- 쭏 씨- | 0.4 | n. 0.4
- □ ศูนย์จุดหนึ่งสี่ 쑨- 쭏 능 씨- | 0.14 | n. 0.14

tip. 소수점 읽는 법은 한국과 동일합니다. '점'을 '**จุด** 쭏'이라 한다는 점에 유의하여, 0.4의 경우 한국은 '영 점 사'로 하듯 태국은 '쑨- 쭏 씨-'라고 하면 됩니다.

2. 서수

□ ที่หนึ่ง 티– 능 — 1번째 → tip. 서수는 기수 앞에 ที่ 티–를 붙입니다.

□ ที่สอง 티– 썽– — 2번째

□ ที่สาม 티– 쌈– — 3번째

□ ที่สี่ 티– 씨– — 4번째

□ ที่ห้า 티– 하– — 5번째

□ ที่หก 티– 혹 — 6번째

□ ที่เจ็ด 티– 쩻 — 7번째

□ ที่แปด 티– 뺃– — 8번째

□ ที่เก้า 티– 까–오 — 9번째

□ ที่สิบ 티– 씹 — 10번째

□ ที่สิบเอ็ด 티– 씹 엣 — 11번째 → tip. 일의 자릿수가 1일 때는
기수처럼 'หนึ่ง 능'이 아니라 'เอ็ด 엣'이 됩니다.

□ ที่ร้อย 티–러–이 — 100번째

3. 사칙연산

□ บวก 부–억 — +, 더하기

tip. 1(หนึ่ง) บวก 2(สอง) คือ 3(สาม
능 부–억 썽 크– 쌈
1+2=3 (1 더하기 2는 3)

□ ลบ 롭 — –, 빼기

□ คูณ 쿤– — ×, 곱하기

□ หาร 한– — ÷, 나누기

태국 화폐, 바트 (Baht, THB) เงิน(บาท) 응-언(받-)

□ **หนึ่งบาท** 능 받-
n. 1바트(1B)

□ **สองบาท** 썽- 받-
n. 2바트(2B)

□ **ห้าบาท** 하- 받-
n. 5바트(5B)

□ **สิบบาท** 씹 받-
n. 10바트(10B)

tip. 모든 화폐의 앞면에는 2016년 10월 서거한 태국인들의 아버지라 불리는 푸미폰 국왕이 그려져 있습니다.

□ **ยี่สิบบาท** 이- 씹 받-
n. 20바트(20B)

□ **ห้าสิบบาท** 하- 씹 받-
n. 50바트(50B)

□ **หนึ่งร้อยบาท** 능 러-이 받-
n. 100바트(100B)

□ **ห้าร้อยบาท** 하- 러-이 받-
n. 500바트(500B)

□ **หนึ่งพันบาท** 능 판 받-
n. 1,000바트(1000B)

tip. 1B(Baht 바트)는 100st(Satang 싸땅-)으로 1사땅, 25사땅, 50사땅 동전이 있으나 거의 쓰지 않습니다. 10B도 지폐가 있지만 실제로 보기 힘듭니다.

ตอนที่ 27. MP3. U27

모양 รูปร่าง 룹랑

□ จุด 쭏
n. 점

□ เส้น 쎈–
n. 선

□ ด้าน 단–
n. 면

□ เส้นตรง 쎈– 뜨롱
n. 직선

□ เส้นโค้ง 쎈– 콩–
n. 곡선

□ เส้นทแยงมุม
쎈– 타옝–뭄 n. 사선

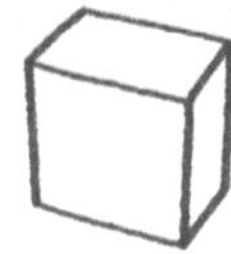

□ รูปทรง 룹–쏭
n. 입체

□ กลม 끄롬
a. 둥근

□ วงกลม 응옹 끄롬
n. 원, 원형

□ วงรี 응옹 리–
n. 타원형

□ ครึ่งวงกลม
크릉 응옹 끄롬 n. 반원

□ ทรงกลม 쏭 끄롬
n. 구

□ ทรงกรวย
쏭 끄루–어이
n. 원뿔

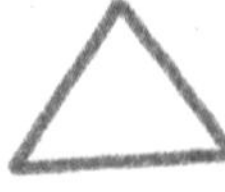

□ รูปสามเหลี่ยม
룹– 쌈– 리–염
n. 삼각형

□ รูปสี่เหลี่ยมจตุรัส
룹– 씨–리–염 짜뜨루엇
n. 정사각형

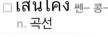

□ รูปสี่เหลี่ยมผืนผ้า
룹– 씨– 리–염 픈–파–
n. 직사각형

□ รูปห้าเหลี่ยม
룹– 하– 리–염
n. 오각형

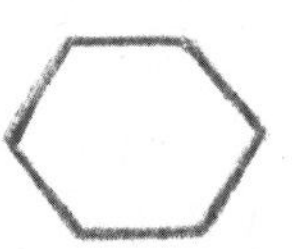

□ รูปหกเหลี่ยม
룹– 혹 리–염
n. 육각형

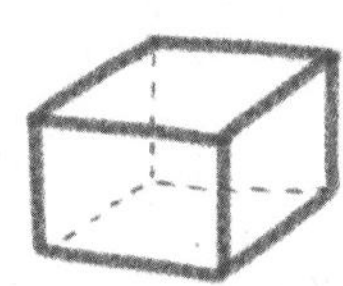

□ ลูกบาศก์
룩– 밧–
n. 육면체

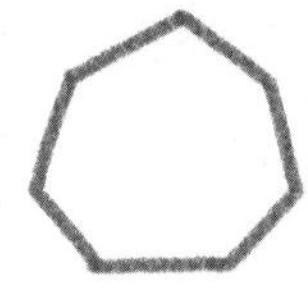

□ รูปเจ็ดเหลี่ยม
룹– 쩻 리–염
n. 칠각형

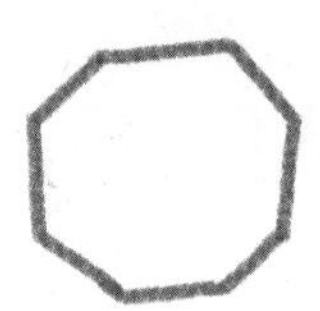

□ รูปแปดเหลี่ยม
룹– 뺃– 리–염
n. 팔각형

□ รูปหลายเหลี่ยม
룹– 라–이 리–염
n. 다각형

□ ราบเรียบ
랍– 리–얍
a. 평평한

□ แนวนอน
내–우 넌–
n. 수평

□ แนวตั้ง
내–우 땅
n. 수직

□ แหลม
램–
a. 뾰족한

□ รูปดาว
룹– 다–우
n. 별 모양

□ รูปลูกศร
룹– 룩–썬
n. 화살표 모양

색깔 สี 씨–

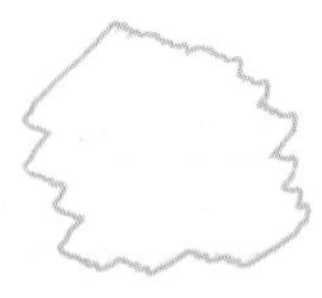

□ **สีขาว** 씨– 카–우
n. 흰색

□ **สีดำ** 씨– 담–
n. 검은색

□ **สีเทา** 씨– 타–오
n. 회색

□ **สีแดง** 씨– 댕–
n. 빨간색

□ **สีส้ม** 씨– 쏨
n. 주황색

□ **สีเหลือง** 씨– 르–엉
n. 노란색

□ **สีเขียว** 씨– 키–여우
n. 초록색

□ **สีเขียวอ่อน** 씨– 키–여우 언–
n. 연두색

□ **สีฟ้า** 씨– 파–
n. 하늘색

□ **สีน้ำเงิน** 씨– 남–응–언
n. 파란색

□ **สีกรมท่า** 씨– 끄롬타–
n. 남색

□ **สีม่วง** 씨– 무–엉
n. 보라색

□ **สีม่วงอ่อน** 씨– 무–엉 언–
n. 연보라색

□ สีชมพู 씨– 촘푸–
n. 분홍색

□ สีแดงอมม่วง 씨– 댕–옴무–엉
n. 자주색

□ สีน้ำตาล 씨– 남–딴–
n. 갈색

□ สีกากี 씨– 까–끼–
n. 카키색

□ สีทอง 씨– 텅–
n. 금색

□ สีเงิน 씨– 응–언
n. 은색

□ เข้ม 켐–
a. 짙은

□ มืด 믇–
a. 어두운

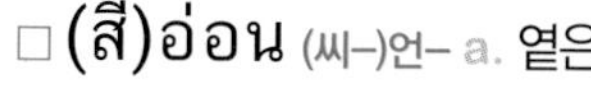

□ (สี)อ่อน (씨–)언– a. 옅은

□ สว่าง 싸왕– a. 밝은

□ หรูหรา 루–라–
a. 화려한

□ หลากสี 락–씨–
a. 여러 색의

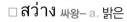

□ สีเดียว 씨– 디–여우
a. 단색의

위치 ตำแหน่ง 땀–냉–

□ ข้างบน 캉– 본
n. 위

tip. 'ข้าง 캉–'은 '~면, ~쪽'이라는 뜻도 있습니다.

□ ข้างหน้า 캉– 나–
n. 앞

□ ข้างล่าง 캉– 랑–
n. 아래

□ ข้างหลัง 캉– 랑–
n. 뒤

□ ข้างนอก 캉– 넉–
n. 밖

□ ข้างใน 캉– 나–이
n. 안

□ ข้าง 캉–
n. 옆

□ ข้างซ้าย 캉– 싸–이
n. 왼쪽

□ ระหว่าง 라왕–
ad. ~ 사이에

□ ตรงกลาง 뜨롱끌랑–
ad. 가운데에

□ ข้างขวา 캉– 크와–
n. 오른쪽

□ ด้านตรงข้าม
단– 뜨롱 캄–
ad. 맞은편에

□ ด้าน~ 단– ad. ~쪽으로

□ ไปทาง 빠이 탕– ad. ~쪽을 향하여

방향 ทิศทาง 팃 탕–

tip. 태국어로 방향을 읽을 때, 동서 방향을 먼저 읽고 남북을 말합니다.
예 남동 : **ทิศตะวันออกเฉียงใต้** 팃 따완 억– 치–양 따–이 (동남)
북서 : **ทิศตะวันตกเฉียงเหนือ** 팃 따완 똑 치–양 느–어 (서북)

□ **ทิศเหนือ** 팃 느–어
n. 북쪽

□ **ทิศตะวันตกเฉียงเหนือ**
팃 따완 똑 치–양 느–어
n. 북서쪽

□ **ทิศตะวันออกเฉียงเหนือ**
팃 따완 억– 치–양 느–어
n. 북동쪽

□ **ทิศตะวันตก**
팃 따완 똑
n. 서쪽

□ **ทิศตะวันออก**
팃 따완 억–
n. 동쪽

□ **ทิศตะวันตกเฉียงใต้**
팃 따완 똑 치–양 따–이
n. 남서쪽

□ **ทิศตะวันออกเฉียงใต้**
팃 따완 억– 치–양 따–이
n. 남동쪽

□ **ทิศใต้** 팃 따–이
n. 남쪽

지도 แผนที่ 팬-티-

⑨ 북극
① 유럽
④ 아시아
⑥ 북아메리카
② 중동
⑦ 중앙아메리카
③ 아프리카
⑧ 남아메리카
⑤ 오세아니아
⑩ 남극

① ยุโรป 유롭- n. 유럽

② ตะวันออกกลาง 따완억-끌랑- n. 중동

③ แอฟริกา 애-프리까- n. 아프리카

④ เอเชีย 에-치-야 n. 아시아

⑤ โอเชียเนีย 오-치-야니-야 n. 오세아니아

⑥ อเมริกาเหนือ 아메-리까-느-어 n. 북아메리카

⑦ อเมริกากลาง 아메-리까-끌랑- n. 중앙아메리카

⑧ อเมริกาใต้ 아메-리까-따-이 n. 남아메리카

⑨ ขั้วโลกเหนือ 쿠어록-느-어 n. 북극

⑩ ขั้วโลกใต้ 쿠어록-따-이 n. 남극

① มหาสมุทรแปซิฟิก 마하–싸뭍 패–씨픽 n. 태평양

② มหาสมุทรอินเดีย 마하–싸뭍 인디–야 n. 인도양

③ มหาสมุทรแอตแลนติก 마하–싸뭍 애–따랜–띡 n. 대서양

④ มหาสมุทรอาร์กติก 마하–싸뭍 악–띡 n. 북극해

⑤ มหาสมุทรแอนตาร์กติก 마하–싸뭍 앤–따–띡 n. 남극해

⑥ ทะเลเมดิเตอร์เรเนียน 탈래–메–디떠–레–니–얀 n. 지중해

국가 ประเทศ 쁘라텟–

■ เอเชีย 에–치–야 n. 아시아

□ เกาหลี 까–올리– n. 한국

□ ไทย 타이 n. 태국

□ จีน 찐– n. 중국

□ ญี่ปุ่น 이–뿐 n. 일본

□ เวียดนาม 위–엣남– n. 베트남

□ กัมพูชา 깜푸–차– n. 캄보디아

□ ลาว 라–오 n. 라오스

□ เมียนมาร์ 미–얀마– n. 미얀마
= พม่า 파마–

□ มาเลเซีย 말–레–씨–야 n. 말레이시아

□ อินโดนีเซีย 인도–니–씨–야 n. 인도네시아

□ สิงคโปร์ 씽카뽀– n. 싱가포르

□ อินเดีย 인디–야 n. 인도

□ เนปาล 네–빤– n. 네팔

□ ฟิลิปปินส์ 필리삔 n. 필리핀

□ ฮ่องกง 헝–껑 n. 홍콩

□ ไต้หวัน 따이완 n. 대만

tip. 국가명 앞에 사람을 뜻하는 **คน** 콘을 붙이면 그 나라 사람, 언어를 뜻하는 **ภาษา** 파–싸–를 붙이면 그 나라 언어를 의미합니다.

- คนเกาหลี 콘 까–올리– 한국인
  ภาษาเกาหลี 파–싸–까–올리– 한국어
- คนไทย 콘 타이 태국인
  ภาษาไทย 파–싸–타이 태국어

■ ตะวันออกกลาง 따완억–끌랑– n. 중동

□ ซาอุดิอาระเบีย 싸–우디아–라비–야 n. 사우디아라비아

□ อิหร่าน 이란– n. 이란

□ อิรัก 이락 n. 이라크

□ ซีเรีย 씨–리–야 n. 시리아

□ ตุรกี 뚜르끼– n. 터키

tip. 터키는 2022년 6월 국호를 '튀르키예'로 변경했어요.

■ โอเชียเนีย 오–치–야니–야 n. 오세아니아

□ ออสเตรเลีย 어어–쓰뜨레–리–야 n. 호주, 오스트레일리아

□ นิวซีแลนด์ 니우치–랜– n. 뉴질랜드

■ อเมริกาเหนือ 아메–리까–느–어 n. 북아메리카, 북미

□ สหรัฐอเมริกา 싸하랏아메–리까– n. 미국
= อเมริกา 아메–리까–

□ แคนาดา 캐–나–다– n. 캐나다

■ อเมริกากลาง 아메–리까–끌랑– n. 중앙아메리카, 중미

□ เม็กซิโก 멕씨꼬– n. 멕시코

□ คิวบา 키우바– n. 쿠바

□ กัวเตมาลา 꾸어떼–마–라– n. 과테말라

■ อเมริกาใต้ 아메–리까–따–이 n. 남아메리카, 남미

□ อาร์เจนตินา 아–쩬띠나– n. 아르헨티나

□ บราซิล 브라씬 n. 브라질

□ ชิลี 치리– n. 칠레

□ เปรู 뻬–루– n. 페루

□ โคลอมเบีย 콜–럼–비–야 n. 콜롬비아

□ โบลิเวีย 볼리위야 n. 볼리비아

□ เอกวาดอร์ 에–끄와–더– n. 에콰도르

□ ฮอนดูรัส 헌–두–랏 n. 온두라스

□ สาธารณรัฐโดมินิกัน 싸–타–라나랏 도–미니깐 n. 도미니카 공화국

□ อุรุกวัย 우루끄와이 n. 우루과이

■ ยุโรป 유롭– n. 유럽

□ อังกฤษ 앙끄릿 n. 영국

□ เยอรมัน 여–라만 n. 독일

□ ฝรั่งเศส 파랑쎗– n. 프랑스

□ สวิตเซอร์แลนด์ 싸윋쓰–랜– n. 스위스

□ ออสเตรีย 어어–쓰뜨리–야 n. 오스트리아

□ เบลเยี่ยม 벤–이–얌 n. 벨기에

□ สเปน 쓰뻰– n. 스페인

□ โปรตุเกส 뽈–뚜껫– n. 포르투갈

□ กรีซ 끄릿– n. 그리스

□ อิตาลี 이따–리– n. 이탈리아

□ เนเธอร์แลนด์ 네–터–랜 n. 네덜란드

□ นอร์เวย์ 널–왜– n. 노르웨이

□ เดนมาร์ก 덴–막– n. 덴마크

□ รัสเซีย 랏씨–야 n. 러시아

□ สวีเดน 쓰위덴 n. 스웨덴

□ โปแลนด์ 뽀–랜– n. 폴란드

□ โรมาเนีย 로–마–니–야 n. 루마니아

■ แอฟริกา 애–프리까– n. 아프리카

□ อียิปต์ 이–입 n. 이집트

□ โมร็อกโก 모–럭꼬– n. 모로코

□ ไนจีเรีย 나이찌–리–야 n. 나이지리아

□ แอฟริกาใต้ 애–프리까–따–이 n. 남아프리카 공화국

□ ซูดาน 쑤–단– n. 수단

□ แคเมอรูน 캐–머–룬– n. 카메룬

□ แอลจีเรีย 앨–찌–리–야 n. 알제리

□ คองโก 컹–꼬– n. 콩고 민주공화국

□ กานา 까–나– n. 가나

접속사 & 전치사

1. 접속사

① **등위접속사** : 단어와 단어 또는 절과 절, 문장과 문장을 대등하게 이어주며 '그리고', '그러나' 등이 있습니다.

□ และ 래 그리고

□ กับ 깝 ~과

□ ทั้งAและB 탕 A 래 B A와 B 둘 다

ผมชอบทั้งฟุตบอลและเบสบอลครับ
폼 첩– 탕 풑번– 래 베–쓰번– 크랍
저는 축구와 야구 둘 다 좋아해요.

□ ก็ 꺼 ~도, ~면

□ เช่น 첸– 예를 들면, ~등등
= เป็นต้น 뻰 똔

tip. '문장+ เช่น 첸– + ~(예시)' 구조에서 เช่น은 앞 문장과 이에 대한 예시에 해당하는 뒷 내용을 연결하는 접속사입니다.

ผมชอบกีฬา เช่นฟุตบอลครับ
폼 첩– 낄라–. 첸– 풑번– 크랍
저는 운동을 좋아해요. 예를 들면 축구가 있습니다.

□ คือ 크– 즉, 이를테면

□ แล้ว 래–우 그리고 나서
= แล้วก็ 래–우 꺼

□ ก็ดี 꺼 디– ~이나, ~든지
= ก็ได้ 꺼 다이

□ หรือ 르– 또는, 혹은

□ แต่ 때– 그러나

② **종속접속사** : 문장 안에서 술어가 두 개 이상 필요한 복잡한 내용을 이어주며 시간, 이유 등과 같은 관계를 나타냅니다.

□ เมื่อ 므-어 ~할 때

□ ขณะที่ 카나티- ~하는 동안

= ในระหว่างที่ 나-이 라왕- 티-

□ หลังจาก 랑 짝- ~이후에

□ ถ้า 타- 만약 ~이면

= ถ้าหาก 타-학-

= ถ้าหากว่า 타-학-와-

= หาก 학-

□ เพราะ 프러 때문에

= เพราะว่า 프러 와-

= เนื่องจาก 느-엉 짝-

□ ดังนั้น 당난 그러므로, 그래서

= จึง 쯩

□ เพื่อ 프-어 ~하기 위하여

□ แม้ 매- 비록 ~ 할지라도

= แม้ว่า 매-와-

= ถึงแม้ว่า 틍매-와-

= ถึง 틍

□ เหมือน 므-언 ~처럼

= ราวกับ 라-우깝

= อย่าง 양-

2. 전치사

명사, 대명사, 동사, 형용사 등 다른 품사 앞에 위치하여 장소, 시간, 인칭, 방향, 목적, 수단 등을 표현합니다.

① 장소

□ ที่ 티- ~에

□ ใน 나-이 ~에, ~안에

□ ถึง 틍 ~까지

② 시간

□ ใน 나-이 ~에

□ ระหว่าง 라왕- ~동안에, ~사이에

□ ถึง 틍 ~까지

= จนถึง 쫀 틍

□ ก่อน 껀- ~전에

□ ตลอด 딸럿- ~내내

③ 인칭

□ ของ 컹- ~의

□ ที่ 티- ~에

□ แก่ 깨- ~에게

□ กว่า 끄와- ~보다 더

④ 상태, 태도

□ จน 쫀 ~할 때까지

= จนกว่า 쫀 끄와-

□ ตาม 땀- ~에 따라서, ~대로

□ สำหรับ 쌈-랍 ~을 위한, ~용의, ~하는 용으로

□ เหมือน 므-언 ~처럼, ~와 같은

□ นอกจาก 넉-짝- ~이외에

□ เว้นแต่ 왠-때- ~을 제외하고

□ เป็น 뻰 ~로서(지위, 신분, 자격)

□ ทางด้าน 탕-단- ~분야, ~방향, ~편

□ แทน 탠- 대신에

⑤ 수단

□ ด้วย 두워-이 ~로써(재료)

□ โดย 도-이 ~로(수단), ~편으로(교통수단)

⑥ 기타

□ กับ 깝 ~과, ~같이

□ เพื่อ 프-어 ~을 위하여

□ เกี่ยวกับ 끼-여우깝 ~에 관하여

□ บน 본 위

□ ใต้ 따-이 아래

□ ใน 나-이 안

□ นอก 넉- 밖

□ หน้า 나- 앞

□ ข้าง 캉- 옆

□ กลาง 끌랑- 가운데, 중앙

□ ใกล้ 끌라-이 근처에

주요 동사&시제 부사

1. 주요 동사

□ พูด 푸- 말하다

พูดภาษาไทย
푸- 파-싸-타이
태국어를 말하다

□ ฟัง 팡 듣다

ฟังเพลง
팡 플랭-
음악을 듣다

□ อ่าน 안- 읽다

อ่านหนังสือ
안- 낭쓰-
책을 읽다

□ เขียน 키-얀 쓰다

เขียนนวนิยาย
키-얀 누-언 야-이
소설을 쓰다

□ ไป 빠이 가다

ไปโรงเรียน
빠이 롱-리-얀
학교에 가다

□ มา 마- 오다

มาบ้านเกิด
마- 반-껃-
집에 오다

□ ดู 두– 보다

ดูหนัง
두– 낭
영화를 보다

□ กิน 낀 먹다

= รับประทาน 랍 쁘라탄

กินอาหาร
낀 아–한–
밥을 먹다

□ นอน(หลับ) 넌–(랍) 자다

งีบหลับ
읩–랍
낮잠을 자다

□ ตื่น 뜬– 일어나다, 깨어나다

ตื่นเช้า
뜬– 차–우
일찍 일어나다

□ นั่ง 낭 앉다

นั่งร้องเพลง
낭 렁–플랭–
앉아서 노래하다

□ ยืน 윈– 서다

ยืนพูดคุย
윈– 푿– 쿠이
서서 얘기하다

□ วิ่ง 윙 달리다, 뛰다

วิ่งเร็ว
윙 레우
빠르게 뛰다

□ โยน 욘– 던지다

= ปา 빠–

โยนลูกเต๋า

욘– 룩–따–오

공을 던지다

□ จับ 짭 잡다

จับเม้าส์

짭 마웃–

마우스를 잡다

□ เล่น 랜– 놀다, 악기를 다루다, 연주하다

เล่นเปียโน

렌– 뻬–아노–

피아노를 연주하다

□ เปิด 뻗– 열다

เปิดประตู

뻗– 쁘라뚜–

문을 열다

□ ปิด 삗 닫다

ปิดประตู

삗 쁘라뚜–

문을 닫다

□ ดึง 등 당기다

ดึงประตู

등 쁘라뚜–

문을 당기다

□ ผลัก 프락 밀다

ผลักประตู

프락 쁘라뚜–

문을 밀다

2. 시제 부사

태국어는 중국어나 베트남어와 같은 '고립어'로, 인칭이나 시제에 따라 동사의 형태가 변하지 않습니다. 태국어는 동사 앞에 시제 부사(과거 부사 **เคย** 커-이, 현재 부사 **กำลัง** 깜-랑, 미래 부사 **จะ** 짜)를 두어 시제를 표현합니다. 단, 맥락상 동작이 일어난 시점을 이해할 수 있는 상황이라면 시제 부사는 생략 가능합니다.

	시제 부사	기본형	동사 변화
과거	เคย 커-이	พูด 푿- 말하다	เคยพูด 커-이 푿- 말했다
현재	กำลัง 깜-랑		กำลังพูด 깜-랑 푿- 말하고 있다
미래	จะ 짜		จะพูด 짜 푿- 말할 것이다

① 과거

เมื่อวานเจอผึ้ง

므-어 완- 쩌- 픙

어제 픙을 만났어요.

tip. 시제 부사 เคย 커-이가 없으나 'เมื่อวาน 므-어 완-(어제)'으로 과거임을 알 수 있습니다.

② 현재

ช่วงนี้ผึ้งเป็นยังไงบ้าง

추-엉 니- 픙 뻰 양라이 방-?

픙은 요즘 어떻게 지내고 있어요?

tip. 시제 부사 กำลัง 깜-랑이 없으나 'ช่วงนี้ 추-엉 니-(요즘)'로 현재임을 알 수 있습니다.

③ 미래

จุงบอกว่าพรุ่งนี้เดินทางไปทำงานที่ต่างประเทศ

쭝 벅-와 프룽니- 던-탕- 빠이 탐-응-안 땅-쁘라텟-

쭝은 내일 해외 출장 갈 거예요.

tip. 시제부사 จะ 짜가 없으나 'พรุ่งนี้ 프룽니-(내일)'로 미래임을 알 수 있습니다.

1. 태국어순

ก

ข

ฆ

ง

จ

ซ

ญ

ด

ต

ถ

ท

ธ

น

บ

ป

ผ

ฝ

พ

ร

ฤ

ล

ว

ศ

ส

ห

2. 가나다순

ㄱ

ㄴ

ㄷ

ㄹ

ㅁ

ㅂ

ㅅ

ㅈ

ㅌ

ㅍ

ㅎ

기타